2007

Gerhard Reischmann

Menschenskinder

Notizen aus Oberschwaben

Mit Fotos von
Uli Gresser
Rupert Leser
Veronika Moser
Gerlinde Keser
Gottfried Brauchle
Georg Eble
Otto Beck
Daniel Hartmann
Bernhard Kling
Gernot Kühl
Henry M. Linder
Tony Pike
Angelika Woblick
und anderen

Kunstverlag Josef Fink

Bibliografische Information der Deutschen Bibliothek

Die Deutsche Bibliothek verzeichnet diese Publikation in der
Deutschen Nationalbibliografie; detaillierte bibliografische Daten
sind im Internet über http://dnb.ddb.de abrufbar

1. Auflage 2007
Kunstverlag Josef Fink, Hauptstr. 102b, 88 161 Lindenberg
www.kunstverlag-fink.de
© Gerhard Reischmann, Bad Wurzach
Alle Rechte vorbehalten
Gestaltung: Renate Geisler, Kißlegg-Immenried
Druck: Marquart GmbH Aulendorf

ISBN 978-3-89870-465-6

Titelbild

Wagenbau, wie er früher war.
„Damit d' Junge au wisset, was en Heuwaga mol gwäa isch", hat Wagnermeister Konrad Vogel
ein detailgetreues Modell (Maßstab 1:10) angefertigt. Unser Bild zeigt den 87-jährigen „Wan-
ger" mit seinem „Wägele" in seiner Werkstatt in Arnach. Das Bild entstand im Sommer 1997.
Foto: Uli Gresser

Gerhard Reischmann

Menschenskinder

Notizen aus Oberschwaben

Menschenskinder
Notizen aus Oberschwaben

„Menschenskinder – Notizen aus Oberschwaben" ist erschienen im Kunstverlag Josef Fink, Lindenberg 2007 (ISBN 978-3-89870-465-6). Herrn Josef Fink bin ich zu großem Dank verpflichtet für das Vertrauen, das er in mich setzt. Der Druck bei Marquart (Aulendorf) erfolgte im Offset-Verfahren. Das Projekt wäre nicht zu realisieren gewesen ohne die Unterstützung von Brigitte Möbius. Ihr sei dafür von Herzen gedankt.

Ein wichtiger Hinweis zu den Texten: Die darin gemachten Altersangaben beziehen sich auf die Ersterscheinung der Artikel (angegeben bei den Anmerkungen am Ende des Buches).

Ein besonderer Dank gilt dem Fe-Verlag in Kißlegg-Immenried und hier ganz besonders Renate Geisler für das Layout. Die freundschaftliche Unterstützung durch Bernhard und Martin Müller und ihr Team war für das Gelingen entscheidend. Dem Ingenieurbüro Faßnacht in Arnach danke ich für etliche Scans. Uli Gresser, dem das Gros der Fotos zu verdanken ist, oblag auch zu weiten Teilen die Bildbearbeitung. Ermutigung und Anregung erfuhr ich auch von Mani Weixler-Schürger. Auch ihr möchte ich herzlich danken.

Dankbar denke ich auch an Pfarrer Dr. Otto Beck (1932 – 2007), der mir manchen Rat gegeben hat (ein Ergebnis dieser Gespräche ist zum Beispiel die im Anhang aufgeführte „Pelzamärtel"-Anmerkung zum Artikel „Wieso? Ich bin doch Deutsche. Von Geburt an."). Ebenso danke ich meinem ehemaligen Lehrer Hans Wittek, der mir die Liebe zum Wort geschenkt hat, und Chrysostomus Zodel (1920 – 1999), der mir das Leitmotiv meines Berufslebens gegeben hat: „Das Wort ist eine Tat."

Ich widme dieses Buch meiner Frau Margit Reischmann, die mir den nötigen Freiraum geschaffen hat, und meinen Kindern, damit sie stets wissen, wo sie herkommen. Ich danke auch meinen Eltern und Großeltern für die Heimat, die sie uns gegeben haben.

Bad Wurzach-Brugg im Oktober 2007
Gerhard Reischmann

Inhalt

Lebensläufe

Religiöses Oberschwaben

Geschichtliches

Lebenswelt Bauernhof

Krieg und Frieden

Brückenbauer: Michael Ginns (Jersey) spricht mit Bad Wurzacher Schülern (Sebastian Hofmann, Ellen Maier, Svenja Schuchert, Hermann Reich / von links) über die unselige Zeit des Zweiten Weltkrieges, als er zusammen mit mehr als 600 Verschleppten im Bad Wurzacher Schloss interniert war.

Krieg
Ach, die Kasematten vor Verdun

Auf 4. Oktober 2004 hatte sich der Liedermacher Hannes Wader für ein Konzert in Lindau angesagt. In der Vorfreude auf diesen Abend hatte ich mir wieder mal eine alte Vinylplatte von Hannes Wader angehört. Dabei ist mir Folgendes in den Sinn gekommen.

1911 rückte Josef Kling bei den Ulanen in Ulm ein. Stolz waren sie, die Reitersoldaten König Wilhelms von Württemberg, doch Josef Kling, der 20-jährige Bauernbub aus Oberschwaben, fing ganz unten an, als Bursche eines Offiziers. Schuhputzen, Pferdsatteln. In der eiskalten Donau lernte er Schwimmen und in der Garnison Schießen. 1914, nach drei Jahren Dienst, hätte er heim dürfen. Da machten sie Krieg. Abiturienten stürzten sich von der Schulbank weg hurrapatriotisch in den Tod; Josef Kling, der „Dreijährige", hatte bessere Chancen zu überleben. Und viel Glück: Einmal verirrte er sich als Patrouillengänger im Niemandsland, schaute in den englischen Schützengraben. Irgendwie schaffte er es, im Nebel davonzuhuschen. Eines Tages kamen die Briten mit neuartigen Tanks und fuhren deutsche Stellungen in Grund und Boden; dieser Anblick ließ ihn zeitlebens nicht mehr los, davon sprach er immer wieder. Und von seinem Pferd „Merkur". Ja, die Pferde: Sie starben wie die Menschen.

> *Weit in der Champagne im Mittsommergrün,*
> *dort, wo zwischen Grabkreuzen Mohnblumen blühn,*
> *da flüstern die Gräser und wiegen sich leicht*
> *im Wind, der sanft über das Gräberfeld streicht.*
> *Auf deinem Kreuz finde ich, toter Soldat,*
> *deinen Namen nicht, nur Ziffern und jemand hat*
> *die Zahl neunzehnhundertundsechzehn gemalt.*
> *Und du warst nicht einmal neunzehn Jahre alt.*

1919 kam Josef Kling zurück aus dem Krieg. Sein Vater lag im Sterben. Konnte nun sterben, da der Sohn und Hoferbe lebte. Der heiratete, Kinder kamen, der Hof blühte auf. 1935, als die Nazis zum Revanche-Krieg rüsteten, setzte er ein Feldkreuz. Für das vierte Kind – auch wenn es nicht der ersehnte Erbhofbauernbub war.

10

Alfred Rudhart, der Vorsitzende der Arnacher Soldaten- und Schützenkameradschaft, hält am Arnacher Gefallenenmahnmal inne. Seine Vereinigung, 1876 als Veteranenverein gegründet und bis vor wenigen Jahren noch als Kriegerkameradschaft firmierend, rückt alljährlich am Volkstrauertag aus und gedenkt der Opfer von Krieg, Terror und Gewalt. Auf dem Arnacher Mahnmal sind die Namen von 130 in den beiden Weltkriegen gefallenen und vermissten Pfarreiangehörigen genannt. Unter den 130 Namen findet sich auch der des Johann Baptist Vogt, der 1916 in Frankreich den Soldatentod starb. Der älteste Sohn des damaligen Arnacher Bürgermeisters Franz-Xaver Vogt wurde 20 Jahre alt. Lange, sehr lange hat man in der Familie Vogt den Tod des Erstgeborenen betrauert. Johann Baptists Bruder Eugen hatte sich im Dritten Reich eine anti-nazistische Einstellung bewahrt; 1945 wurde er von den Franzosen als Bürgermeister eingesetzt. Als Michael Vogt 1999 damit begann, das Haus seines Urgroßvaters Franz-Xaver Vogt umzubauen, fand man die amtliche Benachrichtigung über den Soldatentod des Johann Baptist Vogt.

Foto (2007): Uli Gresser

Vertreter der Nachkriegsgeneration, Zeugnis des Krieges: Das Arnacher Gefallenenmahnmal wurde 1922 errichtet und Anfang der 1950er-Jahre erweitert.

Foto (2007): Uli Gresser

Hast du, toter Soldat, mal ein Mädchen geliebt?
Sicher nicht, denn nur dort, wo es Frieden gibt,
können Zärtlichkeit und Vertrauen gedeih'n.
Warst Soldat, um zu sterben, nicht um jung zu sein.
Vielleicht dachtest du dir, ich falle schon bald,
nehme mir mein Vergnügen, wie es kommt, mit Gewalt.
Dazu warst du entschlossen, hast dich aber dann
vor dir selber geschämt und es doch nie getan.

1981 legte sich Josef Kling hin, um zu sterben. Ein Nachbar kam ihn noch besuchen. Auch er war im großen Krieg gewesen, erzählte von damals. „Ach, die Kasematten vor Verdun, das wochenlange Trommelfeuer …" Josef Kling wollte davon nicht mehr viel wissen. Er hatte sein Leben gelebt, leben dürfen, mit Arbeit und Freude, mit Schweiß und in zufriedenem Glück. Und, ja, mit Glauben.

Soldat, gingst du gläubig und gern in den Tod?
Oder hast du, verzweifelt, verbittert, verroht,
deinen wirklichen Feind nicht erkannt bis zum Schluss?
Ich hoffe, es traf dich ein sauberer Schuss.
Oder hat ein Geschoss dir die Glieder zerfetzt,
hast du nach deiner Mutter geschrien bis zuletzt?
Bist du auf deinen Beinstümpfen weitergerannt?
Und dein Grab, birgt es mehr als ein Bein, eine Hand?

Im Westen nichts Schönes: Josef Kling (links) und sein Bruder Bernhard an der Front. Beide überlebten. Foto: bei Reischmann

Ohne Josef Kling gäbe es mich nicht. Er war mein Großvater. Millionen Nicht-Großväter liegen auf den Schlachtfeldern Europas, in der Champagne, auf dem Balkan, in Russland.

Immer noch zieht Hannes Wader durch die Lande und singt sein „Es ist an der Zeit", aus dem die hier zitierten Verse stammen. Seit Jahrzehnten nun singt er an gegen den Krieg. Gegen den Krieg in den Köpfen. Den Krieg in den Betrieben. Bei den Paaren. Auf dem Schulhof. Krieg zwischen Jung und Alt. Zwischen Nord und Süd.

Spiel's noch einmal, Hannes.

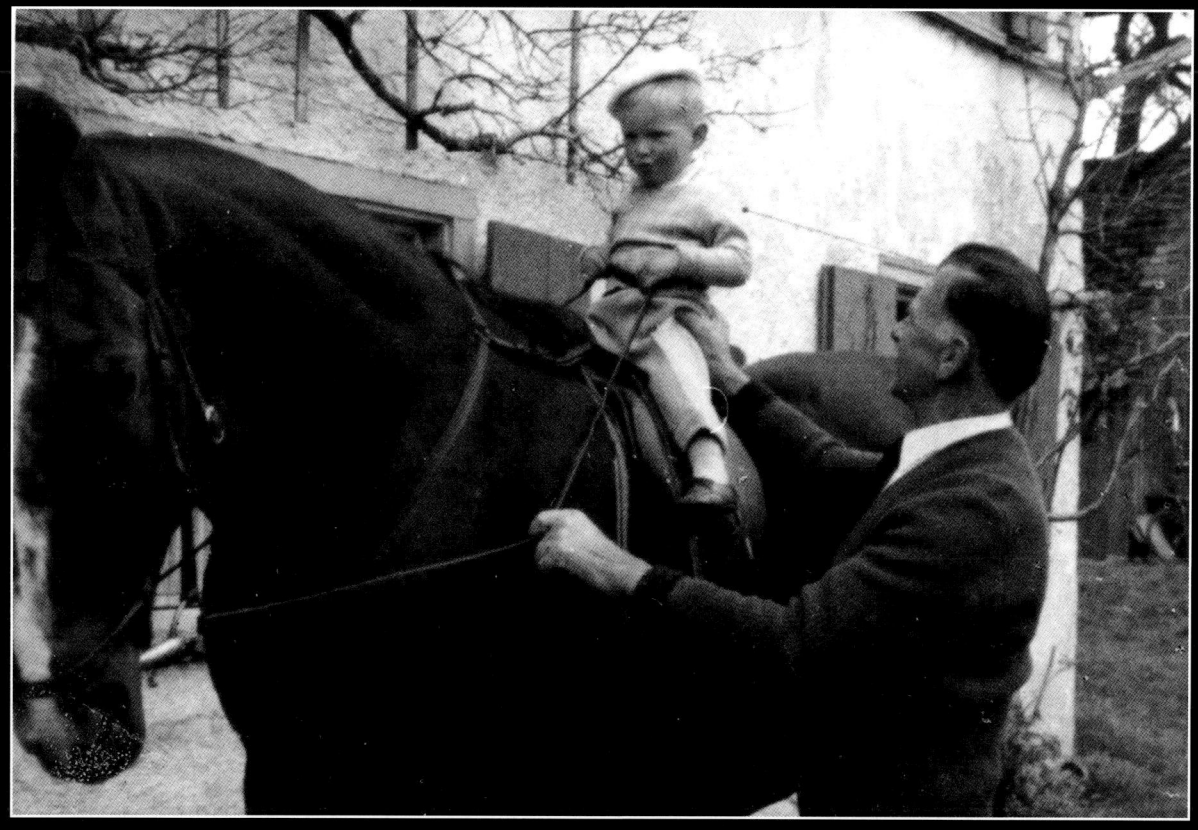

Der Autor als kleiner Bub und sein Großvater.   Foto: bei Reischmann

Friedensbekenntnis

„Wann
wird man je verstehen?"

20. März 2003, 3.36 Uhr. Die USA beginnen den Irak-Krieg.

20. März 2003, 17.55 Uhr, Aulendorf in Oberschwaben. Die Glocken der katholischen Martinskirche und der evangelischen Kirche beginnen zu läuten. Auf dem Alten Rathaus-Platz haben sich etwa 100 Personen versammelt, Windlichter gehen von Hand zu Hand, ein zartes Flämmchen wird von einem zum anderen weitergegeben. Bald bildet sich ein Lichterkreis. Simeon, 7, schwingt eine große bunte Fahne mit der Aufschrift „Pace" (Frieden), während sein vierjähriger Bruder Immanuel gleich zwei Kerzen hält. Ihr kleiner Bruder Christian beobachtet die Szenerie derweil von Vaters Arm aus. Gekommen waren auffällig viele Familien, die Solidarität mit den Familien im Irak bekunden wollten.

Siegfried Hornung spricht. Der Mann von der ökumenischen Dornbusch-Gemeinschaft in Zollenreute dankt allen, die gekommen sind. „Es ist ein rabenschwarzer Tag für die Würde des Menschen", sagt er. Die USA und Großbritannien hätten einen Krieg begonnen, dem sie die Farbe der Freiheit gegeben hätten. Aber unter der Tünche würde sich nur nackter Egoismus verstecken. Jene, die den Krieg ausgelöst hätten, „verstecken sich hinter Mauern, während sie andere in den Tod schicken". Jene, die den Krieg begonnen hätten, setzten sich über die Stimmen von Millionen hinweg, die Frieden wollten. „Wir sind bestürzt, betroffen, entsetzt, wütend, empört und verzweifelt – und ohnmächtig." Hornung schließt mit den Worten: „Macht den Friedliebenden Platz, damit unsere Welt eine Zukunft hat."

Gekommen war auch Brigitte Thoma („als Privatperson, nicht als Ortsvorsteherin"). Schon bei ihrer Ansprache bei der Gemeinde-Weihnachtsfeier in Zollenreute war sie auf den drohenden Krieg im Mittleren Osten einge-

gangen, hatte es damals aber nicht recht glauben können, dass es zum Äußersten kommt. „Und jetzt ist es wahrgeworden. Ich bin fassungslos."

Nach einem kurzen Schweigen liest Rita Dittrich die Fabel über das Recht des Stärkeren, das oft genug nichts anderes ist als schreiendes Unrecht, und Jutta Künzel-Sing und Walter Beutel singen die uralt-ewig frische Ballade „Sag mir, wo die Blumen sind? Wann wird man je versteh'n? Sag mir, wo die Menschen sind, was ist gescheh'n?"

„Wozu sind Kriege da, Herr Präsident?" Bruno Sing spricht einen Text frei nach Udo Lindenberg, in dem aus dem Blickwinkel eines zehnjährigen Kindes die Schicksalsfrage der Menschheit gestellt wird. „Na, vielleicht bin ich noch zu klein, um es zu verstehen" – so endet der Text.

Nach dem Kanon „Herr, gib uns Deinen Frieden" verliest Rita Dittrich den jüngsten Friedensaufruf von Papst Johannes Paul II. Dann erklingt Hannes Waders Lied vom toten Soldaten. Als sich die Versammlung aufmacht, schweigend zur evangelischen Kirche zu ziehen, flattert geräuschvoll eine Straßentaube davon. Verschwindet im Nichts.

An den Folgetagen läuteten die Aulendorfer Kirchenglocken stets von 17.55 Uhr bis 18 Uhr und luden zum Friedensgebet ein. Peter Lang (Otterswang) und seine Freunde stellten vor dem Aulendorfer Schloss und auf dem Bad Schussenrieder Marktplatz Kreuze auf – für jeden Kriegstag eines. Bald wurde der Krieg offiziell für beendet erklärt. Seitdem sind Tausende im Irak zu Tode gekommen, GIs, irakische Zivilisten, irakische Bewaffnete, Kinder.

Überall in Oberschwaben gab es am 20. März 2003 Kundgebungen. In Bad Wurzach bekun-deten Schüler des Salvatorkollegs, der Hauptschule und der Realschule in einer großen Demo am 27. März ihr Missfallen über den US-Angriff. Gemeinsam zogen die etwa sechshundert Schüler, ausgestattet mit vielen bunten selbstgemalten Plakaten und Transparenten, pfeifend und skandierend, Rätschen in der Hand, durch die Innenstadt. Auf den Transparenten war un-ter anderem zu lesen: „No War for Oil", „Peace for the World", „War is no solution", „Stoppt Krieg" oder schlicht „Frieden". Am Kolleg traten die Schüler Markus Eisenbarth, Thomas Wie-demann, Vanessa Schnurre und Verena Laub ans Mikrofon und machten deutlich, warum sie „gegen den Krieg und für die Vernunft" sind; gegen Saddam Hussein sei sicher jeder, erklärten sie, „aber die Bomben treffen nur Unschuldige". Auch Pater Hubert Veeser, Lehrer am Kolleg ergriff das Wort und sagte an die Jugendlichen gerichtet: „Ich mache das gerne, weil auch wir Lehrer die Sache, für die ihr auf die Straße gegangen seid, unterstützen." Pater Hubert sprach von einem „Schlag ins Gesicht der UNO". Oft sei zu hören, Proteste brächten doch nichts oder nun sei es eh schon zu spät. Dennoch sei es richtig, „dass ihr als Schüler keine Ruhe gebt". Allerdings sei es nicht nur wichtig, Lärm zu machen. Daher lud er die Schüler auch zu einer Schweigeminute ein „und vielleicht auch zu einem persönlichen, stillen Gebet", um an alle jene zu denken, die durch den Krieg Leid oder Tod erfahren. Unser Bild zeigt die Bad Wurzacher Kundgebung am Salvatorkolleg. Foto: Uli Gresser

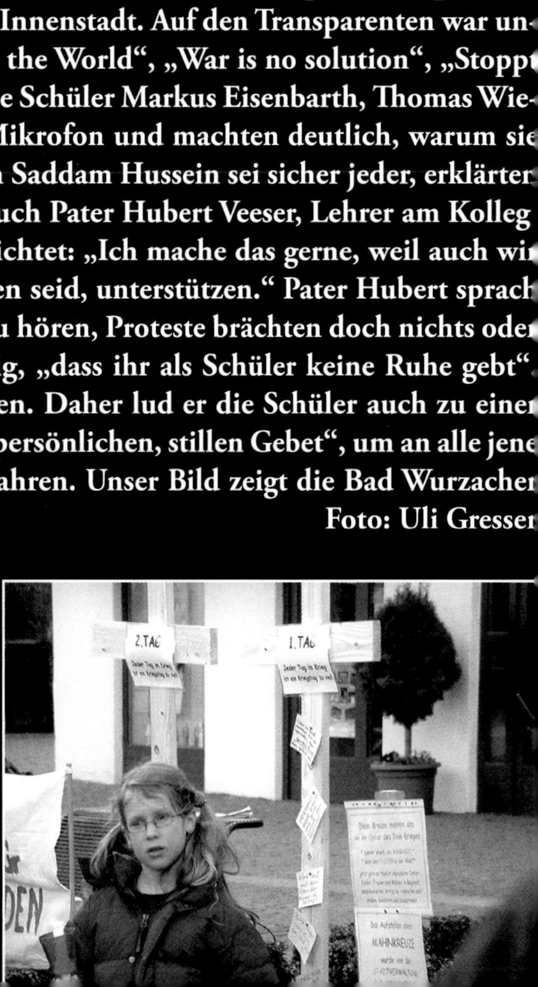

Die Bad Schussenrieder Irak-Kreuze. In den ersten Kriegswochen wurde auf dem dortigen Marktplatz (wie auch vor dem Aulendorfer Schloss) Tag für Tag ein Kreuz aufgestellt.
Foto: Peter Lang

Heimisch in der Fremde, fremd in der Heimat

„Tante Hedwig, erzähl' mal was vom André." – „Vom André? Das ist doch schon so lange her." – „G'rad deshalb."

„Ja, ich kann mich noch lebhaft erinnern, wie der André zu uns auf den Hof gekommen ist. Es war im August 1940. Wir waren gerade am Schlachten. Der Wachmann kam mit geschultertem Gewehr und brachte den Franzosen. Unser Knecht hatte einrücken müssen und ist dann gefallen. Vielen Bauern wurden jetzt Fremdarbeiter zugeteilt. Beim Remig hatte man später einen jungen Russen namens Jan. Beim Wirt eine Ukrainerin, die Olga hieß. Beim Nachbarn zuerst einen Korsen mit Namen Joseph, dann einen Belgier namens Marcel und eine Russin, die Elena hieß.

André hatte anfangs fürchterliches Heimweh und war mürrisch und verschlossen. Er wollte auch kein Deutsch lernen. Von der Obrigkeit hatte es geheißen, Gefangene dürften nicht am Tisch mitessen. Stell Dir vor, André sollte allein in der Küche sitzen. Wir haben das nicht ein einziges Mal gemacht. Man sagte zu ihm, sollte der Wachmann plötzlich auftauchen, ‚noch gohsch halt schnell num in d' Kuche'. Mit der Zeit legte sich seine Bitterkeit und André gehörte zur Familie. Da durfte er sich auch Rechte herausnehmen wie etwa Vaters Sofa belegen. Einmal haben wir Mädchen ihn aufgescheucht. Da wurde er aber fuchsig und brummte: ‚Scheiße, deine Kanapee.'

Nach einigen Jahren wurde André strafversetzt. Er kam zu einem Bauern nach Amtzell. Ich weiß nicht mehr, wie es herausgekommen war, dass er ein Techtelmechtel mit der Olga vom Wirt hatte. Auf jeden Fall hat man ihn uns weggenommen. Bald kam ein Brief. André schrieb: ‚Lieber Josef, hol mich doch.' Vater und unser Nachbar Remig fuhren dann mit den Fahrrädern die 25 Kilometer nach Amtzell. André hatte schon auf sie gewartet. Er saß auf einem

Holzstoß und sah die Straße lang. Als er Vater in der Ferne erkannte, lief er wie ein Kind auf ihn zu und begrüßte ihn überschwänglich. Nach vielen Verhandlungen und auch Lebensmitteln für Vorgesetzte und den Wachmann ist er dann, ich glaube nach mehreren Wochen, wieder zurückgekommen. Er musste auch versprechen, dass er Olga in Ruhe lassen würde. Das ist halt vier Wochen gutgegangen, dann hat er wieder angefangen mit ihr.

Unser Franzose – er stammte aus dem Raum Bordeaux – war ein guter Koch und manchmal hat er auch Brot gebacken. Zum Brotbacken brauchte er kleine Körbe. Es war Winter und wir holten Brombeerruten im Wald. André schlitzte die trockenen Ranken und bekam so ein Flechtmaterial. Dann umwickelte er damit nicht sehr dicke Strohwülste und hat diese zu runden Körblein zusammengeflochten. Wie ein Schneckenhaus. So bekamen die Brote eine schöne Form.

Einmal bat er unsere Mutter, ob er beim Schlachten einen Schinken machen dürfe. Mutter wollte es aber nicht gerne erlauben, weil er ein ganzes Schinkenteil vom Schwein brauchte. Sie wusste ja nicht, was draus wird. Schließlich gab sie nach. Andrés Schinken schmeckte wunderbar. Er kochte auch feine Suppen, zum Beispiel aus kleinen, weißen Bohnen. Diese ließ er extra aus Frankreich kommen und baute sie dann bei uns an.

Einmal bekam er Post von zu Hause und war dann ganz niedergeschlagen."

„Wieso? Was ist passiert?"

„Arlette, seine einzige Tochter, hatte geschrieben, dass sie zur Erstkommunion gekommen sei. Dass er da nicht dabei sein konnte, das hat ihm sehr weh getan. Immer wieder zeigte er Fo-

Es hat zwölfe geläutet: Der Bauer (Josef Kling), André (Zweiter von links) und Hedwig kommen vom Feld (1941 oder 1942). Neben dem französischen Kriegsgefangenen geht Bernd Wildmoser, ein zum Erntedienst abgeordneter deutscher Soldat (später gefallen).
Foto: bei Reischmann

tos von seiner Arlette. Sie war geschmückt wie ein Bräutle – mit Schleier.

Auf unserem Hof (an der Straße von Wurzach nach Leutkirch) gab es eine Menge Arbeit. Und das meiste von Hand. André, der zu Hause selber eine Landwirtschaft hatte, konnte geschickt mit Maschinen und den Pferden umgehen. Einmal hatte er einen schweren Unfall. Beim Holzsägen mit der Kreissäge spickte ihm ein Splitter ins Gesicht, genau unter das Auge. André hatte einen Riesenverband um den Kopf. Er lag im Bett und jammerte fürchterlich. Wir riefen den Arzt. Der aber kam nicht. Es war doch bloß ein Gefangener. Dann baten wir den Käsereibesitzer am Ort, einer der wenigen, die ein Auto besaßen, um Hilfe und brachten André auf eigene Faust ins Krankenhaus.

Die Kriegsgefangenen von den Gehöften und Weilern wurden jeden Abend vom Wachmann mit geschultertem Gewehr ins Dorf geleitet, wo sie in einer bewachten Unterkunft nächtigten. Der erste Aufseher war kein Guter. Er stieß sie und schlug ihnen die Zigaretten aus dem Mund.

Der nächste war dagegen die Gutmütigkeit in Person. Später durften die Gefangenen bei den Bauern im Haus bleiben. Außer André hatte Marcel vom Nachbarn sein Nachtquartier bei uns. Vater war angewiesen, die Kammer abends abzuschließen. Es widerstrebte ihm, die zwei einzusperren. ‚Ihr misset mir v'rschprecha, dass ihr it abhauet. Noch schließ i au it zua', sagte er. André und Marcel hielten Wort.

Sonntags kamen bei uns etliche Gefangene zusammen, alles Kameraden von André. Sie hatten eine Hoschtube, hörten – was streng verboten war – Radio und rauchten Allgäuer Zigarren."

„Allgäuer Zigarren?"

„Ja, Vater und André bauten im Krieg sogar Tabak an.

Da fällt mir gerade noch ein anderes Detail ein: Im Sommer trug unser Franzose meist Holzschuhe. Wenn er in die Wohnung kam, ließ er seine ‚Holländer' im Gang stehen und lief in Küche und Stube mit leichten Stoff-Hausschuhen herum, welche er immer in den Holzschuhen hatte. Andere Länder …

Ich weiß nicht mehr, in welchem Kriegsjahr es war, da hieß es: Die Kapellenglocken müssen abgeliefert werden. André und ich mussten unsere Glocke und die von zwei Nachbarweilern mit dem Traktor nach Leutkirch auf den Bahnhof bringen. Dort haben wir sie auch abgeladen; weit und breit war aber kein Mensch, der uns eine Bestätigung gegeben hätte. Im Nachhinein dachte ich mir oft, wenn wir die Glocken wieder mitgenommen und irgendwo vergraben hätten, vielleicht hätte man sie retten können. Aber so etwas traute man sich einfach nicht."

„Meine Mutter erzählt oft von der Herbergssuche am dritten Adventssonntag 1944. Als sie und die anderen Jugendlichen mit der Muttergottesfigur um halb acht am Hauseck bei Räths vorbeikamen, sahen sie die ‚Christbäume‘."

„Ja, ich war auch dabei. Ulm wurde bombardiert. Am Himmel zuckten Lichtblitze und man hörte ein leises Donnern."

„Wie war das, als die Franzosen kamen?"

„Auf unserem Hof hatte man sich auf den Einmarsch vorbereitet. Wir hatten zeitig gepflügt und gesät und die Felder weitgehend schon bestellt. Für den Fall von Plünderungen oder falls der Hof abbrannte, hatten wir Vorräte und Ausrüstung versteckt – so auch auf dem Dachboden der Kapelle. Am Freitag, dem 27. April 1945, hörte man den ganzen Tag ein Donnern. Über dem Wald sahen wir die Röte eines Feuers, das riesig sein musste. Der Nachbarort Ziegelbach war beschossen worden und brannte. Mutter sagte: ‚Ziehnet ui die beschte Sacha an und glei mehrerloi übraanand. Noch homm'r wenigschtens ebbes auf'm Leib, wemm'r schnell wegmisset.‘ Die Nacht über hörten wir Rückzugslärm des deutschen Heeres, welches schon seit Tagen auf der Straße vor unserem Haus nach Süden fuhr.

Am Samstag, 28. April, mittags um halb zwölf war es dann soweit: Lange bevor man die Panzer sah, hörte man das dumpfe Dröhnen. André stürzte in die Küche und rief: ‚Hört ihr denn die Panzer nicht?‘ Es war laut in der Küche, weil noch junge deutsche Soldaten da waren, welche musizierten und grölten. Die verschwanden wie vom Blitz getroffen. Wir hatten große Angst. Am Vormittag war noch SS da gewesen.

Sie hatten uns eingeschüchtert: ‚Wenn ihr die weiße Fahne zeigt, schießen wir.‘ Dann waren sie abgezogen. Während Mutter eine Schwäche erlitt, ging André beherzt mit einem weißen Tuch auf die Straße. Der erste Panzer hielt an, die französischen Soldaten sprachen mit André. Wir vier Mädchen – meine Schwester war 19, ich 17, dann noch die zwei kleineren – schauten bang hinaus. Dann – oh Schreck: Die fremden Soldaten folgten André ins Haus. Einquartierung! Die Franzosen nahmen das ganze Haus in Beschlag, uns blieb nur die Elternschlafkammer. Am Abend gingen sie in die Wirtschaft hinüber und soffen – man kann es nicht anders sagen – kübelweise. Als wir am anderen Morgen in den Stall gingen, mussten wir über schlafende Soldaten und Gewehre steigen.

Die Besatzungszeit verlief alles in allem recht glimpflich. Sicher, es kam schon das eine oder andere vor. Im Vorbeifahren schossen die Franzosen immer wieder auf unsere Hühner; in der Ach fischten sie mit Handgranaten. Wir mussten ein Stück Vieh abliefern und André schaute, dass es nicht das beste war. Wir haben ihm viel zu verdanken. Einmal hatte ein Besatzungssoldat eine Panne mit seinem Fahrzeug. Nachdem er mit André gesprochen hatte, klopfte er unserem Vater auf die Schulter und sagte: ‚Du guter Patron.‘

Von den deutschen Soldaten, die im April an unserem Haus vorbei nach Süden gefahren waren, kamen bald viele wieder zurück – als Gefangene, auf dem Marsch nach Westen. An einem heißen Tag im Mai wurden wieder einmal Hunderte von Deutschen vorbeigetrieben. Sie durften nicht einmal an unsere Viehtränke. In einem der Bewacher erkannten wir Marcel, den früheren Gefangenen, der bei uns geschlafen hatte. Er war nicht wiederzuerkennen. Mit seinem Gewehr schoss er in den Boden vor uns, um zu zeigen, wer jetzt der Herr ist. Wir waren sprachlos, wie sich ein Mensch in kurzer Zeit so verändern kann. Marcel war doch früher ein ganz gemütlicher Kerl gewesen und hatte es immer gut beim Nachbarn.

Ein anderes Mal waren viele deutsche Gefangene in einer Scheune eingesperrt. Sie hatten Hunger, aber von der Zivilbevölkerung durfte ihnen nichts gegeben werden. André fragte die

1962: Fernand, Arlette (Zweite von links) sowie zwei Cousinen von Arlette kommen überraschend zu Besuch.

Foto: bei Reischmann

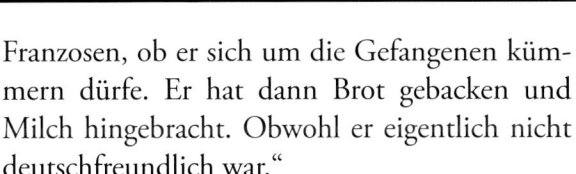

Hedl hoch zu Ross. Das Bild stammt von 1949. Die Besatzungszeit war vorbei, die 21-Jährige war voller Optimismus.

Foto: bei Reischmann

Franzosen, ob er sich um die Gefangenen kümmern dürfe. Er hat dann Brot gebacken und Milch hingebracht. Obwohl er eigentlich nicht deutschfreundlich war."

„Was ist aus André geworden?"

„Stell Dir vor, obwohl er jetzt ein freier Mann war, wollte er gar nicht mehr heim. Er half noch bei der Heuernte und ist dann irgendwann im Sommer vom Hof gegangen. Er war jetzt 45/46 Jahre alt, gehörte nicht mehr hierher und vielleicht auch nicht mehr dorthin. Er war ein zerrissener Mensch, der wohl nicht mehr Fuß gefasst hat daheim. Wie ich 1953 geheiratet habe, habe ich eine Hochzeitskarte an seine Adresse in Angoulême geschickt. Nach Monaten ist sie zurückgekommen. Ich habe nie mehr etwas von André gehört.

Halt – es war Anfang der Sechzigerjahre, ich war schon lange nicht mehr auf dem Hof. Bauer war jetzt der Franz, mein Schwager; er war gerade im Rossstall, da ging – so hat er's mir später erzählt – die Stalltüre auf und in gebrochenem Deutsch fragte ein schon etwas älterer Mann nach Josef. Es war – Fernand, Andrés Bruder. Und mit dabei: die Arlette. Franz, der etliche Jahre als Kriegsgefangener in Frankreich gewesen war und ganz gut Französisch konnte, brachte dennoch nichts Rechtes in Erfahrung über das Schicksal von unserem André. Vielleicht wollten sie nicht darüber sprechen. Ich frage mich oft, was aus André Niort, den es von Angoulême ins Allgäu verschlagen hat, wohl geworden ist …"

19

Spätaussiedler

„Wieso?
Ich bin doch Deutsche. Von Geburt an."

Ella Merkel und Ida Bauer hatten eine wahre Odyssee hinter sich, bis sie in Oberschwaben eine neue Heimat fanden – gar nicht weit von jenen Orten, von denen einst ihre Ahnen aufgebrochen waren auf der Suche nach dem Gelobten Land, nach den fruchtbaren Äckern drunten am Schwarzen Meer. Kurz vor Weihnachten 2002 besuchten wir die zwei Heimkehrerinnen.

„Sie sprechen aber gut Deutsch", sagte die Pflegekraft im Krankenhaus zu Ella Merkel. „Wieso? Ich bin doch Deutsche. Von Geburt an.", gab die Mittsiebzigerin zur Antwort. Keine Frage, das Wort der Krankenschwester war gut gemeint und doch sind es immer wieder solche Bemerkungen, die Ella Merkel einen Stich versetzen. „In der Sowjetunion wurden wir Faschisten geheißen und hier sind wir die Russen", sagt sie bitter.

Wo anfangen bei einem deutschen Leben, das 1927 im deutschen Dorf Marienheim bei Odessa begonnen hat und das seit 1988 in Deutschland, dem Land der Vorväter, gelebt wird?

Machen wir einen Sprung ins Jahr 1947. Seit zwei Jahren leben Ella (20), Ida (16), ihre Mutter Katharina und der neunjährige Erich im Lager Kirow, 1000 Kilometer hinter Moskau. Die Frauen müssen als Waldarbeiterinnen schuften, Bäume fällen, Holz aufschaffen. Bei minus 35 Grad, den ganzen Tag. Wenn sie abends todmüde in ihre Baracken-Siedlung kommen, dann sind wieder zehn oder 15 der Alten, Schwachen, der Kranken tot. Letztes Jahr ist die eine Großmutter verhungert, jetzt ist die Mutter Katharinas, die Wagner-Großmutter, tot. Der Tod ist allgegenwärtig, so präsent wie die Läuse, die Wanzen, die Kakerlaken. Wie all die Nächte zuvor schläft die kleine Familie auf ungehobelten Brettern in dem einen engen Raum, diesmal in Gegenwart einer Toten, und am anderen Tag nagelt man den offenen Sarg zusammen. Draußen im Schneegrab findet die Großmutter ihren letzten Platz, sofern die Wölfe sich nicht über sie hermachen.

Die Tote von Kirow, es ist dieselbe Person, die einst drunten am Schwarzen Meer, in dem himmelgroßen, fruchtbaren Land einen stolzen Bauernhof hatte, ein Klavier besaß, sogar eine Privat-Bibliothek und – um 1920 immer noch eine Sensation – ein Grammophon. Oder David Merkel, der Großvater von Ida und Ella: Er nannte 25 Hektar sein eigen, hatte einen gewölbten Weinkeller, besaß Milchvieh, Pferde, Obstgärten. Noch vor der Revolution hat er verkauft. Sein Glück, denn als Kulak, als wohlhabender Bauer, wäre er unter die Räder der Bolschewiken gekommen.

Anfang der 1920er „hat der Lenin Nepp gemacht", sagt Ella Merkel im Dezember 2002 in ihrer Aulendorfer Wohnung. Sie sagt Nepp und meint Nepp – sie weiß, es geht um die NEP, die Neue ökonomische Politik in der Sowjetunion der Zwanzigerjahre. Die Russische Revolution, für uns ferne Geschichte, haben die Merkels, deren Vorfahren Anfang des 19. Jahrhunderts voller Hoffnung mit den „Ulmer Schachteln" die Donau hinabgefahren waren, am eigenen Leib verspürt: Enteignung!

Zunächst war es eine Umverteilung als so genanntes Kopfland (Ella: „Jede Seele bekam zwei oder drei Hektar"), dann – ums Jahr 1929 – wurde alles Land in der Kolchose zwangsvereinigt. „Alls, was die ghatt hen, hend se müsse abgewa", berichtet Ella in ihrer eigentümlichen Mundart. Das letzte Pferd, den gerade angeschafften Traktor. Nur eine Kuh, ein Schwein, ein paar Hühner waren zur privaten Haltung erlaubt. Wer nicht spurte, war „Volksfeind". Johannes Merkel, der Vater von Ida und Ella, war nun kein selbstständiger Bauer mehr, aber als Verwalter in der Kolchose hatte er es nicht schlecht. Und noch war das deutsche Gemeinwesen intakt, die Schule, die Kirchengemeinde.

„Weißt du noch …?" – Ella (79) und Stefan Merkel (86) beim Blättern in alten Fotoalben.
Foto (2007): Uli Gresser

Gut erinnert sich Ella Merkel an die Familien-weihnacht in den Dreißigerjahren. Am Heiligen Abend kam als Begleiter des Christkindes der „Pelzamärtel" ins Haus. Vor dem „Pelzamärtel", eine Art Knecht Rupprecht, eingemummt in einen mächtigen Pelz, mit Bart und Pelzmütze, gegürtet mit Strick oder Kette, in der Hand eine Rute, mussten die Kinder ein Gedicht aufsagen; nachdem die Ungezogenen ermahnt waren, gab es vom Christkind, gewandet ganz in Weiß, das Gesicht verhüllt mit einem weißen Tuch, kleine Geschenke, Nüsse, Äpfel, Lebkuchen.

Von der friedlichen Weihnacht ins Kriegsjahr 1941. „Als der Hitler den Krieg angefangen hat, da waren es 100 Jahre, dass wir Schwarzmeer-deutschen da waren", sagt Ida. Vier Wochen nach dem Überfall auf die Sowjetunion stand Marienheim unter deutscher Verwaltung. „In

der deutschen Zeit" (Ella), diesen 1000 Tagen unterm Hakenkreuz, sei es den Marienheimern gutgegangen. Sie mussten zwar Ablieferungen an die Front machen, Lebensmittel und „Ge-stricktes", aber sie hatten ja keinen Mangel. Vater Johannes war Gemeindeschreiber und so erinnert sich Ella, dass die für die Wehrmacht bestimmten Sachen in ihrem Haus gesammelt wurden. „Ich habe mitgeholfen und abgewo-gen." 1942 mussten die Männer des Dorfes in den Krieg – auch Reinhold, der 18-jährige Bru-der von Ella und Ida, und später sogar Johannes, der Familienvater. Für Führer, Volk und Vater-land. Gegen das Land, dessen Staatsbürger sie bis dato gewesen waren. Dann kam Stalingrad, kam die Wende. Im März 1944 wurden die Schwarzmeerdeutschen vor der heranrücken-den Front in Sicherheit gebracht. Beschützt von

21

deutschem Militär zog ihr Treck über die Karpaten, die Jungen zu Fuß, die Alten und Kranken auf dem Pferdefuhrwerk. Gleich zu Beginn seien sie für vierzehn Tage eingekesselt gewesen, dann aber von den deutschen Soldaten „rausgehaut" worden. Der Treck sei gut organisiert gewesen, die Verpflegung sei regelmäßig gekommen. „Wir haben heilig an Deutschland geglaubt", schildert Ella die Stimmung jener Tage.

Angesiedelt wurden die Schwarzmeerdeutschen im Warthegau, wo sie – „das muss unbedingt erwähnt werden" (Ella und Ida) – die reichsdeutsche Staatsangehörigkeit verliehen bekamen. Doch hier (im heutigen Polen) walzte bald die Kriegsfurie über sie hinweg, unter Geschützdonner, beschossen von Tieffliegern, flohen Ella, Ida und die anderen im Januar 45 gen Westen.

Im Chaos jener Tage, wohl noch in Polen, passierte es: Ein deutscher Panzer stieß mit Merkels Pferdefuhrwerk zusammen. Radbruch. Mit das Schlimmste, was Flüchtenden zustoßen konnte. Katharina Merkel, die Ida, Erich und die Merkel-Großmutter bei sich hatte (Ella floh auf anderem, nicht minder dramatischem Weg), beschimpfte die Panzerbesatzung: „Mein Mann ist an der Front. Ihr geht jetzt durch und lasst uns hier stehen!" – „Kommt rauf, fahrt mit uns", antwortete die Panzermannschaft. Doch die Großmutter habe das strikt abgelehnt, erinnert sich Ida. Daraufhin sei der Panzer in den nächsten Ort gefahren und habe ein Ersatzfuhrwerk besorgt. Wie, darüber kann man mutmaßen.

Die Merkels schaffen es bis fast an die Elbe. In Rotstein bei Bad Liebenwerda kommen sie unter. Bald taucht auch Reinhold auf. Immer wieder appelliert er an seine Familie, über die Elbe zu gehen, in das noch amerikanisch besetzte Sachsen. „Es sind doch nur 24 Kilometer." Doch Katharina, die Mutter, möchte heim ans Schwarze Meer. Sie glaubt an den Neuanfang in der alten Heimat. Die sowjetische Besatzungsadministration verfrachtet die schwarzmeerdeutsche Familie nach Frankfurt/Oder. Mit dem Lkw geht es weiter bis Brest-Litowsk, ab da im Viehwaggon. Stacheldraht an den Fenstern, als Toilette ein Loch im Wagenboden. Man bringe sie ans Schwarze Meer zurück, wurde ihnen be-

deutet, angekommen sind sie in Kirow am Ural. Wir sind nun wieder im Jahre 1947.

Was wurde aus den Männern? Viele der Schwarzmeerdeutschen, die den Einmarsch der Wehrmacht im Sommer 41 mit Blumen und Fahnen begrüßt hatten, die in Hitlers Armee gedient hatten, nicht selten in der Waffen-SS, wurden von den Sowjets zum Tod verurteilt. Johannes und Reinhold Merkel bekamen 25 Jahre, von denen sie jeweils elf Jahre absaßen. Der eine in Komsomolsk am Amur, der andere in Magadan hoch im Norden Sibiriens.

Und die Frauen? Den Jahren in Kirow folgt ab 1950 Zwangsarbeit in Ostsibirien. Dort, am Witim, einem Nebenfluss der Lena, wird Glimmer abgebaut und verarbeitet. Es ist eine der kältesten Gegenden der Welt. Arbeitsfrei gibt es erst, wenn das Thermometer 51 Grad minus anzeigt. Ella heiratet einen Galizien-Deutschen, Ida einen Wolga-Deutschen. Den Schleier macht Ida aus Mullstoff, man hat nichts anderes. Sofia, das erste Kind Ellas, wird kein Jahr alt. Zu wenig Milch, die Kälte. Geboren am 28. März 1951, gestorben im Februar 1952. Ein Foto ist das einzige Erinnerungsstück, ein Geburtsschein oder eine Sterbeurkunde wurde nie ausgestellt. „Der Bär ist der Rechtsanwalt und die Taiga das Gesetz", zitieren Ella und Ida ein geflügeltes Wort aus jenen Tagen.

„Deutsch sind wir und bleiben deutsch bis in den Tod" – das singen die Merkels im Lager in Sibirien und auf die alte Weise „Wo die Nordseewellen rauschen an den Strand" machen Leidensgenossen folgende Reime:

Wo die Welt mit Brettern zugenagelt ist
und vor jeder Türe liegt ein Haufen Mist,
wo die Flöh' und Wanzen kriechen an der Wand,
ist jetzt meine Heimat im Sibirienland.
(…)
Wo man eine fremde harte Sprache spricht,
keine traute Seele, freundliches Gesicht,
Glaube, Hoffnung, Liebe ist ein fremdes Wort,
ist jetzt meine Heimat im Verbannungsort.
Aber ich will glauben, Gott, an Deine Macht,
weil Dein Vaterauge über Deinen wacht,
und dass Deine Gnade hilft mir übersteh'n,
dann werd' ich doch einmal meine Heimat sehn.

Mindestens bis 1937 gab es die deutsche Schule in Marienheim. Die deutschsprachige Spruch-
zeile im Hintergrund lautet: „Die besten jugendlichen Stürmer auf die Rayonskonferenz" (Ra-
yon ist ein Landkreis). Die Aufnahme muss 1936 oder 1937 entstanden sein, denn Ella, geboren 1927 (vorderste Reihe, sechstes Kind von rechts, hinter dem Mädchen in weißer Bluse) war
damals in der dritten oder vierten Klasse. Auch ihr Bruder Reinhold, geboren 1924, ist auf dem
Bild (zweitoberste Reihe, ganz rechts). Die Schulzeit umfasste damals sieben Jahre; er war – von
der Anordnung her gesehen – in der zweitobersten Reihe, demnach wohl in der sechsten Klasse.
Neben Reinhold stehen die vier Lehrer der Marienheimer Schule (von rechts ein Herr Heer,
dann ein Herr Sager, ein Herr Maser und ein Herr Albert). Die vier volksdeutschen Lehrer sind
offenbar Stalins Terror zum Opfer gefallen. Laut Ella Merkel seien sie in den Jahren 1937 oder
1938 verhaftet und erschossen worden. „Das weiß ich sicher", sagt sie auf Nachfrage. Als sie
dann in die fünfte Klasse kam, sei der Unterricht auf Ukrainisch gehalten worden. Lediglich
eine Stunde in der Woche habe es Deutsch gegeben.   Foto: bei Merkel

Trauer um Sofia: Das erste Kind von Stefan und Ella Merkel wurde kein Jahr alt. Es starb 1952 im ostsibirischen Verbannungsort ihrer Eltern. Links Ellas Bruder Erich, daneben ihre Schwester Ida.
Foto: bei Merkel

Ja, die Lieder. Sie waren eine Art Lebenselixier. „Kehr ich einst zur Heimat wieder" haben sie in jenen Tagen der Verbannung gesungen, „Guten Abend, gut' Nacht", das schmissige „Ein Heller und ein Batzen", „Auf der Lüneburger Heide" und sogar „Auf der schwäb'sche Eisabahne". „Diese Lieder haben schon unsere Großmütter in Marienheim gesungen", erinnern sich Ida und Ella an die schönen Tage der Kindheit.

1955 reiste Bundeskanzler Adenauer nach Moskau. Er erreichte die Rückkehr der letzten Kriegsgefangenen und, was weit weniger bekannt ist, die Freiheit für die verschleppten Volksdeutschen. „Als wir frei wurden", „Da waren wir schon frei" – diese Formulierungen fallen immer wieder im Gespräch mit Ella Merkel und Ida Bauer.

So ganz uneingeschränkt war die neue Freiheit für die Deutschen in der Sowjetunion aber nicht. Sie mussten unterschreiben, sich nicht

im Wolga-Gebiet oder bei Odessa anzusiedeln, ihnen waren bestimmte Berufe verwehrt und sie mussten sich „von Hab und Gut absagen" (Ella), das heißt, auf alte Besitzansprüche verzichten. Ida zog nun mit ihrem Mann nach Kasachstan, wo sich viele Deutsche ansiedelten, Ella ging nach Galizien, in die Heimat ihres Mannes, und arbeitete sich in einem Schwefelkombinat mit 12 000 Mitarbeitern zur Hauptbuchhalterin hoch.

Vieles könnte man noch erzählen. So von der Kuh Manja, deren Milch half, dass Ida ihre fünf Töchter durchbrachte. Oder vom Kuhhalter, einem Kasachen, der jeden Morgen all die vielen Einzelkühe zusammentrieb, damit die Frauen zur Arbeit konnten (Ida arbeitete auf einer Kolchose und dann 15 Jahre lang in einer Konditorei). Oder vom Hakenkreuz, das russische Mitschüler Idas Töchtern mit Kreide auf den Rücken zeichneten. Oder von Erich, dem jüngsten Bruder. 1957 tat er Dienst in der

Bürgerstolz: Johannes und Katharina Merkel, die Eltern von Ella und Ida, Mitte der 1920er-Jahre in Marienheim, einem schwarzmeerdeutschen Dorf bei Odessa. Johannes Merkel, geboren 1904, stammt aus dem von deutschen Siedlern 1810 gegründeten Ort Bergdorf (Gebiet Glücksthal, Bessarabien); seine Frau Katharina, Jahrgang 1906, war in Hoffnungsthal zu Hause, das 1817 von Deutschen bei Odessa gegründet wurde. Marienheim war eine Tochterkolonie.
Foto: bei Merkel

Bürgernot: In diesem selbstgebauten Blockhaus lebten Ella und Stefan Merkel Mitte der 1950er-Jahre. Auf dem Verschlag sitzt der 1953 geborene Sohn Eugen.
Foto: bei Merkel

Endlich frei: Ein Sonntag im Park in Krasnojarsk (ca. 1956). Von links: Stefan, Eugen und Ella Merkel; rechts die Familie Idas (Viktor Maul, ihr früh verstorbener erster Mann, und die Kinder Ida, geboren 1955, und Erika, geboren 1953. Viktor Maul starb 1965 im Alter von 38 Jahren. Staublunge. Ein Erbe der Arbeit im Glimmer-Bergbau.). Foto: bei Merkel

Roten Armee – die Volten der Weltgeschichte spielten bis in die Familie Merkel hinein (man erinnere sich: Bruder Reinhold und Vater Johannes kämpften einst gegen die Rotarmisten).

1987 kommen die alten Merkels – Johannes und Katharina – und Ida mit Familie nach Deutschland, in das Land, das ihnen 1944 den Pass gab, in das Land, aus dem ihre Vorfahren stammten, in das Land, aus dem der Krieg gekommen war. Das Jahr darauf folgen Ella und die Ihren. Jetzt sehen sie jenes Biberach, von dem sie im Eisenbahn-Lied immer gesungen hatten. Johannes Merkel, 1904 am Schwarzen Meer geboren, dort, wo Milch und Honig flossen, kommt nur noch zum Sterben nach Deutschland. Er liegt auf dem Aulendorfer Friedhof begraben.

„15 Jahre sind wir jetzt hier", klagt Ella, „und noch immer sagt man Russen zu uns. Die Juden, die aus Russland nach Deutschland auswandern, werden hier Juden genannt. Aber zu den Deutschen aus Russland sagt man Russen – wo ist da die Gerechtigkeit?" Und dann erklärt sie, warum viele der jungen Aussiedler kaum Deutsch können, schildert, wie das Deutsch-Sprechen in der Sowjetunion verfemt war, konstatiert, dass es oft zu Mischehen kam, weil das geschlossene Siedlungsgebiet zerschlagen war. „Meistens gingen beide Elternteile arbeiten, die kleinen Kinder gab man in die Kinderkrippe", berichtet sie. „Und in der Krippe hat man nicht deutsch gesprochen."

„Die hatten doch nur einen deutschen Schäferhund gestreichelt", höhnen manche der Hiesigen, nicht ahnend, dass Familien wie die Merkels ihren Stammbaum über viele Generationen zurückverfolgen können bis zurück nach Rastatt, von wo Ellas und Idas Vorfahren einst aufgebrochen waren.

„Lieber ein Stück Schwarzbrot als eine Wurst und so verstoßen", sagt Ella über die Ausgrenzung, die sie hierzulande verspürt. Und auch die jungen Deutschstämmigen aus dem Osten empfinden so. „Sie sind doch nur die zweite Sorte. Sie haben keine Anerkennung. Da werden sie aggressiv", stellt Ella fest, ohne irgendetwas schönreden zu wollen oder gar gutheißen. Dann holt sie ein Dokument hervor. Den Heimkehrerschein, ausgestellt im Lager Friedland am 21. November 1989. „Wir sind Heimkehrer, nicht Aussiedler."

Erster Weltkrieg
Warum
das Bildstöckle entstand

Am Ortsetter Aulendorfs Richtung Bad Waldsee, rechter Hand, steht seit Jahrzehnten ein Bildstöckle mit Josefsfigur. Warum dort dieses Kleindenkmal steht, weiß Adolf Laternser ganz genau: Es hat nämlich sein Vater errichtet. Sein Vater hieß: Josef.

Am 5. August 1914 musste Josef Laternser einrücken. Im Unterschied zu vielen seiner Zeitgenossen, die den Krieg mit Hurra begrüßten, war er skeptisch. Falls er heil wieder heimkommen sollte, werde er seinem Schutz- und Namenspatron einen Bildstock setzen, gelobte er. Bereits am 10. August war der 34-jährige Infanterie-Soldat an der Front im Westen und exakt drei Wochen später, am 31. August, wurde er schwer verwundet. Ein Schrapnell durchschlug seine rechte Hand und im Notlazarett legte man ihn zu jenen Kameraden, die man schon aufgegeben hatte. In letzter Minute, als er fast schon ausgeblutet war, sei ein Feldarzt vorbeigekommen und habe seinen Helfern zugerufen: „Halt, hier können wir vielleicht noch helfen!" „Ohne Betäubung", so habe es ihm sein Vater erzählt, „ohne Betäubung, nur mit einem Stück Holz zwischen den Zähnen, wurden ihm die restlichen Splitter aus der Hand gezogen", schreibt Adolf Laternser.

Adolf Laternser, der jüngste Sohn von Josef, hat seinem Vater ein kleines privates Denkmal gesetzt: Auf 30 maschinengeschriebenen Seiten erinnert er an das Leben des Aulendorfer Maurermeisters Josef Laternser, an seinen Humor, seinen Fleiß, sein Gottvertrauen. An den Familiensinn des Vaters, an seinen Gerechtigkeitssinn.

Zum Krieg, dessen Schrecken der Vater mit viel Glück und einer verkrüppelten rechten Hand entronnen ist, schreibt der Sohn: „Vom Einsatz als Soldat in Frankreich hat er immer viel erzählt. Unter starkem feindlichem Beschuss musste er über einen Zaun klettern. Da verfing sich seine goldene Taschenuhr, die

Hans Zeller, ein Freund Adolf Laternsers, vergoldet die Inschrift des Bildstöckles. Foto (2006): Adolf Laternser

er von seinem Vater hatte und die ihm viel bedeutete. Erst etwas später bemerkte er den Verlust und ging trotz des starken Kugelhagels mit seinem Sturmgebet ‚Jungfrau, Mutter Gottes mein …', das ihn auch in seinem ganzen weiteren, langen Leben begleitete, zurück und holte die Uhr, an der er so hing."

Seine schwere Verletzung hatte Josef Laternser bei Beaudair erlitten. Wie umkämpft jener Frontabschnitt war, beschreibt Adolf Laternser mit diesen Worten: „Bei Beaudair war am 26. Februar 1916 die Front 14 bis 16 Kilometer breit und in fünf Monaten wurden von den deutschen Soldaten fünf Kilometer gewonnen. Dabei sind 52 000 deutsche Soldaten und 170 000 französische Soldaten gefallen – Wahnsinn!" Zu diesem Zeitpunkt war der untauglich geschossene Josef Laternser schon entlassen; am 7. Mai 1915 hatte er nach halbjährigem Lazarettaufenthalt heimkehren dürfen.

Der Wahnsinn des Krieges wird auch in dieser Episode deutlich, die der Sohn nach den Angaben des Vaters notiert hat: „Als sie einen starken französischen Gegenangriff abwehren mussten, hatte er neben sich einen Kameraden, der vor lauter Angst nur weinte und nach der Mutter rief und gar nicht schießen konnte. Zu diesem hat unser Vater gesagt: ‚Des Blärra hot gar koin Wert. Du muascht schießa, sonscht semm'r alle he.' "

Weiter schreibt Adolf Laternser: „In einem kleinen Dorf im Kampfgebiet, wo mehrere von deutschen Soldaten in Brand geschossene Häuser in Flammen standen und von allen Einwohnern verlassen waren, kam unser Vater an einem brennenden Häuschen vorbei und hörte ein leises Rufen. Er ging hinein und fand in der Stube in einem Sessel sitzend ein altes

Der Mann mit der Reibscheibe: Josef Laternser, Maurermeister in Aulendorf. Foto (1950er-Jahre): bei Laternser

Adolf Laternser und sein Bildstöckle. Im November 2004 ist der Bildstock in die Liste der Kulturdenkmale des Landesdenkmalamtes aufgenommen worden. In der Begründung heißt es unter anderem: „Als Dokument für den gelebten Katholizismus in der ersten Hälfte des 20. Jahrhunderts und gleichzeitig als mittelbares Erinnerungszeichen an den Ersten Weltkrieg ist der traditionelle Bildstock ein Kulturdenkmal aus wissenschaftlichen (volkskundlichen) und heimatgeschichtlichen Gründen; an seiner Erhaltung besteht insbesondere wegen seines dokumentarischen Wertes ein öffentliches Interesse." Der Josef ist dargestellt mit Lilie und Zimmermannswinkel, am Schaft des Bildstocks findet sich die Inschrift: „Heiliger Josef bitte für uns 1914/15 J. L. A. S. M. S." Die Initialen beziehen sich auf Josef Laternser, Anton Sättele (seinen Schwager) und Mechthilde Sättele, seine Schwester, die zum Zeitpunkt der Stiftung in dem Haus an der Gabelung Straße nach Reute/Weg nach Rugetsweiler/Zollenreute gelebt haben. Die aus Sandstein gearbeitete Josefsfigur stammt vom Aulendorfer Bildhauer Josef Reiter, dem auch die Kreuzigungsgruppe auf dem Aulendorfer Friedhof zu verdanken ist.

Foto: Michael Laternser

Weiblein, das nicht laufen konnte. Er nahm sie kurzentschlossen auf den Arm, lud sie auf einen Schubkarren, der bei dem Häuschen stand und brachte sie in Sicherheit. Dann ging er noch mal in das Häuschen, und zwar in den Keller, wo aus zerschossenen Weinfässern guter, französischer Wein nur so floss. Er füllte sein Essgeschirr und seine Feldflasche und ging weiter. Aus der Ferne konnte er noch sehen, wie das ganze Haus brennend zusammenstürzte."

Sein Sinn für Recht und Gesetz, der ihn später davor bewahrte, den Nazis auf den Leim zu gehen, wird in folgender Begebenheit deutlich: „Als seine Kameraden und vor allem die im Rang höher Stehenden in den eroberten Gebieten Wertgegenstände klauten, so viel sie nur konnten, hat unser Vater zu ihnen gesagt: ‚Lasset dene Leit ihr Zuig; die wisset alle, was se ghett hond und mir müsset noch em Krieg alles zahle.'"

Josef Laternsers Vater, „ein weiser Mann" (Adolf Laternser), der etliche Jahre vor Ausbruch des Ersten Weltkrieges gestorben ist, warnte seine Söhne wiederholt vor den Gefahren des modernen Krieges. Wenn ein Krieg komme, habe er immer wieder gesagt, und es zeichne sich ab, dass er lang gehe, dann habe man im Grunde nur zwei Chancen zu überleben: „Entweder man wird früh verwundet oder man ist ein rechter Spitzbub." Das „Glück" der frühen Verwundung hatte Sohn Josef, dem Überlebenserfordernis der zweiten Art folgte Sohn Paulus.

Paulus Laternser war auf dem Marsch Richtung Somme. Er wusste: Der Einsatz an der Somme war „ein Todeskommando" (Adolf Laternser). In einem günstigen Augenblick mimte er den Erschöpften und ließ sich „bewusstlos" in einen Graben fallen. Dann marschierte er in die andere Richtung und meldete sich bei einer Einheit in der Etappe. Die brauchte gerade einen Küchen-Bullen und so verbrachte Paulus, ein gelernter Metzger, den Rest des Krieges in der Feldküche.

Als Paulus den Stellungsbefehl erhalten hatte, baute er sich vor den Großbauern-Söhnen auf, die, unabkömmlich gestellt, den Krieg an der Heimatfront verbringen durften: „Gucket mi a", habe er gerufen, „gucket: An mir ischt

koin Schramma, an mir ischt alles dra. Ond so komm i wieder!"

Noch im Krieg errichtete der glücklich davongekommene Josef Laternser vor seinem schmucken Haus das Bildstöckle. Das Haus („Laternsers Schlössle") hatte er in den Jahren 1907/08 eigenhändig gebaut, mit viel Liebe zum Detail. Den runden Erker deckten von Hand zurechtgehauene Biberschwänze, die steinernen Gartenpfosten hatten Kapitelle, die Fenster umrahmte Ziermauerwerk. Manch einer, der des Weges kam, schüttelte den Kopf und raunzte: „Wia ka der Josef bloß so baua?!" Da ließ der Geschmähte bei Maler Hagenmaier eine Tafel machen mit diesem Text: „Ich baue hier nach meinem Sinn. Wem's nicht gefällt, der schaut nicht hin." In abgeschwächter Form brachte Josef Laternser die Botschaft am Erker an. Mehr als 40 Jahre lang war dort zu lesen: „Wer da bauet an die Straße, muss die Leute reden lassen."

Im Winter, wenn die Maurerarbeiten ruhten, hat der junge Josef Laternser „g'eiset". Am Mahlweiher wurde Eis gebrochen, von den Bauern zum Bräuhaus gebracht und in den dortigen Bierkellern von Josef Laternser „eingebaut". Auch hat er, wie schon sein Vater, im Winter Körbe gemacht.

1920, mit 40 Jahren, heiratete Josef Laternser seine Rosa, nach und nach kamen zehn Kinder und mit dem Maurergeschäft ging es gehörig aufwärts. Die Reib-Scheibe hängte der fleißige Mann in seine Krüppel-Finger ein; ansonsten machte er sehr viel mit der Linken. 1926, nachdem der Mühlbach die Aulendorfer Unterstadt geflutet hatte, wurde Laternser maßgeblich mit den Arbeiten zur Bach-Korrektion und Kanalisation betraut; 50 Mann hatte er seinerzeit in Lohn und Brot. Einen Knick gab es, als die Nazis ans Ruder kamen; der Nicht-Parteigenosse Josef Laternser ging bei so manchem öffentlichen Auftrag leer aus.

Dennoch ließ er seinen Jüngsten auf den Namen Adolf taufen. Das war 1937. Das Dritte Reich stand in voller Blüte und für ihr zehntes Kind bekamen die Laternsers vom Staate Hitlers 50 Mark. Da fühlten sie sich verpflichtet. Aber das Menetekel des kommenden Krieges war unübersehbar: Am Tage der Geburt von

Vom 29. September 1914 bis zum 15. Februar 1915 lag Josef Laternser (zweite Reihe, markiert mit einem Kreuzchen) im Lazarett in Wiesbaden.   Foto: bei Laternser

Josef Laternser als Infanterist in der regulären Wehrdienstzeit 1902 bis 1904, er war damals Anfang 20.
                 Foto: bei Laternser

Adolf Laternser (15. Februar 1937) war in Aulendorf die allererste Verdunkelungsprobe im Oberamt Waldsee.

Einmal, es war schon gegen Ende des Zweiten Krieges, hörte Josef Laternser nachts Geräusche im Hof. Lauscher, die hören wollten, ob Laternsers einen Feindsender eingestellt hatten. Dabei hatte Josef Laternser gar kein Radio (war aber gut informiert, weil seine Schwester Haushälterin beim Bischof von St. Gallen war). Kurzentschlossen ging er in die Werkstatt, holte einen Pickel und vertrieb die ungebetenen Besucher.

Es war Anfang 1945, als ein Anschlag auf Laternsers Bildstöckle verübt wurde. Die Josefs-Figur wurde in Stücke geschlagen – von fanatischen Nazis; „'s waret gschtandene Mannsbilder aus em Ort, koine junge Kerle", weiß Adolf Laternser. Bildhauer Reiter flickte die Heiligenfigur wieder zusammen. Seitdem sind auch die zwei Querstangen vor der Figur angebracht.

„Kind', mir lond eis it v'rschütta", sagte Josef Laternser im Krieg. Der Maurermeister verstärkte deshalb seinen als Luftschutzkeller ausgewiesenen gewölbten Mostkeller mit starken Bohlen. Am 20. April 1945 – „Führers Geburtstag" – erlitt Aulendorf den schwersten Fliegerangriff. Adolf Laternser, das achtjährige Büble, das Führers Namen trug, saß im Keller hinter einem Mostfass und hat gespürt, „wia's bompret hot". Außer ihm und seinen Eltern und Geschwistern hatte noch ein Dutzend Menschen in Laternsers Keller Zuflucht gefunden. Als es draußen wieder ruhig war, ging der vorwitzige Achtjährige mit seiner erwachsenen Schwester Marianne als erster raus. „Alle Fenschtra waret neidruckt, d' Türa ausghengt", erinnert sich Adolf Laternser. Das Dach der Laternser'schen Werkstatt war zu 90 Prozent abgedeckt, die Schule, in der damals eine Genesungskompanie untergebracht war, hatte mehrere Treffer abgekriegt (Einfriedungsmauer, Schulhof).

Zwischen einem Voralarm und dem Hauptalarm lagen üblicherweise fünf Minuten. Als wieder einmal Voralarm war, eilte der achtjährige Adolf in den Hennengarten, um die Hühner einzutreiben. Da kamen schon die Tiefflieger. Von Südwesten her, die Bahnlinie

entlang, flogen sie so tief, dass „ma dia Pilota gsäha hot. Ond denn isch scho des Geratter losganga." Mit ihren Bordwaffen beschossen die feindlichen Flieger das Bahnhofsareal. Für den achtjährigen Buben war es zu spät, um in den Luftschutzkeller zu flüchten. „Noch hone mi hintr'en großa Schtoihaufa gworfa."

Die Schule, in der die Genesungskompanie untergebracht war, war vis-à-vis von Haus und Werkstatt Laternser, nur der Sportplatz lag dazwischen. Unter den Genesenden waren auch junge SSler. Kurz nach dem Einmarsch der Franzosen stand einer dieser jungen Krieger bei Laternsers an der Haustüre, bat verzweifelt um Einlass. Während er in der Kammer die Zivilsachen von Laternsers Ältestem anzog, klopften französische Soldaten, die MP im Anschlag. Rosa Laternser behielt die Nerven und verwickelte die „Feldjäger" in ein Gespräch. Derweil verließ der Flüchtende mit Laternsers Fahrrad das Haus durch die hintere Tür. Kurt B., so hieß der junge Mann, gelang die Flucht. Mehrmals besuchte er nach dem Krieg seine Retterin. Auch das Fahrrad – es hatte Holzfelgen – brachte er zurück. Nebenbei: Laternsers Ältester, Josef mit Namen, dessen Knickerbocker Kurt trug, ist im Krieg geblieben.

Nach dem Umsturz wurde ein gutes Dutzend der führenden örtlichen Parteigenossen von den Siegern verhört. Die Franzosen luden Josef Laternser als Zeugen. Angstvoll, flehentlich hätten die Ex-Bonzen zum Zeugen herübergeblickt. Der aber beschuldigte seine Mitbürger nicht. Ein Dankeschön habe es von den Persil-Gewaschenen aber nie gegeben, berichtet Adolf Laternser 60 Jahre danach.

Josef Laternser, der mit 80 Jahren noch seine Schulgedichte auswendig konnte („Der Löwe ist los" und vieles mehr), starb 1964 mit 84 Jahren. Sein Bildstöckle wurde 2004 unter Schutz gestellt.

Josef Laternser mit Geschwistern vor „Laternsers Schlössle". Aufnahme von 1908; von links, stehend: Barbara (Betty), Paulus und Josef Laternser; sitzend Mechthilde Laternser mit ihrem Sohn Karl; vorne Alfons Laternser; rechts hinten ein Nachbar. Foto: bei Laternser

Das Stammhaus Laternser wurde in den Jahren 1982 bis 1984 im Museumsdorf Kürnbach (bei Bad Schussenried) neu errichtet. Ursprünglich hatte das strohgedeckte Gehöft (mit dachziegel-eingebundenem First) in Meßhausen (bei Mochenwangen) gestanden. Ein Christian Latern-ser war Anfang der 1820er-Jahre als Hütebub aus Liechtenstein gekommen und hat dann die Haustochter geheiratet. Er ist der Stammvater der oberschwäbischen Laternser-Sippe. Erbaut hatte das Haus 1678 ein Thomas Brugger. Foto: bei Laternser

Otto von Habsburg

„Man ist ja verantwortlich"

23. März 2004. Otto von Habsburg, Sohn des letzten Kaisers von Österreich, ist zu Besuch im Altersheim „Ulrichspark" in Kißlegg. Vor Schülern und Senioren wirbt Habsburg für die Idee seines Lebens: für ein friedliches, geeintes Europa. Im Anschluss an die Veranstaltung im Ulrichspark in Kißlegg besuchte Otto von Habsburg das Salvatorkolleg in Bad Wurzach.

Im dunklen Zweireiher, das Mikro in der Hand, die ganze Zeit stehend – so spricht Otto von Habsburg gut eine Stunde lang von seinem Europa. Gebannt lauschen 16-jährige Realschüler und Bewohner des Seniorenheims, Jung und Alt, den Ausführungen einer Jahrhundertpersönlichkeit. Der unglaublich vitale 92-Jährige kokettiert auch ein bisschen mit seinem Alter. „Ich bin ja noch aktiver Politiker und mache viele Veranstaltungen. Dann sage ich immer zur Begrüßung: Liebe junge Leute. Hier aber bin ich vielleicht einmal nicht der Älteste." In der Tat: Gebhard Blank, Bewohner des Ulrichsparks, erblickte anno 08 im Kaiserreich Wilhelms des Zweiten das Licht der Welt. Ein Publikum von 16 bis 96 – das hat auch ein Otto von Habsburg nicht alle Tage und das freut ihn ganz besonders. „Wir müssen die Generationen zusammenbringen, um Europa zu bauen", ruft er aus.

Ein Modell für dieses Europa ist für ihn die Schweiz. Einst wüste Raufbolde und gefürchtete Söldner, hätten die Schweizer früh – „der Heilige Nikolaus von der Flüe hat dafür gebetet" – der militärischen Aggression entsagt und statt dessen ein blühendes multinationales Gemeinwesen aufgebaut. Genauso müssten Germanen, Romanen und Slawen zusammenwirken, um ein „schönes Heim für die kommenden Generationen zu bauen". Dass 2004 zehn weitere Nationen in die EU aufgenommen wurden, erfüllt den „geborenen Europäer" mit großer Freude. Doch wenn man Europa wolle, dann müsse es „das ganze Europa" sein. Man müsse die Türe offen halten für Kroaten, Bosniaken, Albaner, Ukrainer, Rumänen

und Bulgaren, zählt er auf. Einwendungen einer Frau aus dem Publikum, die Firmenflucht und Lohnkonkurrenz befürchtet, begegnet der begeisterte Europäer mit entwaffnendem Optimismus. Natürlich seien gewisse Schwierigkeiten unvermeidlich. Doch insgesamt nütze Europas Einheit allen Europäern. Mit Blick auf das befürchtete Lohndumping fragt er in die Runde: Wo sind sie geblieben, all die billigen Arbeitskräfte aus Spanien? „Haben sie Andalusiens Sonne den Rücken gekehrt und sich im nebligen Ruhrgebiet niedergelassen?" Wenn Friede herrsche in Europa, dann gebe es einen wirtschaftlichen Aufstieg für alle.

Auf die Frage einer Schülerin, ob er immer schon Politiker habe werden wollen, antwortet Otto von Habsburg: „An sich ja. Meine Familie ist ja schon seit 800 Jahren in der Politik." Mit unverkennbarem Vaterstolz berichtet er von seiner Tochter Walburga, die im historischen Sommer 1989 die Schere in die Hand genommen hat und den Stacheldraht an der österreichisch-ungarischen Grenze kappte. „Die Grenzwächter drehten sich um und schauten weg. Anschließend wollten sie von Walburga Autogramme", schmunzelt der stolze Herr Papa. Das Picknick am Eisernen Vorhang ist in die Geschichte der großen Wende in Europa eingegangen und wird mit gleichem Charme erzählt wie so vieles aus dem langen Leben des Otto von Habsburg. Dabei ist der langjährige Europa-Abgeordnete und Präsident der Paneuropa-Union kein nostalgischer Anekdoten-Erzähler. Nein, er blickt voraus, beißt sich auch an harten Politikthemen fest: „Die Benesch-Dekrete (mit denen die Vertreibung der Sude-

Der Bau des Hauses Europa ist eine Aufgabe für Jung und Alt. Unser Bild zeigt Otto von Habsburg im Gespräch mit dem Schüler Felix Armsen.   Foto (2004): Uli Gresser

tendeutschen gerechtfertigt wurde) passen nicht nach Europa." Auch fordert er klipp und klar den Gottesbezug in der Europa-Verfassung.

Ulrichspark-Geschäftsführer Walter Martin bemerkte zur Europa-Begeisterung Otto von Habsburgs: „Oft heißt es: Man wird alt, wenn man vor allem von der Vergangenheit spricht. Sie sprechen vor allem von der Zukunft." Da meldet sich eine Rollstuhlfahrerin, wohl noch keine 40 Jahre alt. Als sie spricht, wird es ganz still im Saal. „Man spürt Ihre Begeisterung", sagt sie an Otto von Habsburg gerichtet. „Ich bin ganz bewegt. Man spürt, dass Sie sich von einem Höheren leiten lassen." – „Ja", sagt Otto von Habsburg, „man ist ja verantwortlich."

Der zweite Termin, den der 92-Jährige an jenem 23. März des Jahres 2004 absolvierte, war im Wurzacher Schloss; dort stand er Schülern Rede und Antwort. Empfangen wurde der hohe Gast im Barocktreppenhaus. Jeder der dort Anwesenden – außer Schülern auch Vertreter der Stadt, der Salvatorianer, des Gymnasiums, der Stiftung Liebenau und des Hauses Waldburg-Zeil (vertreten durch Gräfin Mathilde) – wurde von Otto von Habsburg mit Handschlag begrüßt. Ein Schüler des Salvatorkollegs, Felix Armsen, erläuterte dem Spross eines tausendjährigen Geschlechtes das Bildprogramm des Treppenhauses. Armsen deutete die am Wurzacher Barockhimmel aufleuchtenden Gestalten der griechischen Sagenwelt als Abbild einer absolutistischen Gesellschaft mit dem Fürsten – der Schüler zeigte auf Zeus – als Mittelpunkt. Bad Wurzachs Bürgermeister Roland Bürkle würdigte die jahrhundertelange Verbundenheit der waldburgischen Stadt Wurzach mit dem Hause Habsburg und stellte dann das Bad Wurzach von heute vor. „Wenn Sie, Kaiserliche Hoheit, zum Frühstück ein Glas Nutella öffnen, dann kommt das Glas mit 80-prozentiger Sicherheit aus Bad Wurzach. Und wenn Sie abends vielleicht eine Flasche deutschen Bieres öffnen, dann beträgt die Wahrscheinlichkeit, dass der Bierkasten aus Bad Wurzach stammt, 33 Prozent." Otto von Habsburg („Es ist erfreulich, hier zu sein, weil hier ein katholischer Geist ist") dankte für die vielen Informationen über Kolleg und Stadt und wünschte viel Erfolg bei der Erziehung der Jugend. Eine gute Stunde diskutierte er mit den Jugendlichen, aus seinem Jahrhundertschatz geschichtlicher Erfahrungen schöpfend. Auch in Bad Wurzach war Europa – das Thema seines Lebens – Mittelpunkt seiner Ausführungen.

Dann hatte es der 92-Jährige plötzlich sehr eilig. Der Flieger nach Rom musste noch erreicht werden. Der Termin war ganz kurzfristig anberaumt worden. Insider ahnten schon damals: Der rasche Rom-Trip hatte mit der Seligsprechung seines Vaters zu tun.

Bad Wurzach – Jersey
Der Handschlag
am Wachhaus

Am 28. April 2005 – auf den Tag genau 60 Jahre nach der Befreiung der im Bad Wurzacher Schloss Internierten durch französisches Militär – wurde am rechten Wachhäuschen des Schlosses eine Gedenktafel angebracht. Im Zweiten Weltkrieg waren mehr als 600 Jerseyaner von den NS-Machthabern nach Bad Wurzach verschleppt worden. Seit 2002 pflegt die oberschwäbische Kurstadt eine Jumelage mit der Jersey-Hauptstadt St. Hélier. Der Anknüpfungspunkt für die Städtepartnerschaft – die Internierung – war nicht einfach. Aber Bürger beider Seiten haben behutsam und beharrlich an der Brücke gebaut.

28. April 2005: Michael Ginns (rechts), der exakt 60 Jahre zuvor seine Befreiung aus der Internierung in Wurzach erlebte, und Bad Wurzachs Bürgermeister Roland Bürkle reichen sich die Hände – Abschluss einer Annäherung, die von Bürgern beider Seiten seit langem befördert worden war und die in der 2002 zustande gekommenen Städtepartnerschaft eine feste Form gefunden hat. Der symbolträchtige Handschlag wird umfangen von Flaggentuch beider Seiten. Mittlerweile sind viele Bande der Freundschaft zwischen Bad Wurzach und Jersey geknüpft.
Foto: Tony Pike (Jersey Evening Post)

Von den Nazis verfemt, als Vertreter des anderen Deutschlands in Oberschwaben und nun auch auf Jersey hoch geschätzt: Sepp Mahler. Unser Bild zeigt die Übergabe des von der Familie Mahler gestifteten Gemäldes durch Gisela und Egon Rothenhäusler an Simon Crowcroft (links), den Bürgermeister (Constable) von St. Hélier. Foto: Jersey Evening Post

Die Tafel erinnert daran, dass das Wurzacher Schloss von 1940 bis 1945 als Gefangenenlager diente, zunächst für französische Offiziere und von 1942 bis Kriegsende für mehr als 600 von der englischen Kanalinsel Jersey nach Nazi-Deutschland verschleppte Zivilisten. Von November 1944 bis Kriegsende waren auch 72 niederländi-

sche Juden hier eingesperrt. Unser Bild vom 28. April 2005 zeigt Michael Ginns (Jersey), einen der Internierten von damals, mit Bad Wurzachs Bürgermeister Roland Bürkle (Seite 37). Wenige Tage nach dem Handschlag reiste eine Delegation aus der oberschwäbischen Kurstadt zum „Liberation Day", zum auf Jersey am 9. Mai

Ein weiteres Zeichen der Verbundenheit zwischen Bad Wurzach und Jersey ist eine Briefmarke mit dem Symbol Friedenstaube, welche von der Jersey-Post zum 60. Jahrestag der Befreiung herausgebracht wurde. Der zugehörige Bogen zeigt ein Foto vom Abschluss der Partnerschaft zwischen Bad Wurzach und der Jersey-Hauptstadt St. Hélier im Jahre 2002, für die sich neben vielen anderen auch Bad Wurzachs früherer Bürgermeister Helmuth Morczinietz und der Realschullehrer Hermann Bilgeri sowie die Jerseyanerin Angela Trigg eingesetzt hatten.

Foto: Jersey Evening Post

2005 groß gefeierten 60. Jahrestag der Befreiung der Kanalinseln von deutscher Besatzung. Unvergesslich für die 13 mitgereisten Wurzacher Schüler war die Begegnung mit Königin Elizabeth II. Es gab etliche symbolträchtige Gesten der Versöhnung: So überreichten die Delegationsmitglieder Gisela und Egon Rothenhäusler ein Gemälde des von den Nazis ausgegrenzten und mit Ausstellungsverbot belegten Wurzacher Künstlers Sepp Mahler. Das Geschenk der Familie Mahler möge zum Wachsen der Freundschaft zwischen Bad Wurzach und Jersey beitragen, sagte Gisela Rothenhäusler im Auftrag von Adelgund und Gertrud Mahler.

Arbeit, die heutzutage nicht mehr getan wird: Agathe Jäger beim „Huiza". Die Aufnahme machte Rupert Leser in den 1970ern nahe Arnach.

Arbeit

Vieh-Auktion

Wie Georg Halder in Hopfenweiler seine Kuh verkauft

Viehhandel in Zeiten von BSE – keine einfache Sache. Wir waren im Februar 2001 auf dem Braunviehmarkt in Bad Waldsee-Hopfenweiler und haben die Auktion beobachtet.

Georg Halder steht im Stall von Hopfenweiler, bewaffnet mit Wasserschlauch und Bürste, und putzt seine Kuh. „Des macht sich fei scho bezahlt, wenn dia was glei sieht", sagt der Landwirt aus Isny-Dorenwaid; selbst der Kuhschwanz wird mit Akribie abgestrahlt, bis die „Dame" auch optisch auktionsfähig ist. Hubert Netzer aus Urlau, der ein paar Plätze weiter seine „Olga" auf Vordermann bringt, erzählt, dass er die Kuh zu Hause extra geschoren und sogar das Euter rasiert hat. Ohne Fleiß kein Preis, heißt die allgemeine Losung, und neben Milchleistung, Melkbarkeit, Eiweißgehalt, Abstammung etc. pp. zählt eben auch Schönheit zu den Verkaufsargumenten. Auch Halders Kuh – sie trägt die Auktionsnummer 315 auf dem Rücken und die Lebensnummer 08 11117454 im Ohr – kann sich sehen lassen. Erst vor kurzem, vier Tage vor der Auktion, hat die zweieinhalbjährige Kuh gekalbt und jetzt gibt sie erstmals in ihrem Leben Milch. 23 Liter am Tag, da hat Halder sich kurzerhand entschlossen, mit ihr auf den Viehmarkt zu gehen.

Georg Halder ist einer der vielen Aufgabelandwirte, die neben den üblichen Zuchtbetrieben die Auktion beschicken. Der 65-Jährige hatte im vergangenen Sommer, noch vor der Krise, das Gros seines Bestandes verkauft. Altershalber. Jetzt räumt er nach und nach den Rest. Eine Preis-Prognose will er heute Morgen um 9 Uhr, gut drei Stunden vor der Versteigerung, nicht wagen. Der Mann weiß aus Erfahrung: „Wenn zwoi Baura um a Stückle hooret", dann kann es auch im Jahr 1 nach BSE noch einen guten Preis geben. Es kann aber auch anders laufen, und deshalb sagt er lieber nichts.

Während drüben in der Versteigerungshalle die Bullen gekört werden, begutachten im Anbindestall die potenziellen Milchvieh-Käufer

das Angebot (2. 2. 2001); 58 Jungkühe und vier ältere Kühe, alle gestriegelt und geschniegelt, stehen in Reih und Glied. Nicht wenige verkaufswillige Bauern haben Futtersäcke dabei, denn eine satt-zufriedene Kuh macht einfach einen besseren Eindruck. Ein Jungbauer aus der Ulmer Ecke – er sucht eine gute Milchkuh – tastet ein Euter auf Verhärtungen ab. Auch die Fußstellung jener Kuh, die er sich ausgeguckt hat, wird kritisch beäugt: „A Fußkranket schlagt auf d' Mil", erklärt der junge Mann. Eine leistungsstarke Milchkuh würde ihm „gut reinpassen", denn zurzeit kann er seine Quote nicht voll ausschöpfen.

Um 11.50 Uhr beginnt die Auktion mit der Vorstellung der Bullen. Es wird ernst auf dem 733. Waldseer Zuchtviehmarkt. Franz Frick, Zuchtleiter des Braunviehzuchtverbandes Baden-Württemberg e. V., präsentiert die Stiere, die von ihren Besitzern im Ring herumgeführt werden: „A ganz fürnehme Abstammung", sagt er ins Mikrophon und: „Schauet Se amol auf den hervorragend ausgeprägten Milchspiegel des Stieres." Von „bombensicheren Vererbern" ist die Rede, von einer „Supergenetik" und von Kerlen, hinter denen eine Mutterleistung von 10 000 Kilo stehe (Jahres-Milchleistung der Mutter des Stieres). Frick weiß, was er seinem Auditorium schuldet: Es ist nicht nur die nüchterne Daten-Information, die er liefert, auch Klappern gehört zum Handwerk. Denn am Zuchtbullenmarkt geht heutzutage, in Zeiten der künstlichen Besamung – des „Rucksackhägels", wie man scherzhaft sagt – nicht mehr viel. Ganze zehn Stiere sind heute im Angebot, und nicht jeder Bulle wird einen Käufer finden, wenn Auktionator Eugen Krug ab 12 Uhr seines Amtes walten wird.

Wehmütig erinnert sich Franz Frick an die

„Des macht sich fei scho bezahlt, wenn dia was glei sieht": Eine Kuh erhält vor einer Auktion im Sommer 2005 in Bad Waldsee-Hopfenweiler den letzten Schliff. In der Hochzeit der BSE-Krise einige Jahre zuvor waren die Schlachtviehpreise noch stärker unter Druck geraten als die Zuchtviehpreise; Schlachtkühe und -kälber erzielten nur noch 50 Prozent des früheren Preises, bei Schlachtbullen gab es ein Minus von 500 Mark pro Stück gegenüber der Zeit vor BSE. Die Zuchtviehpreise lagen Anfang 2001 um 400 bis 500 Mark unter Vorjahresniveau. Neben der kollabierten Inlandsrindfleischnachfrage waren auch die Exportmärkte für deutsches Nutzvieh weitgehend weggebrochen. Foto (2005): Uli Gresser

1970er-Jahre, als drunten in der „Schwemme" in Bad Waldsee noch weit über 100 Bullen aufgetrieben wurden und selbst „Viertklasse-Häge" noch Käufer fanden. Die heutigen Stiere sind alle in Klasse zwei eingestuft und werden für 2000 Mark angeboten. Doch mancher Züchter erlebt eine böse Überraschung: Die Versteigerung kann auch ein Schuss nach hinten sein. Als es bei einem Prachtstück von Bullen bei 1650 Mark „und zum Dritten" heißt, murmelt ein Zuschauer vor sich hin: „Des hot der scho zum Aufzieha koscht."

Mehr Musik drin ist bei der Versteigerung der Kühe. Vorneweg werden drei Jungstars feilgeboten. „Die drei Damen entsprechen voll unserem Zuchtziel", lobt der Auktionator. Kuh Nummer 81, 31 Liter, gute Melkbarkeit (2,40 Liter pro Minute), melkstand- und laufstallgewohnt, wird im 50-Mark-Stakkato auf 3250 Mark hochgesteigert. „D' Kirch isch noit aus", freut sich Eugen Krug am Mikrophon, als ein anderer Jungstar 3200 Mark erbringt. Doch eine Auktion folgt ihren eigenen Gesetzen, das weiß Krug natürlich, und so wundert es ihn wohl kaum, dass eine 35-Liter-Kuh für 2250 Mark den Besitzer wechselt. Vor fünf Jahren noch, grummelt ein älterer Zuschauer leise vor sich hin, „vor fünf Johr no hot's ghoißa: d'r Liter Mil 100 Mark" und jetzt erlöse diese Kuh nur 2250 Mark. „Do fehlet 1000 Mark", klagt er und schickt noch hinterdrein: „Wemma bloß bälder nogäba hett!"

Eugen Krug zieht alle Register („Des Euter verspricht was. Do kommt Musik raus."), nennt Daten und Hintergründe („Aufgabebetrieb. Verkauft alles." Oder: „Er verkauft, weil 'r zviel Milch hot, it, weil 'r muss."). Auch Sätze wie „Wurde auf der Wiese gedeckt. Wann genau, des woiß ma it. Des hot der Bulle it gsait", gehören zum Repertoire des Auktionators wie auch, sicherlich recht neu: „In dem Betrieb isch wenig Kraftfutter eigsetzt worra." Eugen Krug, der Routinier am Mikro, er trägt eine blaue Windjacke mit der Rückenaufschrift „Braunvieh-Power", kommt im Übrigen ohne Zuschlaghammer aus.

Wie auch die meisten der Profis im Publikum das gelbe Bietertäfele ungenutzt links liegen lassen und lässig mit dezenten Handzeichen oder dem Heben des grünen Auktionskataloges mitbieten. Am Ende kommt ein Durchschnittspreis von 2163 Mark heraus, und Jens Kirch, der Geschäftsführer des Braunviehzuchtverbandes (1100 Herdbuchbetriebe, 3500 Mitglieder, 37 000 Kühe; Stand: 2/2001), wie auch Franz Frick, der Zuchtleiter, sind unterm Strich zufrieden. Unter den gegebenen Rahmenbedingungen sei man „angenehm über den Marktgang überrascht", betonen sie unisono.

Dass, wie hinter vorgehaltener Hand geraunt wird, ein wegen BSE leergeräumter Betrieb hier mitgesteigert habe, hat nach Ansicht von Jens Kirch keinen großen Einfluss auf die Preise gehabt. Der betreffende Betrieb habe sich schon früher eingedeckt und am heutigen Tag nur fünf, sechs Stück erworben.

Andere Betriebe wiederum halten ihr Schlachtvieh bewusst zurück, weil sie eine BSE-Versicherung abgeschlossen haben. Bedingung dieser Versicherung sei es, dass für einen bestimmten Zeitraum nach Abschluss kein BSE-Fall festgestellt werde, weiß Kirch.

„Mir hanget des Thema BSE zum Hals heraus", sagt Georg Halder. Er ist zufrieden mit den 2500 Mark, die er für seine Zweieinhalbjährige erlöst hat, die ja erst vor wenigen Tagen gekalbt hat und milchmäßig deshalb noch nicht hundertprozentig einzuschätzen ist („garantiert steigerungsfähig" hatte der Auktionator ausgerufen).

Den Käufer seiner Kuh hat Georg Halder bei der Auktion übrigens nicht zu Gesicht bekommen. Ein Übergabe-Gespräch sei allgemein nicht mehr üblich, meint der 65-Jährige mit leichtem Bedauern. Gegen Abbuchungsermächtigung wirft der Verbandscomputer einen sogenannten Abtriebsschein aus, mit dem der Käufer seine neue Kuh aus dem Stall holen kann. Er oder die Viehtransporteure, die am Auktionsring hocken und die Zustelltouren unter sich ausmachen.

Anschließend sitzen Viehhändler und Viehhalter in der Gaststätte „Versteigerungshalle" zusammen. Den fleischlichen Genüssen, die die Landwirtschaft zu bieten hat, wird kräftig zugesprochen. „In der Milch ist nichts. Im Muskelfleisch ist nichts", sagt Jens Kirch. Die Ängste der Verbraucher seien völlig überzogen, ergänzt Franz Frick.

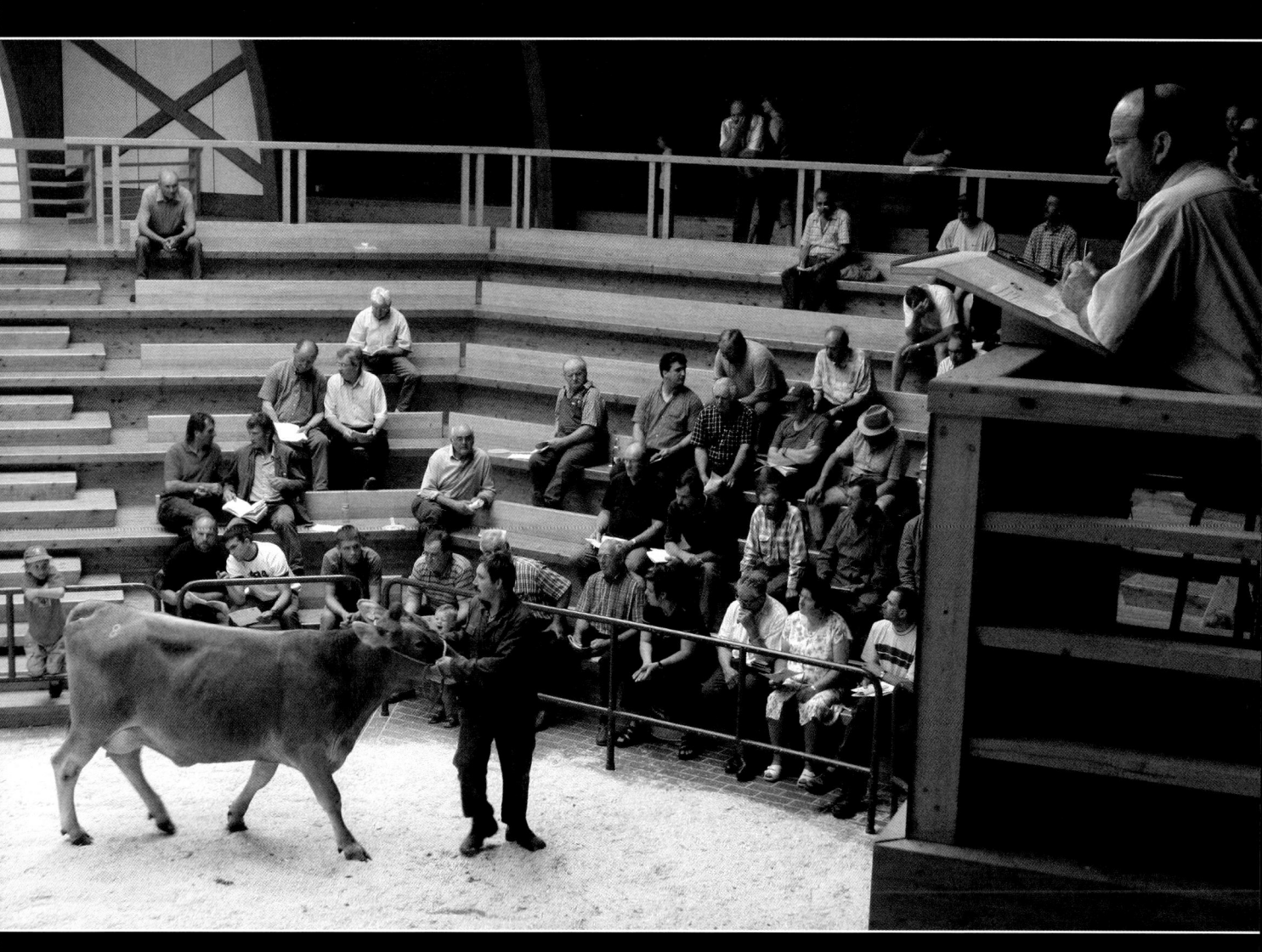

Auktionator am 3. Juni 2005 in Hopfenweiler war Karl Ederle. Die BSE-Krise ist mittlerweile ausgestanden. Seit einigen Jahren werden am traditionsreichen Auktionsort Bad Waldsee auch Fleckvieh und Holsteins gehandelt. Foto: Uli Gresser

Altes Handwerk
Von Wiesbaum und Windachs': Ein Wagner erzählt

Immer wieder hatte ich es aufgeschoben. Mehrere Jahre lang. Im Sommerurlaub 1997 sagte ich zu meiner Frau: „Du, i bsuch jetzt mol de Wanger." Aus dem einen Besuch wurden drei lange Abende, wurde folgender Bericht. Der alte Wagner erlebte die Veröffentlichung noch. Konrad Vogel starb im Spätherbst 1997 im Alter von 87 Jahren. Hier der Artikel in der Fassung von 1997.

Geduldig erklärt der alte Wagnermeister alles: Vom Wiesbaum spricht er, von der Windachse, vom Galgen. Griesbrett, Ätterarm, Kipfblock, Ränkscheit – alles Fachausdrücke, die den Heutigen völlig fremd geworden sind. „Gugget Se", sagt Konrad Vogel, 87, zu seinem Zuhörer, der, ein halbes Jahrhundert jünger, in der Ladewagenzeit aufgewachsen ist und allenfalls noch dunkle Erinnerungen an den mechanischen Auflader hat (wurde zwischen Traktor und Heuwagen eingespannt), „gugget Se, des isch d' Langwied." Dabei zeigt der „Wanger" auf das Holzmodell eines Heuwagens von anno dazumal, das er in langwieriger Kleinarbeit angefertigt hat.

Die Langwied, eine starke escherne Stange, verbindet den Vorderwagen mit dem hinteren Wagengestell. „Dia isch denn fei gern brocha", erinnert sich der alte Handwerksmeister an die Heuernten vor 70, 50, ja auch noch vor gut 30 Jahren (der Heuwagen alten Typs war noch bis in die frühen Sechziger gebräuchlich). Große Bauern nannten sieben, acht der etwa fünf Meter langen Heuwagen ihr eigen. Wenn da einer im „Heuet" oder beim „Ohmaden" ausfiel, stieg der Wagner, der selber eine kleine Landwirtschaft umtrieb, sofort von seinem eigenen Heu- oder Garbenwagen herunter und machte sich daran, das Ränkscheit (Querholz, das die beiden Deichselarme verbindet) oder was auch immer in die Brüche gegangen war, zu ersetzen. „Baura fahret liab'r mit emma Pfund Eisa als mit emma Tröpfle Öl", habe der ganz alte „Wanger", Konrad Vogels Schwiegervater Anton Wirbel, denn gerne vor sich hingebruttelt, wenn der Schaden ganz offensichtlich auf fehlende „Wartung" zurückzuführen war.

Ein Heuwagen von anno dazumal hatte nämlich auch sehr viele Eisenteile, Achsen, Nabenringe, den eisernen Reif auf den buchenen Felgen … Wagner und Schmied schafften deshalb Hand in Hand. Nicht nur im Allgäudorf Arnach, wo die „Schmidde" auf der Straßenseite gegenüber zu finden ist, waren „Wangers" Werkstatt und Schmieds Esse in aller Regel benachbart.

Unzählige Male rollte ein Speichenrad vom Wagner hinüber zum Schmied. Die Holzfelge bestand aus sechs bis acht Teilen; zwischen ihnen hatte genauso viel Spiel sein müssen, dass das Rad nach dem Aufziehen des glühenden Eisenreifs und dem Abschrecken im Brunnen eine stabile Einheit bildete – Millimeterarbeit eben. Millimeterarbeit war auch beim Speichenschneiden angesagt: die Zapfen der Speichen mussten zwei Millimeter stärker sein als das Loch in der Holznabe; die Nabe wurde dann eine Stunde lang im Wäschkessel gekocht, damit das Holz aufgeht, bevor die Speiche in die Nabe geschlagen werden konnte (Sticken).

Noch von so manchem „Verlitt" weiß Meister Vogel zu berichten; so etwa, wenn man mühevoll eine Deichsel aus einer Esche herausgeschafft hatte, bis ein versteckter Ast zum Vorschein kam, was die ganze Arbeit wertlos machte.

Konrad Vogel hatte kein einfaches Leben. Aber auch kein untypisches. Geboren 1910 auf einem kleinen Sächle in Truilz (bei Bad Wurzach), ist er mit 14 Jahren zu einem Wagner in der Nähe von Bodnegg in die Lehre gekommen. „S erscht Johr verdient 'r it 's Essa, im zwoita isch 'r grad auf d'r Kippe und im dritta Johr schafft

„Des isch a Leichse". Wagnermeister Konrad Vogel erklärt Details.   Foto (1997): Uli Gresser

Schmied und Wagner schafften Hand in Hand: Unser Bild zeigt die „Schmidde" in Arnach Anfang der Dreißigerjahre. Links von dem jungen Schmiedemeister Matthias Gregg ist das Vordergestell eines im Bau befindlichen Heuwagens zu sehen, das vom Wagner herübergebracht worden war, damit der Schmied daran weiterarbeitet.   Foto: bei Reischmann

'r des, was er afangs z' viel gessa hot", habe es dort geheißen. Im Sommer hat man von morgens 5 Uhr bis abends um 7 Uhr geschafft, in der Werkstatt wie auch in der Landwirtschaft. Winters wurde erst um 6 Uhr in der Frühe begonnen. Und das alles selbstredend sechs Tage in der Woche. Urlaub und Ausbildungsvergütung waren Fremdwörter. „Wenn i vo Weihnachta bis Nuijohr frei ghett hon, noche isch scho guat ganga", erinnert sich der 87-Jährige an seine Lehrzeit.

Und Ausbildungsvergütung hat man nicht erhalten, die musste man bezahlen. 140 Mark Lehrgeld im Jahr hatten seine Eltern aufzubringen, Mitte der Zwanzigerjahre war das viel Geld. Damit man ihm nicht nachsagen konnte, er sei „glei d'rvogloffa", ist der Jung-Geselle nach der Lehre noch ein Jahr bei seinem Meister geblieben. Nach zwei Gesellenjahren in Scheer/Donau wurde der mittlerweile 20-Jährige ausgestellt, arbeitslos. Einer von sechs Millionen, die in der großen Krise um 1930 ihre Arbeit verloren. Drei Jahre verbrachte er auf dem Hof daheim, täglich musste sich der Stellensuchende auf dem Rathaus melden – drei Kilometer mit dem Fahrrad. 1934 endlich fand er Anstellung bei Anton Wirbel in Arnach (Kreis Ravensburg/damals Oberamt Waldsee). Sechs Mark Wochenlohn bei freier Kost und Logis – das waren die Bedingungen. Aus dieser Zeit ist noch ein schönes Stückle erhalten: eine kunstvolle Puppenstube, die der Geselle für das elfjährige Resle, des Wagnermeisters Töchterle, gebastelt hat.

1936 wechselte Konrad Vogel zum Hymer nach Waldsee. Die Firma Hymer, heute Europas größter Hersteller von Wohnmobilen, bestand damals aus drei Leuten: aus Alfons Hymer (dem Vater des heutigen Firmenchefs Erwin Hymer), aus dessen Bruder Benedikt und – aus Konrad Vogel. Die Wagnerei Hymer – man betrieb auch schon eine Tankstelle – versuchte sich schon vor dem Krieg auch im Karosseriebau. So baute man für den „Adler"-Wirt Gut in Wurzach einen Omnibus, „ein Holzgerippe, mit Blech beplankt", wie Konrad Vogel sich erinnert. 28 Pfennig Stundenlohn hat er damals gehabt; für ein gewöhnliches Mittagessen zu 80 Pfennig musste man also drei Stunden arbeiten.

1938, mit 28 Jahren, machte Konrad Vogel seinen Meister. 39 musste er einrücken. Als er 1945 aus dem Krieg kam, war die „Hoimet" in Truilz abgebrannt, „angesteckt von den Franzosen". Bei Anton Wirbel in Arnach fand er erneut Arbeit und Brot. Und die Frau fürs Leben. Meister Wirbels Tochter Theresia – ja, das Mädle mit der Puppenstube – und Konrad Vogel heirateten 1946. Doch mussten die jungen Leute noch geschlagene zwölf Jahre warten, bis der alte Wirbel, dessen einziger Sohn Anton gefallen war, sich zum Übergeben entschließen konnte.

Der alte Wirbel (er starb 1976 im Alter von 88 Jahren) war ein Original gewesen. Sprüche wie „wenn a Bauer in d' Werkschtatt kommt, muasch 's Handwerkszuig weglega – dia Siacha machet oim sonscht alles noch", waren genau seine Kragenweite.

Noch heute erzählt man sich im Dorf von Wirbels Schneidesel-Streich. Schneidesel, das waren Holzböcke, auf denen der Wagner Platz nahm, wenn er Pfähle, Bohnenstangen oder Stiele schälen wollte. Beim Schälen machte der Schneidesel regelmäßig eine nickende Bewegung. Wanger Wirbel brachte es nun fertig, bei einer Fronleichnamsprozession, die an seinem Haus vorbeiging, sechs Schneidesel am Wegesrand aufzustellen – genausoviele, wie Gemeinderäte im Zug mitgingen.

Die Wagnerei in Arnach, heute Vogel, einst Wirbel, und davor Küchle, ist nachweisbar seit 1845. Es ist anzunehmen, dass auch die zwei Generationen Küchle, die vor 1845 in dem Haus lebten und arbeiteten, Wagen, Holzrechen und Dreschflegel machten – zumal das Gütle wohl auch damals schon keine auskömmliche Landwirtschaft erlaubt hatte. Auch die „Schmidde" gegenüber weist eine Tradition auf, die mindestens bis in die Anfänge des 19. Jahrhunderts zurückreicht. Hermann Haiss, der Chronist Arnachs, schreibt, dass die Schmiede dereinst im Eigentum der Herrschaft Wolfegg gestanden habe. Richard Gregg, der jetzige Schmiedemeister, weiß vom Hörensagen, dass die alte „Schmidde" vor 1900 näher am Bach, „meh' im Loch" gestanden habe. „Wenn's denn fescht grenget häb, seiet d' Nagelkischta weggschwomma", habe man sich erzählt.

War ein Heuwagen fertig, gingen Wagner

und Schmied zusammen in den „Löwen", die Arnacher Handwerker-Wirtschaft, um den Preis festzulegen. 134 Stunden Arbeit hatte allein der Wagner aufgewendet – laut „Hilfs- und Preisbuch zur Berechnung von Wagnerarbeiten für das Allgäu und angrenzende Bezirke" (1921). Dabei hatte mancher so seine Spezialwünsche: Einer wollte immer Leiterbäume mit Hörnern vornedran (Leiterbäume sind die langen Rundhölzer, die die Heuwagenverschalung oben abschließen). Der Kunde war auch damals schon König, und also ging der Vogel Konrad in den Wald und grub Tannen mit entsprechend gewachsenen Wurzeln aus.

Für einen Wagen von 60 bis 80 Zentnern Tragkraft konnte der Wagner Anfang der Dreißigerjahre 180 bis 200 Mark veranschlagen. Der von der Innung empfohlene Preis war das eine, der Markt das andere. Sei man sich in der Handwerkerschaft noch so einig gewesen, was angemessen sei, „scho beim Nausganga" habe so mancher für sich im Stillen gedacht, „den unterbieat i ab'r", plaudert Konrad Vogel aus dem Nähkästchen. Er selbst hat am Ort keinen anderen Wagner neben sich gehabt. Seine Konkurrenz war der Gummiwagen und der Ladewagen aus der Fabrik, die ab den Sechziger-, spätestens ab den Siebzigerjahren aufkamen. Und bei den kleineren landwirtschaftlichen Gebrauchsgegenständen wie etwa Axtstielen war es das Höfesterben, das sich sehr nachteilig fürs Geschäft bemerkbar machte: Hatte es um 1930 in der Gemeinde Arnach noch ca. 85 Höfe gegeben, so ist ihre Zahl jetzt (1997) auf etwa 25 zurückgegangen.

Mit dem Zahlen war es früher so eine Sache: Einst zahlte man den Handwerker nur einmal im Jahr, auf Neujahr. Später, wie die Bauern ihr Milchgeld monatlich bekamen, wurde auch schneller gezahlt. Dennoch: Der Wagner, der sein Holz sechs, acht Jahre lagern und somit vorfinanzieren musste, hatte nicht selten seine liebe Not mit dem Inkasso.

Es war kurz vor der Währungsreform 1948.

„Krugs Hanne" bringt mit ihrem Kuhgespann ein schönes Fuder heim zur Brugger Wirtschaft, die in den Dreißigerjahren – wie fast alle Landgaststätten – noch einen Stall hatte.

Foto: bei Ringer

Konrad Vogel erinnert sich daran, wie wenn es gestern gewesen wäre. Seit Tagen und Wochen schon habe man geraunt, neues Geld käme und das alte würde entwertet. Plötzlich wollten alle zahlen. „Es war amma Samschtig. Mir hond grad im Heustock gschaffet." Da kam ein Schuldner und warf sein Geld auf die Hobelbank – Reichsmark, die wenige Tage später wertloses Papier war.

„Jetzt, Herr Vogel, müsset Se scho no erklära, was an Galga isch." Das braucht man dem alten „Wanger" nicht zweimal zu sagen. Der Galgen, das war ein kippbares, übermanngroßes Gatter vorne am Wagen, mit drei Querhölzern (Schwingen), unter die – je nach Ladehöhe – der Wiesbaum eingelegt wurde. Der „Wiesbomm", eine sehr starke Stange, wurde hinten am Wagen mit Heuseilen, die mit der drehbaren Windachse gespannt wurden, festgemacht. Jeder Heu- und Garbenwagen, jedenfalls wenn er eine gewisse Strecke Wegs vor sich hatte, hatte „beimt" sein müssen.

Wagenladen hat man können müssen. Die Heuwisch' waren planvoll zu setzen, damit das Fuder nicht auseinandergefallen ist. Bis zu fünf Leute hatten alle Hände voll zu tun, um einen Heu- oder Garbenwagen zu laden, waren mit Aufbieten, oben Abnehmen und Rechen beschäftigt; auch musste einer auf die Zugtiere – Rösser bei den großen Bauern, Ochsen („Molle") oder auch Kühe bei den kleineren – Obacht geben. Da, „wo d'r Handgaul blärret hot", wo also Kühe im Joch waren, „hot ma's denn scho an d'r Mil gmirkt". Die Zugleistung nämlich ging zu Lasten der Milchleistung. War ein Heuwagen fertiggeladen, hatte er eine Höhe von gut drei Metern. Einer der Aufbietenden rammte deshalb seine Ladgabel ins Fuder, so dass die auf dem Heuwagen thronende Person absteigen konnte. Wenn man mit dem leeren Wagen ins Feld fuhr, konnte man über eine Falltüre in der Seitenverschalung einsteigen. Nicht selten saß „die ganz Blos'" mit Kind und Kegel auf der Wagen-Schnättere, auf dem hinten ein Stückchen hinausragenden Bodenbrett.

All das und noch viel mehr erzählt Wagnermeister Konrad Vogel von Arnach. Und weil die gute alte Zeit, die so gut nicht war und die sicherlich auch nicht wiederkommt, den Jungen

Garbenladen in den 1940er-Jahren in Brugg. Theresia Hagenbuch, die Schwester der Bäuerin Kreszentia Kling, hält die Rösser, während André, der Kriegsgefangene, die Garben beibringt. Auf dem Wagen steht die Bäuerin und platziert die Getreidebüschel.   Foto: bei Reischmann

kein Begriff mehr ist, hat der alte „Wanger" das Modell eines Heuwagens – im Maßstab 1:10 – gebastelt. „Johrweis' hon en bägret, dass 'r mol so a Wägele macht – damit d' Junge au wisset, was an Heuwaga mol gwäa isch", erzählt Frau Vogel. Wenn seine Hände wieder mittun – zurzeit plagt ihn ein gehöriges Malheur an einem Finger – will Konrad Vogel noch ein Pferdle schnitzen, mit Geschirr, Waagscheit und allem, was zum Einspannen dazugehört. Dann und wann leiht sich die Hildegard, die mittlere der drei Wanger-Töchter, von Beruf Werklehrerin, das Wägelchen für den Unterricht aus. „D' Hildegard hett halt en Bua sei solla, nocha wär's weiterganga mit d'r Wangerei", sagen die Vogels mit leiser Wehmut. Ein Mädchen Schreiner lernen zu lassen, war vor 30 Jahren einfach noch nicht denkbar.

Wagenbau heute: Lutz und Matthias Baur
Angefangen hat alles in einem Keller

Angefangen hat er im Keller seines Hauses in Bad Waldsee-Reute. Heute stellt Lutz Baur mit seiner Volk Fahrzeugbau GmbH hochmoderne Hybridfahrzeuge her. Kunden wie Audi und KLM reißen sich um die Produkte aus Bad Waldsee. Mehrfach wurde der tüchtige Tüftler ausgezeichnet (2003 Rudolf-Eberle-Preis, 2004 Innovationspreis der Volksbanken/Raiffeisenbanken sowie der Wirtschafts- und Innovationsförderungsgesellschaft des Landkreises Ravensburg). Inzwischen ist Dr. Matthias Baur, der Sohn, in die Fußstapfen des Vaters getreten.

Wie bei so vielen Innovationen ist auch bei dem neuartigen Konzept von Lutz Baur die Idee verblüffend einfach. In der Industrie wird heutzutage höchst kostenbewusst produziert, da kommt es auf jeden Cent an. Stillstandszeiten kosten bares Geld, das gilt auch für die Zugfahrzeuge und Plattformwagen der Waldseer Firma Volk, die auf Flughäfen, in Bahnhöfen und Großbetrieben Dienst tun. Damit seine diesel-elektrisch betriebenen Fahrzeuge ununterbrochen einsatzbereit sind, hatte Lutz Baur eine zündende Idee: Warum eigentlich das komplette Fahrzeug zur Wartung bringen, wenn es bloß um das Dieselaggregat geht? Der E-Motor schnurrt ja wartungsfrei und hat in der Werkstatt nichts zu suchen. Das war es: ein leicht austauschbares Modul, der Rucksack-Diesel! Fünf Minuten dauert der Austausch, der Fahrzeugstillstand tendiert gegen Null. Die Kunden reagierten begeistert.

Beispiel KLM: Die holländische Fluglinie orderte 40 Volk-Schlepper mit 41 Rucksack-Dieseleinheiten. „Ein einziges Aggregat ist bei der Wartung, der Fuhrpark läuft ungebremst", freut sich Lutz Baur. Der Markterfolg spricht für ihn und sein Produkt: Bereits im Jahr der Markteinführung (2. Jahreshälfte 2002) erreichte der neue Hybridschlepper einen Anteil

Mit solchen Wägelchen fing alles an: Lutz Baur und seine Frau Annemarie wagten den Sprung in die Selbstständigkeit mit dem Bedrucken von Modell-Fahrzeugen für Märklin und Auftraggeber aus der Brauwirtschaft.
Foto (2004): Gerhard Reischmann

Dr. Matthias Baur zeigt auf die vier Metall-Ringe, an denen ein Kran greifen kann, wenn das Dieselaggregat zur Wartung muss. Innerhalb von fünf Minuten ist das Ersatz-Aggregat aufgesetzt und das Fahrzeug wieder verfügbar. Im Freien schnurrt dann der Diesel und bringt einen Generator in Schwung, dessen Strom die Batterie des Elektro-Fahrzeuges speist. Wird das Fahrzeug in geschlossenen Hallen benutzt, schaltet man den Diesel ab und der Hybridschlepper fährt emissionsfrei auf Batterie. An dieser pfiffigen Lösung, für die das Unternehmen mehrere Preise bekommen hat, haben federführend Franz Bühler, der technische Leiter der Firma Volk, und Konstrukteur Klaus Preiß mitgewirkt.   Foto (2007): Uli Gresser

Seit 1994 bauen die Baurs „richtige" Fahrzeuge. Für ihren Hybridschlepper haben sie 2007 das Europa-Patent erhalten.   Foto (2007): Uli Gresser

von 18 Prozent des Volk-Umsatzes. Im ersten Halbjahr 2003 schnellte der Umsatzanteil des innovativen Produktes dann auf 75 Prozent. Neben der Wirtschaftlichkeitssteigerung durch die Rucksack-Lösung zeichnen sich die Elektro- und Hybrid-Fahrzeuge von Volk-Bad Waldsee durch Umweltfreundlichkeit aus. Lutz Baur: „In geschlossenen Räumen wie eine Passagier-Wartehalle sind meine Fahrzeuge abgasfrei. Der Elektro-Motor ist leise und emissionsfrei. Draußen auf dem Rollfeld wird der Diesel zugeschaltet. Der treibt einen Generator, der speist die Batterie, die den E-Motor. So einfach ist das."

Das gefällt nicht nur KLM, sondern auch Audi, DaimlerChrysler und BMW, um die ganz namhaften Volk-Kunden zu nennen. Im Jahr 2006 konnte der Umsatz um mehr als 20 Prozent gesteigert werden. Vor allem im Flughafenbereich punktet die Firma Volk. So überstieg der Umsatzanteil von Airlines und Abfertigungsgesellschaften im Jahr 2006 die 40-Prozent-Marke in der Volk-Bilanz. Mit der Fluggesellschaft Air Canada sowie den Flughäfen Düsseldorf und Köln/Bonn konnten bedeutende Neukunden in diesem Geschäftsfeld gewonnen werden.

Volk liefert Fahrersitz-Schlepper, die Anhängelasten bis zu 160 Tonnen ziehen können, und Fahrersitz-Wagen mit Nutzlasten von 300 Kilo bis zehn Tonnen. 27 Mitarbeiter stehen bei Volk in Lohn und Brot und Lutz Baur, der die in Konkurs gegangene Traditionsfirma 1994 erworben und wieder flott gemacht hat, ist stolz darauf. „Geldverdienen ist sozial", sagt Job-Generator Baur; 1994 war er mit zehn Leuten bei Volk gestartet.

Doch der Erfolg war Lutz Baur und seiner Frau Annemarie nicht in den Schoß gefallen. Sie haben hart gearbeitet dafür, samstags, sonntags, jahrelang ohne Urlaub. Gelernt hat der 1944 in Stuttgart geborene Lutz Baur Mechaniker und Technischer Zeichner und lange bei Escher-Wyss in Ravensburg gearbeitet. Von Kindesbeinen an war er Modell-Eisenbahnfan. Diese Leidenschaft ließ ihn nie los und eines Tages hatte er seine erste unternehmerische Idee: Warum nicht die einheitlichen Märklin-Waggons mit Schriftzügen bedrucken, damit

sie aussehen wie im richtigen Leben? 1982 kauften sich die Baurs für 16 000 Mark eine Druckmaschine, stellten sie in den Keller ihres Hauses und bald pendelte ein VW-Transporter dreimal in der Woche zwischen Märklin-Göppingen und Baur-Bad Waldsee/Reute.

Einmal hatte Lutz Baur einen Albtraum: Ein Laster kam nach Reute, ließ die Pritsche hoch und kippte eine Riesenladung Minibutter-Verpackungen in den Reutener Keller. Was, das alles bedrucken? Schweißgebadet wachte Lutz Baur auf.

Zwei Jahre noch ging Lutz Baur zum Escher, löste abends seine Frau beim Drucken im Keller ab. Dann wagte er den Sprung in die Selbstständigkeit. Bald hatte man fünf Druckmaschinen, stellte Leute an und zog um an die Aulendorfer Straße. „Unser einziger Luxus damals waren Butter-Brezeln am Nachmittag. Allerdings durften wir nicht zu lange Pause machen. Sonst wurden die Farben trocken." Heute ist das eine Anekdote, damals war es ganz harte Maloche.

Die Kellerdruckerei platzte aus allen Nähten, die Baurs dachten an den Bau einer Druckerei. Im Bad Waldseer Gewerbegebiet „Nord" hatten sie sich eine passende Wiese ausgeguckt. Sie gehörte zur Konkursmasse von Volk und war nicht zu haben. Was macht Lutz Baur? Er kauft das ganze Unternehmen, hat das Wiesle und einen fremden Betrieb, der in größten Schwierigkeiten steckte. „Das war rotzfrech", sagt Lutz Baur im Rückblick, „das waren drei ganz harte Jahre." Die Druckerei-Pläne wurden ad acta gelegt, die neue Herausforderung angenommen.

Längst läuft Volk wieder rund, Baur-Tochter Christina, eine BA-Betriebswirtin, arbeitet mit, Sohn Matthias hat seinen Doktor in BWL gemacht und ist in das Unternehmen eingetreten. Und am 31. Januar 2007 erhielt das Familienunternehmen das europäische Patent auf die so pfiffige Hybridlösung.

Hedi Dangel
Die Schere von 1957
hat sie noch heute

Im Herbst 2002 hat Hedi Dangel von der Handwerkskammer Ulm eine Ehrenurkunde für treue Pflichterfüllung bekommen, für 45 Jahre Arbeit als Frisörin. Wir besuchten sie an ihrem letzten Arbeitstag in eben jenem Salon, in dem sie anno 1957 als Lehrling begonnen hatte.

Fast ein halbes Jahrhundert lang hat sie ihrem Friseurgeschäft treu gedient: Hedi Dangel. Selbst im Ruhestand legte sie die Schere nicht ganz auf die Seite. Wenn Salon-Inhaberin Margret sie brauchte, half sie immer wieder aus. Foto (2007): Uli Gresser

Die Schere, die Hedi Dangel damals, vor 45 Jahren, gekauft hat, kostete zehn DM. Eine schöne Stange Geld, wenn man weiß, dass Lehrling Hedi am Monatsende 35 DM in der Lohntüte hatte. Dafür arbeitete die knapp 15-Jährige sechs Tage die Woche – die Gewerbeschule am Montag mitgerechnet. Samstags stand sie bei Karl Dinser, Frisör in der Aulendorfer Bachstraße, bis 18 Uhr im Salon. Während der Woche wäre offiziell um 18.30 Uhr Schluss gewesen – doch was galt in jenen Jahren des Aufbaus und des Wirtschaftswunders schon der Ladenschluss? Gearbeitet wurde, solange Kundschaft da war. Und wenn es bis nachts um zehn war.

In der Fasnet, wenn Ballfrisuren zu machen waren, ging's bei ihr bis zum „Fedra-Ball" – bis sie nach dem Frisieren der letzten Ballgängerin todmüd' ins Bett sank, ohne Fasnet. „Ballfrisuren – des gibt's heit gar nemme", sagt Hedi Dangel mit etwas Wehmut. Heutzutage werde schnell eine Perücke übergestülpt und mit Spray nachgeholfen. Früher habe man Schmuck und Haarteile einfrisiert und kunstvolle Hochfrisuren gebaut – damit frau auf dem Ball vornehm und elegant daherkommt.

Ach ja, die Mode! Mitte der 1960er war Tizianrot angesagt und Schwarzkopf lieferte die Farbtuben dazu. Und als Brigitte Bardot den Männern den Kopf verdrehte, da wollten alle Frauen wasserstoffblond sein.

Weiß man/frau eigentlich noch, was eine Farah-Diba-Frisur ist? Hochtoupiert, glatt, Fransen bis in die Augen und den Haar-Kringel („Sechser") bis zum Kinn vor. „Dia Frisur homm'r viel gmacht", schmunzelt Hedi Dangel, die, nun über 60, eine modische Kurzhaarfrisur mit etwas Rotstich hat.

Ein Schlag ins Kontor waren dann die Beatles – besonders im Männersalon, dem Herrschaftsgebiet ihres Chefs Karl Dinser. Die Herren sind seinerzeit einfach weniger zum Frisör gegangen, das habe sich in der Kasse deutlich bemerkbar gemacht, erinnert sich Hedi Dangel.

Wenn im Frisörgeschäft gerade nichts zu tun war, dann packte sie im Haushalt mit an. Bügeln in der Wartezeit – das war für eine Angestellte selbstverständlich. Der Chef zeigte sich derweil auf der Straße – um den Leuten zu signalisieren: „Ich hab' grad Zeit, wer will rasch die Haa-

re geschnitten haben?" Oder auch, um einen kleinen Schwatz zu halten. Info-Nachschub fürs Kundengespräch. „Domols", erinnert sich Hedi Dangel genüsslich, „hot jeder Friseer alls gwisst." Der Mann einer Kundin von ihr habe stets gefragt, wenn die Gattin frisch gestylt vom Frisör heimkam: „So, wa geit's Nuis? Du warsch doch beim Friseer."

Damals, als das Städtle noch nicht so anonym war wie heute, als man noch viel voneinander wusste und sich füreinander interessierte, damals war auch die Zeit der Damenkabine. Damit Frau Maier nicht sieht, dass Frau Müller sich die Haare färbt. Heute, sagt Margret Butscher, die den Salon Dinser im Jahr 2000 übernommen hat, sei die Geheimniskrämerei passé – einträchtig säßen alle nebeneinander, die einen experimentierfreudig, die anderen konservativ.

45 Jahre lang hat Hedi Dangel geschafft – bei Karl Dinser, der 1986 starb, bei Dinser jun. und zuletzt bei Margret. Fest habe man arbeiten müssen, das ja, aber Stress? „Des Wort homm'r gar it kennt. Ma war halt müd' am Abend." Neulich, bei der Gymnastik, habe eine Mitturnerin überrascht ausgerufen: „Du hosch aber Kraft in de Händ'!" – „Jo, des kommt vom viela Toupiera."

Die Hochfrisur der Sechzigerjahre hatte von viel Spray zusammengehalten werden müssen – „Taft" hatte die führende Marke geheißen. Das Frisörgeschäft Dinser hatte auch einen regen Verkauf von Drogerieartikeln. In den Hochzeiten der Sprayfrisur musste Hedi dreimal am Tag in den Keller, um Taft fürs Ladenregal nachzulegen. Rasierwasser, klar, Kämme, Spiegel, „Duschdas", auch Zahnpasta und sogar Kondome wurden beim Frisör gekauft – Letzteres meist verschämt am Automaten gezogen.

Hedi Dangel, die seit November 2002 im Ruhestand ist, kann viel erzählen. Zum Beispiel von der weißen Schürze, die sie bei Karl Dinser immer getragen hat. Damals habe es noch keinen Arbeitswagen („Boy") für all die Utensilien, die ein Frisör nun mal braucht, gegeben. Ihre Schere und das übrige Handwerkszeug verstaute Hedi in den Taschen der blütenweißen Schürze. Zweimal in der Woche wurde das Kleidungsstück gewechselt – darauf habe ihre

Mutter großen Wert gelegt. Picobello musste man sein.

Die Schere von 1957 – die hat sie noch heute. Gelegentlich lässt sie das gute Stück schleifen. 15 bis 20 Euro kostet das. „Frisör-Schera brauchet en speziella Schliff", erläutert sie. Für die Schere, die damals zehn Mark gekostet hat, würde man heutzutage bis zu 200 Euro berappen müssen.

Jetzt, im Ruhestand, geht Hedi mit ihrem Mann auf Reisen – und dann und wann hilft sie noch im Salon „Margret" aus.

**Hedi (rechts) als Lehrling, mit Lehrmeister Karl Dinser und einer Kollegin.
Foto (Ende der 1950er-Jahre):
bei Dangel**

Karl Müller
Er schnitt den Waldseerinnen die alten Zöpfe ab

Karl Müllers Kinderfrisierstuhl („S Pferdle") ist heute noch im Gebrauch im Salon „Brigitte" in Bad Waldsee. „Auf dem Pferdle bin i scho gsessa", sagt so manche treue Kundschaft, und die das sagen, sind mittlerweile schon über 80. Auch Martina, die Ur-Enkelin von Geschäftsgründer Karl Müller, freut sich an dem Stuhl, der von 1927 stammt. Der Kinder-Hochstuhl mit geschnitztem „Gäule" vornedran war eine der allerersten Anschaffungen des jungen Karl Müller, der nach Lehre und Wandersjahren 1927 mit einer Frisierstube im „Rößle" in Bad Waldsee den Sprung in die Selbstständigkeit gewagt hatte.

Karl Müller, der lustige, leutselige Coiffeur, hatte seinerzeit raschen Erfolg, denn bereits zwei Jahre später konnte er in der Ravensburger Straße das einstige Torhaus erwerben, das in alten Zeiten mit dem heute nicht mehr vorhandenen Ravensburger Tor eine Einheit gebildet hatte. Im „Waldseer Tagblatt" annoncierte er 1929: „Bringe mein Herren- und Damenfriseurgeschäft, welches ich in der Ravensburger Straße (früher Siebmacher König) eröffnet habe, in empfehlende Erinnerung. Achtungsvoll, Karl Müller, Friseur, Waldsee. NB: Gleichzeitig empfehle ich mein reichhaltiges Lager in feinen Parfümerien und Toilettenartikeln." Ein Kunde der ersten Stunde war Viktor Liebel, Drucker und Verleger in der Wurzacher Straße, der jeden Samstag zu Karl Müller ging, um sich rasieren zu lassen. 1929 kam der Bubikopf in Mode und Karl Müller ging für drei Monate nach Stuttgart, um sich frisurenmäßig auf den neuesten Stand zu bringen. Anschließend schnitt er den Waldseerinnen die alten Zöpfe ab, wie Brigitte Grimm, seine Tochter, schmunzelnd berichtet. Zehn Jahre ging alles gut, dann kam der Krieg. Vom ersten Tag an musste Müller mitmarschieren und erst zehn Jahre später kam er aus russischer Gefangenschaft zurück. Zehn Jahre lang war das Geschäft geschlossen gewesen; 1949, als alles begann, fing auch Karl Müller wieder an. Mit Toni und Mina. Mina Bozenhart (später Aßfalg) kümmerte sich um die Damen-Welt, Toni Heinrich, den es aus dem Böhmerwald ins Oberschwäbische verschlagen hatte, hatte den Herren-Salon.

Karl Müller war ein lebensfroher Mann. Das war sicher das Geheimnis seines Erfolges; gerne spielte er Karten und die Kegelbrüder gingen ihm über alles. Allwöchentlich traf er sich mit ihnen im „Lamm"-Keller, mit dem Viktor Liebel, dem Eisenhändler Albert Scheffold, mit „Beck" Ertinger und „Beck" Bertsch, mit Karl Brauchle vom Café und dem Schneider Schmid und mit dem Hammermüller Karl Frick. 1970 übergaben Karl und Theresia Müller das Geschäft an Tochter Brigitte, aber die Hände in den Schoß legen war ihre Sache nicht. Täglich noch umsorgte Karl Müller seine Stammkundschaft und auch am 8. August 1979 war er wie eh und je im Salon beim Haareschneiden. Dann

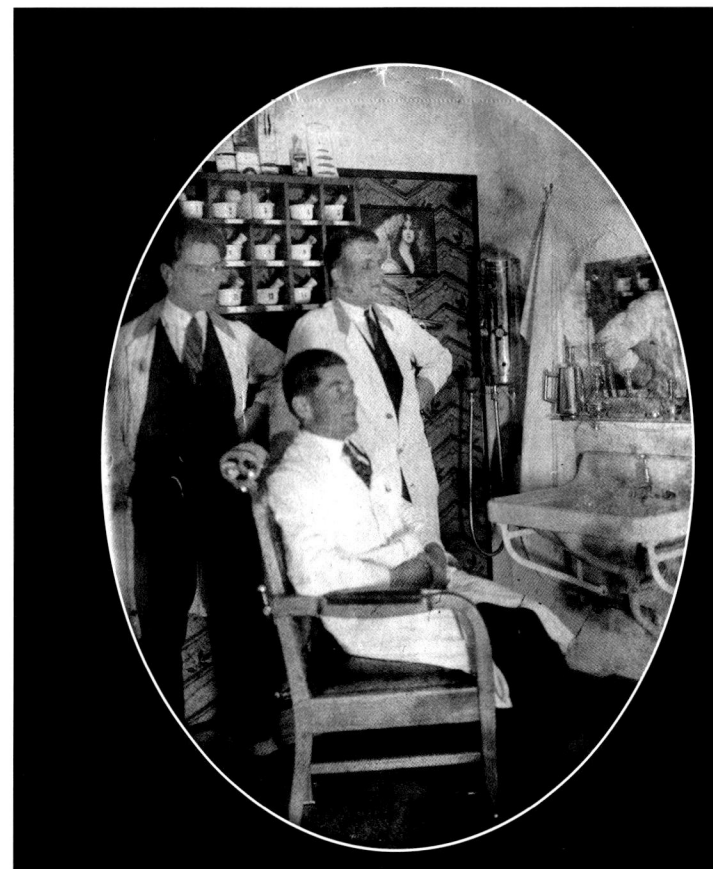

Martina, die Ur-Enkelin des Geschäftsgründers, auf dem Frisierpferdle von 1927.

Foto (2002): Gerhard Reischmann

ein Spaziergang um den Stadtsee und als die Feuerwehr, die just an jenem Tag vom Rathaus ins neue Magazin in der Friedhofstraße umzog,

Drei „Karles": Hinter Karl Müller, dem Geschäftsgründer, stehen seine Mitarbeiter Karl Litz (links) und Karl Müller; der namensgleiche Mitarbeiter war später lange Jahre Obermeister der Friseurinnung Ravensburg. Karl Litz machte sich in Friedrichshafen selbstständig. Im Hintergrund ist das Regal mit den nummerierten Rasierschalen zu sehen; jeder der Stammkunden hatte eine eigene Schale mit Rasierpinsel.

Foto (Ende der 1920er-Jahre): bei Grimm-Hermanutz

mit Sack und Pack und viel Gerät an seinem Haus vorbeikam, winkte er fröhlich vom Fenster herab. Dann setzte er sich in den Sessel und stand nicht wieder auf. Das Herz! Als sich am Abend die Nachricht von seinem Tod durch die Stadt sprach, da sagte ein Feuerwehrmann: „Er hat doch eben erst noch gewunken."

1981 bauten Brigitte und ihr Mann Hans Grimm das uralte Haus, das wohl 300 Jahre auf dem Buckel hat, um. Tochter Carla hatte bekundet, das Friseurgeschäft fortführen zu wollen, und also machte man sich daran, das Haus grundlegend zu modernisieren – unter Beachtung ortsbildbezogener Auflagen. Brigitte Grimm erinnert sich en detail an die Riesenmaßnahme: An einem Balken etwa seien Haken zu Vorschein gekommen, an denen einst Vieh angebunden war. Und 1992 wurde ein zweiter Dach-Widerkehr aufgesetzt, für Carla, die das Jahr darauf heiratete; 2005 ist das Geschäft an die dritte Generation übergegangen und die vierte sitzt schon im Frisierstühle.

59

War ein Ober der alten Schule:
Christian Petalotis.
Foto (2002): Gerhard Reischmann

Euro-Einführung
Der Ober
mit dem Taschenrechner

Am 1. 1. 2002 kam der Euro – durchaus wohlwollend begrüßt von vielen Bundesbürgern. Doch für manche Berufsgruppen – solche vor allem, die eine Unzahl von Kleinumsätzen zu bewältigen hatten – war die Umstellungsphase mehr als stressig. Wie etwa für Christian Petalotis, damals Kellner im Waldseer „Hirsch". Am 3. Januar 2002 kehrten wir bei ihm ein.

Es ist eine Freude, ihm zuzusehen. Wie er von Tisch zu Tisch eilt, immer mit Elan, nie in Hektik; wie er den Gästen Plätze zuweist, diskret, aber durchaus bestimmt. Wie er serviert und wie er kassiert. Gelernt ist gelernt, und Christian Petalotis, seit 26 Jahren im Dienst des „Hirsch", hat das Kellnern von der Pike auf gelernt. Anfang der 1960er-Jahre hatte der Grieche, damals gerade mal 16, 17 Jahre alt, in einem Hotel in St. Moritz gearbeitet und dort verinnerlicht, was es heißt, den Gast zu umsorgen, was Bedienen bedeutet. Man sieht es dem schlanken, wendigen Mann, angetan mit dunkler ärmelloser Kellner-Weste, mit Krawatte, blütenweißem Hemd und dunkler Hose, an: Er ist ein Ober der alten Schule.

„Macht elf Mark dreißig, äh, elf Euro dreißig." Ja, es kommt noch vor, dass sich „Christian", wie alle ihn rufen, in der Hektik verspricht. Und jetzt – um 12.30 Uhr – ist in der renommierten Speisegaststätte Hochbetrieb. Der Ober hat einen Wechselgeldbeutel, der es in sich hat: Mark und Pfennig sind da drin und auch Cent und Euro. „Kann ich noch in Mark bezahlen", fragt ein Gast und Christian greift zum Kursrechner: Der Taschenrechner hat den Umrechnungskurs 1,95583 fest einprogrammiert, ein Tastendruck und die Euro-Zeche ist in D-Mark ausgewiesen. „Macht zweiundzwanzig Mark zehn."

Christian tanzt in diesen turbulenten Tagen währungsmäßig auf zwei Hochzeiten. „Wie es der Gast wünscht", so wird abgerechnet. Doch eine Mischabrechnung – D-Mark entgegennehmen, Euro herausgeben – wird so gut wie nie verlangt: „Wer mit Mark bezahlt, der will auch immer noch Mark heraus", berichtet er. Aber die Mark-Jünger würden von Tag zu Tag weni-

ger. Am ersten Euro-Tag, an Neujahr, hätten die Gäste fast durchweg noch in D-Mark bezahlt, berichten Christian Petalotis und Claudia Maier, die Chefin. Am 2. Januar sei das Verhältnis immer noch zwei Drittel zu einem Drittel zu Gunsten der Mark gewesen. Doch heute, am 3. Januar, hat sich das Blatt gewendet: Etwa 80 Prozent der Leute hätten in Euro gezahlt, bilanziert Claudia Maier, die den „Hirsch" seit 27 Jahren zusammen mit ihrem Mann Richard umtreibt (mittlerweile sind die Maiers im wohlverdienten Ruhestand).

Auch in der guten alten Mark-Zeit seien immer wieder Gäste gekommen, die mit fremdem Geld zahlen wollten, viele Schweizer und Österreicher, erzählt Christian. Das habe man in aller Ruhe umgerechnet. Kein Vergleich mit jetzt. „Es zehrt schon an den Nerven", sagt der Profi-Ober und fügt hinzu: „Auch bei unseren Gästen." Die Preise, die man jahrelang im Kopf gehabt hatte, sind nun alle anders, das neue Geld noch ungewohnt. So mancher entleere kurzentschlossen den Geldbeutel auf dem Wirtshaustisch und klaube die Münzen zusammen, erzählt Christian schmunzelnd. Es ist jetzt 15 Uhr, die Gaststube ist leer und er hat nun eine Pause. „Ja, bei der ganzen Umrechnerei raucht einem schon manchmal der Kopf", sagt er und zieht genüsslich an seiner Stuyvesant. „Aber in zwei, drei Wochen ist der Stress rum. Ich bin froh, wenn es dann nur noch ein Geld gibt."

Bald darauf ist er nach Griechenland geflogen. In der alten Heimat zahlte er mit dem neuen Geld. Erstmals ohne die lästige Wechslerei Mark gegen Drachmen. „Das wird eine bequeme Sache", freute sich der 57-Jährige bei unserem Wirtshausbesuch am 3. Januar 2002 im Voraus.

Preiskampf bei Kfz-Kennzeichen
Ein Schildermacher sorgt für frischen Wind

Wollte man in Bad Waldsee ein Auto zulassen, dann steuerte man viele Jahre lang zwei Punkte an: erst die Zulassungsstelle in der alten Landwirtschaftsschule, dann den Schilderpräger direkt gegenüber. Seit November 2004 hat der Automobilist nun die Wahl: Seitdem prägt auch Herbert Wegele Kfz-Kennzeichen.

Herbert Wegele war 50, war arbeitslos. Zuletzt hatte der gelernte Kfz-Mechaniker sieben Jahre bei einer Ravensburger Firma gearbeitet. Der Arbeitsdruck habe ständig zugenommen. Irgendwann konnte er nicht mehr, wollte er nicht mehr. In seiner Heimatstadt Bad Waldsee ist er bekannt als einstmals erfolgreicher Motorradsportler. 25 Jahre lang ist Wegele Enduro gefahren, hat Preise und Ehrungen zuhauf. Arbeit mit 50? „Da ist nicht mehr viel drin", weiß Wegele. Er hätte auch einfache Tätigkeiten angenommen, aber es hat sich einfach nichts gefunden. Warum nicht den Sprung in die Selbstständigkeit wagen?

Am Stammtisch hörte er dann und wann das Wort von der „Abzocke" bei den Kfz-Schildern. Wo hohe Preise verlangt werden, da bietet sich womöglich eine Marktchance, sagte sich der Arbeitssuchende und kaufte gebrauchte Prägemaschinen, zeigte sein Gewerbe bei der Zulassungsstelle an, holte die erforderliche Zertifizierung ein. Die Agentur für Arbeit half bei der Existenzgründung, zahlte für ein halbes Jahr einen Zuschuss zum Einkommen.

Wichtig, ja entscheidend beim Kfz-Schilder-Geschäft ist der Standort. Wegele fand in der Nähe der Zulassungsstelle eine Bleibe, schraubte außen ein Schild an und hing eine Werbefahne raus. In der Zulassungsstelle selbst darf er – wie auch die Konkurrenz – nicht werben, das ist öffentliches Areal. Schnell hatte es sich rumgesprochen, dass ein zweiter Schildermacher aufgemacht hat. Beim Besuch des Reporters kommt gerade eine Bäuerin aus Osterhofen. Sie habe von Herrn Wegele gehört und wolle seinen Start unterstützen, sagt sie.

Auch die Konkurrenz hat bei Wegele schon angeklopft. Zweimal sogar seien Vertreter des Rivalen bei ihm vorstellig geworden. Es sei kein Platz für zwei Schildermacher, habe man ihm bedeutet. Und damit er ohne Schaden aus der Sache herauskomme, sei man bereit, die Maschinenausstattung zum Anschaffungswert

Herbert Wegele prägt Kfz-Schilder.
Foto (2007): Rupert Leser

(20 000 Euro) zu übernehmen. Der Gebietsleiter der Firma, die zehn Jahre lang Alleinanbieter beim Schilder-Prägen in Bad Waldsee war, wollte dazu keine Stellung nehmen. So viel ließ er sich damals im Gespräch mit dem Reporter aber dann doch entlocken: „Klar kann uns das nicht gefallen. Es reicht einfach nicht für zwei." Eine Mitarbeiterin, die nicht genannt werden wollte, gab zu: „Die Konkurrenz merken wir schon. Ganz klar."

Wie groß ist denn das Marktpotenzial? Franz Uebelhör, Sachgebietsleiter Zulassung im Landratsamt Ravensburg, wollte zur Konkurrenzsituation vor der Haustüre seiner Außenstelle Bad Waldsee partout keine Bewertung abgeben. Nur zwei Zahlen nannte er: Im Jahre 2003 habe es in Bad Waldsee 2032 Neuzulassungen und 2920 Umschreibungen für Fahrzeuge von außerhalb des RV-Gebietes gegeben. 31,50 Euro hatte bis dahin ein Schilderpaar beim Alt-Anbieter gekos-

tet, jetzt, wenige Tage nach Wegeles Marktzutritt, verlangte er nur noch 28 Euro. Wegeles Einführungspreis hatte bei 23 Euro gelegen und auch da zahlte er nicht drauf. „Es liegt an der Kundschaft, ob ich auf Dauer existieren kann", sagte der Mann, der mit 50 keinen anderen Ausweg mehr wusste, als sich selbstständig zu machen.

Die Bauersfrau ist dann doch noch zum alten Schildermacher gegangen. Die kleinen Traktoren-Kennzeichen hatte Wegele nicht im Angebot.

Inzwischen prägt Herbert Wegele auch Traktoren-Schilder. Und er hat sein Geschäftslokal gewechselt, ist noch näher an die Zulassungsstelle herangerückt. Der Preis für das Schilderpaar hat sich – ziemlich genau zwei Jahre nach Wegeles Eröffnung – bei etwa 20 Euro eingependelt. Bei ihm und auch bei der Konkurrenz.

David hat nicht aufgegeben und Goliath ist auch noch da.

Nach 96 Jahren kommt das Aus

„Es tut ganz arg weh. Mehr als ein Jahr haben wir gekämpft. Und nun das Aus." Claus Jacob, Senior-Geschäftsführer der traditionsreichen AUTEX-Stickerei in Aulendorf, fällt es nicht leicht, über die Insolvenz des Betriebes zu sprechen. Insbesondere leidet er unter den Kündigungen, die auszusprechen waren. Langjährige Mitarbeiter seien darunter. Zuletzt (2003) hatte das Unternehmen zwölf Leute in Lohn und Brot.

Es ist nicht nur die allgemeine Wirtschaftsflaute und die bekannt schwierige Lage in der Textilindustrie, die unter scharfem Konkurrenzdruck aus dem Ausland steht, was zum Ende von AUTEX geführt hat. Auslöser für die letztlich irreparable Schieflage war der Ausfall eines Hauptkunden, der einen großen Betrag schuldig geblieben war und der zudem als Abnehmer gefehlt habe, erläuterte Claus Jacob. 52 Jahre war er im Geschäft; in dieser langen Zeit hat er ein Auf und Ab erlebt wie wohl nicht allzu viele Unternehmer. Im Geschick der Firma AUTEX spiegelt sich nämlich fast ein ganzes Jahrhundert deutscher Geschichte wieder.

Gegründet zu Kaisers Zeiten, im sächsischen Vogtland anno 1907, überstand der Textilbetrieb des Arthur Jacob die Wirtschaftskrise von 1929/30 und die Zeit des Zweiten Weltkrieges und behauptete sich lange Zeit als Privatunternehmen in der DDR. Allerdings habe es in der Sowjetisch besetzten Zone (SBZ) und dann nach 1949 in der DDR immer wieder „sehr kritische Situationen" und schikanöse Behinderungen für die Unternehmersfamilie Jacob gegeben, erinnert sich Claus Jacob, der Enkel des Firmengründers. Er selbst durfte als Unternehmerssohn und Nicht-SED-Mitglied nicht studieren. Aus der Not machte man eine Tugend, Claus blieb bei Garn und Faden und lernte das Sticker-Handwerk von der Pike auf.

Claus Jacob erinnert sich an Hausdurchsuchungen in den Jahren 1947/48: Die Beschaffung von Stoffen und Garnen sei in jenen Tagen enorm schwierig gewesen. „Jedes Gramm Garn, jeder Zentimeter Stoff musste gemeldet werden", berichtet er und ständig habe man das Gefühl gehabt, die Staatsmacht misstraue einem, vermute illegale Bevorratung. In der Zeit vor dem 17. Juni 1953 sei das verbliebene Unternehmertum verstärkt unter Druck geraten und die Familie Jacob habe damals schon

Die Gardinenmuster sind noch da: Claus Jacob öffnet den Musterschrank.
Foto (2007): Dierk Jacob

erwogen, in den Westen zu gehen. Nach dem Volksaufstand wurde dann die Verstaatlichungspolitik zunächst ausgesetzt und die Privatwirtschaft habe wieder Luft bekommen. Es folgten gute Jahre, in denen Friedrich Jacob, der Vater von Claus Jacob, bis zu 90 Stickmaschinen, die übers halbe Vogtland verstreut waren, beschäftigen konnte. „Wir führten Lohnstickarbeiten für volkseigene Webereien aus", erläutert Claus Jacob; Heimarbeiter produzierten für Jacob und der staatliche Handel kaufte die Produkte (Gardinen, Wäschestickereien, Kleiderstoffe) auf. „Um 1957 wurde die Schraube wieder angezogen. Damals wurden unsere Lohnsticker in Produktionsgenossenschaften des Handwerks, kurz: PGH, zusammengefasst." Dem Unternehmen Jacob war damit der Boden entzogen; Vater Friedrich kämpfte zwar bis 1960 mit zwei oder drei verbliebenen Stickern weiter, aber die Partei

regierte immer ungehemmter in sein Geschäft hinein und dann ging er via Berlin – die Mauer gab's ja noch nicht – in den Westen. Sohn Claus hatte diesen Schritt bereits 1956 getan und als versierter Stickermeister im Goldenen Westen gut Fuß gefasst.

Nach Aulendorf sind die Jacobs – Claus und seine Frau Annerose, die Eltern Friedrich und Else, der Bruder Wolfram – 1961 gekommen. Ein Garnlieferant hatte ihnen einen erloschenen Textilbetrieb vermittelt. Man begann mit zwei Stickmaschinen. Einer der Abnehmer für die AUTEX-Stickarbeiten war Schiesser in Radolfzell. Unvergessen ist Claus Jacob die Seegfrörne 1962/63, als er mit seinem VW-Bus nach Radolfzell tuckerte und über die Eisgebirge am und im Bodensee staunte.

AUTEX blühte auf, in den besten Jahren – zwischen 1970 und 1990 – beschäftigte das

Aulendorfer Unternehmen bis zu 50 Leute. Produziert wurde in Bad Waldsee-Gaisbeuren (1966 bis 1998, Herstellung von Spitzen noch bis 2002), Spezialität waren Gardinen-Stickereien; in der Aulendorfer Schwarzhausstraße waren Verwaltung und Versand angesiedelt.

Doch die Textilkrise warf schon früh ihre Schat-

müssen. Doch es sind Kämpfer. Dierk, der Sohn von Claus Jacob, und seine Frau Sabine, haben sich nicht unterkriegen lassen. Dierk Jacob, ein Wirtschaftsingenieur, hat sich zur Fachkraft für Arbeitssicherheit umschulen lassen und nebenher noch ein betriebswirtschaftliches Fernstudium absolviert. Und Sabine Jacob, die am Gym-

Dierk lernt sticken, der Vater schaut wohlwollend zu: 1962 in der Aulendorfer Produktion.
Foto: bei Jacob

ten voraus. Schiesser zum Beispiel ließ irgendwann im Ausland sticken. Und die Blusenfabrikation Schreyer in Berlin – auch sie ein Knoten im großen Netzwerk der Zulieferer und Abnehmer – gab in den 1970ern auf.

Nachdem 1998 die Gardinenbearbeitung in Gaisbeuren zu Ende ging, hat man sich bei AUTEX auf die Wurzeln besonnen: Es wurde Lohnarbeit ins Vogtland vergeben. Einige der Auftragnehmer hatten schon für Arthur Jacob gearbeitet.

Nach 96 Jahren haben die Jacobs aufgeben

nasium Aulendorf einige Jahre zwei Schulchöre leitete, hat an der PH Weingarten ein Lehramtsstudium abgeschlossen. Doppelt so alt wie ihre Kommilitonen, hatte sie die Sache mit Energie und Zielstrebigkeit angepackt. Partys waren ihre Sache nicht. Nach rekordverdächtigen sechs Semestern hat sie im Herbst 2006 Examen gemacht.

Friedrich (gestorben 2005) und Else (gest. 2002) haben im Vogtland ihre letzte Ruhestätte gefunden. In Grünbach. Da, wo anno 1907 Arthur angefangen hatte. Deutsche Lebenskreise.

Edmund Hehle

Des Hausmeisters Haus
ist ein Schloss

Fast 40 Jahre lang war Edmund Hehle Hausmeister im Aulendorfer Rathaus. Erst hatte er im alten, Mitte der 1990er-Jahre abgebrochenen Rathaus nach dem Rechten gesehen, dann waltete er noch knapp zehn Jahre im Aulendorfer Schloss, wo die Gemeindeverwaltung seit 1997 ihren Sitz hat, seines Amtes. Wir haben dem tüchtigen Hausmeister an einem Oktobertag des Jahres 2004 über die Schulter geschaut. Außer Edmund Hehle gibt es nur noch einen, der alle Räume von Schloss Aulendorf kennt.

Es ist zehn Uhr morgens und Edmund Hehle ist schon weit mehr als vier Stunden auf den Beinen. Um sechs hat er aufgeschlossen, hat den Briefkasten geleert, die Post in die Amtsstuben gebracht. Hat die Lichtanlage im Schloss eingeschaltet, in jeder der acht Ebenen, hat die Heizungsanlage überprüft. Noch vor dem Kaffee geht er rüber in die Volkshochschule am Schlossplatz, schaut in alle Räume, in denen am Vorabend Kurse waren, reinigt die Toiletten. Dann – es ist nun 7.30 Uhr – geht er heim zum Frühstückskaffee, den seine Frau Helga schon hergerichtet hat.

Helga Hehle hat ebenfalls jahrzehntelang in der Hausmeisterei gearbeitet, hatte auch noch nach dem Umzug ins Schloss für die Reinigung gesorgt. Krankheitsbedingt musste sie aufhören; aber auch dann half sie immer wieder mit, wenn fleißige Hände gebraucht wurden. Die Blumengestecke im Marmorsaal waren nicht selten ihr Werk und am „Gumpigen" sowie am „Fasnetssonntig" wirteten die Hehles im Schlosskeller.

Oh, der Umzug ins Schloss! Anfang 1997 ist man eingezogen, angefangen mit dem Packen hatte das Hausmeister-Ehepaar ein halbes Jahr zuvor.

Schauen wir mal in den Arbeitskalender des Edmund Hehle. Fein säuberlich notiert er da, was Tag für Tag zu tun ist. Am 11. Oktober 2004 ist das Wort „Gemeinderat" eingetragen. In der Sitzungspause – ca. 21 Uhr – bekommen die Damen und Herren Stadträte eine Kleinig-keit zum Trinken und es ist niemand anders als Edmund Hehle, der dafür sorgt, dass Sprudel und Apfelsaft da sind und dass die Küche hernach aufgeräumt ist. Anschließend macht er einen letzten Rundgang durchs Schloss, schließt – zum Beispiel – den Durchlass zum Hexeneck ab. Auch sonntags macht er diesen Rundgang.

Oder am 19. Oktober: Abends soll das neue Aulendorf-Buch im Marmorsaal vorgestellt werden. Also schaut er vorher nach der Lüftung, nach der Beleuchtung, schleppt Stühle herbei. 160 elektrische Birnchen hat der Marmorsaal, da seien immer wieder mal welche kaputt. Zur Buchvorstellung haben alle gebrannt, fünf defekte waren zuvor von Edmund Hehle herausgefischt worden.

Überhaupt der Marmorsaal, sein Marmorsaal. Ans Parkett lässt er niemanden heran, den kostbaren Boden blockt Hehle selbst. Einmal seien Putzfrauen mit Wasserkübeln angerückt, da hat der ruhige Mann doch glatt mal energisch werden müssen. Auch um die Museumsräume kümmert sich Edmund Hehle, füllt Salz in die Osmoseanlage nach, damit die Kunstschätze das ideale Raumklima haben.

Ja, von Technik muss ein moderner Schloss-Hausmeister etwas verstehen. Flaschner und Installateur hat Hehle gelernt und 1968 bei der Stadt Aulendorf angeheuert. 24 war er damals. Die Drähte der Brandschutzanlage und der Alarmanlage laufen im Hausmeister-Zimmer zusammen. Wenn ein Alarm runtergeht, dann ruft die Feuerwehr automatisch bei Edmund

Edmund Hehle war 38 Jahre lang Rathaus-Hausmeister. Aus gesundheitlichen Gründen schied er 2006 aus dem Dienst aus. Helga Hehle, die tüchtige Hausmeistersfrau, starb im Februar 2007. Sie wurde nur 59 Jahre alt. Bürgermeister Dr. Eickhoff sagte am Grabe, Hausmeisterfrau zu sein, das sei eine Lebensform. „Helga Hehle hat diese Lebensform in idealer Weise verkörpert." Unser Bild, für das wir Edmund Hehle aus dem wohlverdienten Ruhestand geholt hatten, entstand Anfang 2007 im Marmorsaal des Aulendorfer Schlosses. In diesem Saal, den Hehle stets mit besonderer Sorgfalt pflegte, war 1946 die erste Gesellschaft Oberschwaben aus der Taufe gehoben worden. Treibende Kraft war der Aulendorfer Versandbuchhändler Josef Rieck. Carlo Schmid sprach damals das „Lob Oberschwabens". Die oberschwäbische Mittellage Aulendorfs war konstitutiv auch für weitere Gründungen wie zum Beispiel der CDU Südwürttemberg-Hohenzollern (1946) und der katholischen Laienvereinigung Stefanusgemeinschaft (1948) und ist nach wie vor bedeutsam für eine Vielzahl von in die Region ausstrahlenden Versammlungsaktivitäten (wie etwa der Evangelische Oberschwabentag oder das alljährliche Treffen der Akademikervereinigung CV; vgl. Kuhn/Ritter/Bauer S. 265).

Foto (2007): Uli Gresser

Hehle an, damit er das Schloss aufschließt. Hehle: „Ich darf mein Handy nie ausschalten." Es ist nicht nur einmal vorgekommen, dass der Rauchmelder angeschlagen hat, weil die Damen und Herren Stadträte in der Sitzungspause zu stark gepafft haben.

Edmund Hehle hat sein Dienstzimmer da, wo früher der Pförtner des Grafen saß. In die dicke Mauer hinüber zum Schlossportal ist ein Fenster eingelassen, ein merkwürdig aus-

geschnittenes Gitter ist davor angebracht. Offenbar wurden hier einst Gegenstände durchgereicht. Ob diese Aussparung von Anfang an so war oder zu Zeiten, als die Reichspost im Schloss amtete, nachträglich gemacht wurde, weiß man nicht. Vis-à-vis vom Gitterfenster hängen Ehrenurkunden. Dank für jahrzehntelange treue Hausmeister-Dienste.

Zehn Uhr ist es jetzt und Edmund Hehle ist soeben hereingekommen vom Saubermachen des Schloss-Innenhofes. Kuramtschefin Susanne Biegel ruft an wegen Stehtischchen und Edmund Hehle sagt: „I guck drum." Amtsbote Haag kommt des Weges, Alt-Stadtpfleger Hugo Bay schaut herein. Er ist noch Verbandsrechner bei der Volkshochschule und bei der Wasserversorgung Schussen-Rottachtal und so ist sein Postfach in Edmund Hehles Zimmer nicht leer. Die Abrechnungstätigkeit bei den Zweckverbänden ist dem Pensionär Hugo Bay wichtig. Genauso wie der kleine Schwatz mit dem Edmund.

Da kommt Walter Kaiser. Der agile Pensionär, schon gut über 80, ist Edmund Hehles rechte Hand. Ehrenamtlich schaut Kaiser, einst Kunst- und Bauschlosser sowie Industriemeister, im Schloss – ein Haus der hundert Türen – nach den Schlössern. „Die 200-jährigen Schlösser gehen so gut wie nie kaputt", berichtet Kaiser. Aber an den modernen hake es nicht selten. „Mir boide", sagt Walter Kaiser und schaut hinüber zu Edmund Hehle, „mir zwoi sind wohl die oinzige, dia alle Räum' im Schloss kennet."

Das Hagelunwetter vom Vorabend habe oben am Schlossdach Schaden angerichtet, berichtet Kaiser. Da werde man wohl den Dachdecker brauchen. Kleinere Reparaturen, wenn etwa Vandalen wieder Dachpfannen von den Einfriedungsmauern gerissen haben, erledigt Edmund Hehle selber.

Oh, diese Vandalen! „Mit dene homm'r gherig Malheur." Wenn Edmund Hehle, ein selten ruhiger, gelassener, bescheidener Mensch, diese Worte gebraucht, dann hat er einen heiligen Zorn. Besonders im öffentlichen WC wüten die Chaoten halt immer wieder. Und wer hat den Dreck? Der unschuldige Hausmeister. „Er macht alles. Auch das, was andere nicht tun mögen", sagt Walter Kaiser über Edmund Hehle. Hugo Bay lobt: „Er ist einer, der nie auf die Stunden schaut." Und Susanne Biegel meint: „Ich will gar nicht daran denken, wenn der Edmund in Pension geht."

Im August 2006 war es soweit. Da musste der Rathaus-Engel den Dienst einstellen. Die Halswirbel machten ihm so zu schaffen, dass es nicht mehr ging.

Ach ja. An jenem Abend, als das Aulendorf-Buch vorgestellt wurde, gab es Sekt und Saft. Ausgeschenkt haben Edmund und Helga Hehle. Aufgeräumt haben …

Edmund Hehles treuer Helfer bei all den vielen Verrichtungen im großen Schloss-Komplex: der inzwischen 85-jährige Walter Kaiser. „Dia alte Türschlösser gont so guat wia nia kaputt", weiß Kaiser. Anfälliger dagegen seien die modernen Schlösser.
Foto (2007):
Uli Gresser

Franz und Michael Thaler

Zwei Brüder,
ein Handwerk, ein Hobby

Es kommt nicht oft vor, dass zwei Brüder im gleichen Handwerk gleichzeitig ihre Prüfung ablegen, der eine als Meister, der andere als Geselle – und das exakt 30 Jahre, nachdem der Vater seinen Meister gemacht hatte, ebenfalls als Schreiner. So geschehen bei Thalers in Aulendorf-Münchenreute im Jahre 2003.

Im modern eingerichteten Büro der Schreinerei Thaler in Münchenreute steht eine alte Hobelbank. „Mit deutscher Zange", erläutert Franz Thaler sen. das Greifprinzip von Großvaters Hobelbank. Gleich nebenan ist das Gesellenstück von Michael Thaler („Kirschbaum auf Stein") und das Meisterstück von Franz Thaler jun. zu bewundern. Der 25-jährige Franz hat eine modern anmutende, geschwungene „Vinothek" aus Apfelbaumholz geschreinert – mit drei Schubladen für Weinflaschen und Gläser, deren Auszüge ausschließlich aus Holz hergestellt sind. In der anderen Ecke des Büros steht eine aus Holz gefertigte Posaune, die die beiden Thaler-Söhne ihrem Vater zum 50. Geburtstag gemacht hatten. Natürlich wurde zur Übergabe ein Ständchen gespielt – nicht auf besagter Holzposaune, sondern mit den Blechblasinstrumenten, die die beiden Thaler-Söhne hervorragend beherrschen (Tuba, Posaune, Tenorhorn und anderes mehr). An der Wand des Treppenaufganges hängt ein Gesellenbrief von 1915 – zum 100-jährigen Betriebsjubiläum 1997 wurde das Dokument den heutigen Betriebsinhabern Franz und Maria-Luise Thaler von einer Kundschaft geschenkt; das Schriftstück war seinerzeit einem Gesellen, der bei Matthias Thaler, dem Firmengründer, gelernt hatte, ausgehändigt worden. Der ganze Raum, neben der üblichen Büro- und Geschäftsausstattung mit Symbolträchtigem von einst und jetzt versehen, atmet dezenten Stolz auf das in der Vergangenheit Geleistete und er demonstriert bodenständige Zukunftsorientierung. Und zeigt, dass es im Leben mehr gibt als bloß Schaffen.

In diesem Fall gilt das Mehr der Musik, der die beiden Thaler-Söhne mit Leidenschaft frönen – wie auch die zwei Töchter. Die Liebe zur Musik wurde den Thaler-Kindern in die Wiege gelegt: Vater Franz war 35 Jahre lang Posaunist, Großvater Xaver Thaler war Gründungsmitglied des Musikvereins Blönried-Zollenreute. „Musik ist ihr Leben", sagen die Thalers über ihre Söhne, die zusammen mit fünf weiteren Musikanten die „Münchenreuter Blasmusik" gegründet haben, deren flotte böhmisch-mährische Weisen großen Anklang finden. Natürlich sind die beiden auch in der regulären Musikkapelle voll dabei, Franz auch als Dirigent der Jugendkapelle.

So musizieren Franz jun. und Michael miteinander und sie arbeiten auch miteinander. Die Schreinerei Thaler, mit acht Mitarbeitern und einem CNC-technisierten Fensterbau schon ein größerer Handwerksbetrieb, hätte Platz für zwei Inhaber. Aber so weit ist es noch nicht, noch hat der Senior die Unternehmensführung inne. Im Herbst 2003 hat er gleich zwei Lehrlinge eingestellt. „Wenn der Bundeskanzler so fürs Ausbilden wirbt", sagte Franz Thaler sen. schmunzelnd. „Ausbildung ist uns ein Anliegen. Noch jeder meiner Lehrbuben hat die Prüfung geschafft." Franz Thaler sen. ist ein fördernder Lehrmeister und ein innovativer Unternehmer, der seine Produktpalette immer wieder erweitert.

Bei aller Zukunftsorientierung ist er auch traditionsbewusst. Seit vielen Jahrzehnten schon bieten die Thalers Bestattungsdienstleistungen an – vom Sargschreinern bis zu den Behördengängen und der Gestaltung der To-

Drei Generationen Thaler: Franz jun., sein Bruder Michael, dessen Sohn Tim und Franz sen. (von links) vor ihrer hochmodernen CNC-Maschine. Foto (2007): Uli Gresser

desanzeige. Einsargen war früher auf dem Land Sache des Schreiners und ist es in diesem Fall noch immer. Dabei geht ihm stets einer seiner Söhne zur Hand – so wie er schon als Bub seinem Vater Xaver assistiert hatte. Auch als der Großvater starb.

Franz Thaler sen. erinnert sich, wie sein Vater oft am Samstag oder Sonntag noch einen Sarg machen musste oder zur Leichenschau ging. Bis Ende der 1960er-Jahre nahm Schreiner Thaler diese Aufgabe wahr, ging zweimal ins Trauerhaus zu dem Toten und stellte dann die amtlichen Dokumente aus. „Zweimal – das war Vorschrift", berichtet Franz Thaler, der jet-

zige Betriebsinhaber. Heute stellt der Arzt den Totenschein aus.

Als 1956 Matthias Thaler starb, wurde er mit dem pferdebespannten Leichenwagen zum Friedhof gefahren. Bei der Großmutter kam dann schon der Pkw-Leichenwagen. Auch die Thalers gehen da mit der Zeit: 2001 haben sie einen Trauer-Anhänger fürs Auto gekauft.

Und wenn eine Trauerfamilie eine Beerdigung unter Begleitung des Musikvereins Blönried-Zollenreute wünscht, dann ist es sehr wahrscheinlich, dass die zwei Thaler-Söhne am Grabe stehen – mit einem letzten musikalischen Gruß.

71

Helmut Heydt

Ein Maschinenmensch
mit unternehmerischem Weitblick

Im Jahre 2001 hat der Aulendorfer Agrar-Unternehmer Helmut Heydt die baden-württembergische Staatsmedaille in Gold erhalten. Die hohe Auszeichnung gilt der Lebensleistung eines Mannes, der aus kleinsten Anfängen heraus ein blühendes 15-Mann-Unternehmen geschaffen hat, das neben landwirtschaftlichen Lohnarbeiten auch Transport- und Erdarbeiten sowie Entsorgungsaufgaben wahrnimmt.

Ob man vielleicht auf halb acht abends vorbeikommen könnte, um mit Helmut Heydt sen. über seine Auszeichnung zu sprechen, fragte der Reporter an. Halb acht? Das sei noch ein bisschen früh. Da sei ihr Mann noch draußen beim Säen, gab Frau Heydt zur Auskunft. Wintergerste brachte Helmut Heydt an jenem Abend Anfang Oktober 2001 aus und weil nach dem nassen September des Jahres 2001 die Zeit noch ein klein wenig ärger drängte als sonst, hatte er es noch ein Stückchen „schindiger" als eh schon. Ja, die Szene ist typisch für den Unermüdlichen: Von früh am Morgen bis spät am Abend – so hatte er all die Jahrzehnte gerackert, seit damals, als er als junger Landwirtschaftsmeister mit einem 36 000-Mark-Mähdrescher den Sprung in die Selbstständigkeit gewagt hatte. Das war 1964 gewesen und die 36 000 Mark („Mein Vater hat dafür gebürgt") waren seinerzeit „a enorms Geld".

Helmut Heydt, geboren 1942 in Grünkraut auf einem kleineren Pachthof, aufgewachsen in Bodnegg, ehe seine Eltern sich in Blönried anpachteten, hatte früh die Zeichen der Zeit erkannt: „Es war damals, als die Technisierung kam, Anfang, Mitte der Sechzigerjahre, einfach uninteressant für die einzelnen Bauern, jede Maschine selbst anzuschaffen." Überbetriebliche Lösungen seien also angesagt gewesen und in diese Bresche sind die Heydts gesprungen. Ihre allererste Maschine für landwirtschaftliche Lohnarbeiten, ein zweireihiges Kartoffellegegerät, hatte noch der Vater angeschafft; mit 22 Jahren meldete dann Helmut Heydt sein Gewerbe an.

„Ich war immer neugierig", sagt Helmut Heydt, „habe Lehrgänge besucht, habe mich fortgebildet." „Er ist ein Maschinenmensch", sagt seine Frau und wenn es der Seniorchef der Heydt-Firmen – zur landwirtschaftlichen Lohnarbeit sind nach und nach der Fuhr- und Baggerbetrieb sowie ein Container- und Umweltservice gekommen – etwas ruhiger hatte, dann konnte man den „Maschinenmenschen" in seiner Halle in Blönried finden und an alten Hanomags oder Lanz-Traktoren herumschrauben sehen. Möglich geworden ist der Unruhestand à la Heydt, weil drei der vier Heydt-Sprößlinge in die elterlichen Betriebe voll eingestiegen sind.

Frau Heydt, seit 1970 an seiner Seite, die den Aufstieg vom Einzelkämpfer-Lohnunternehmer zum Herrn über zehn Lkw, vier Bagger, fünf Traktoren und eine Vielzahl landwirtschaftlicher Großgeräte mitgemacht und mitgetragen hat, sagt: „Wir waren beide das Arbeiten gewöhnt. Aber man hat sie packen müssen, die gute Zeit. Wir haben es uns erkämpft." 1975 hat man den ersten festen Mitarbeiter eingestellt, heute beschäftigt der Familienbetrieb 15 Leute.

Erkämpft haben die Heydts ihren Erfolg mit harter Arbeit und mit Weitblick: Bald nämlich hatte Helmut Heydt erkannt, dass im außerlandwirtschaftlichen Bereich – zum Beispiel im Tiefbau wie etwa beim Gräbenziehen oder eben, ganz aktuell, in der Entsorgung – große Chancen liegen. Und typisch Heydt ist auch die Zusammenlegung der landwirtschaftlichen Aktivitäten mit einer Firma aus Berg bei Ravensburg (1993): „Der betriebswirtschaftliche Vorteil", erklärt Helmut Heydt, liege in den unterschiedlichen Vegetationsphasen zwischen Ravensburger Schussental und dem Bereich um Aulendorf und Altshausen. „Die Ravensburger liegen zehn Tage vor Aulendorf und so können wir beide unsere Maschinenausnutzung deutlich steigern."

Helmut Heydt hat stets auch über den eigenen Tellerrand hinausgeblickt, hat sein Können und Wissen der Allgemeinheit zur Verfügung gestellt. Ein Kämpfer für die Interessen des Berufstandes, ja, so könne man ihn schon bezeichnen, sagt Heydt über Heydt. Seit 1969, seit der Gründung, ist er Mitglied des Verbandes der agrargewerblichen Wirtschaft (VdaW), seit 1983 fungiert er – mit Unterbrechung – als Vorsitzender der Fachgruppe Lohnunternehmer. Im Bundesverband der Lohnunternehmer sitzt er im Beirat und für die besonderen Verdienste um die Landtechnik hatte er 1992 schon die Silberne Staatsmedaille erhalten. Auch für das Aulendorfer Gemeinwesen hat Helmut Heydt sich engagiert; er war zehn Jahre lang Stadtrat (für die CDU), war lange im Ortschaftsrat in Zollenreute und führte mehr als zehn Jahre lang als Kommandant die Feuerwehr Blönried (Abteilung der Freiwilligen Feuerwehr Aulendorf).

Nun, mit 65 Jahren, lässt es Helmut Heydt etwas ruhiger angehen. Seit er Probleme mit den Augen hat, seit es mit dem räumlichen Sehen hapert, kann er nicht mehr an seinen geliebten Oldtimern herumschrauben. Doch das wirft einen Helmut Heydt nicht aus der Bahn. Jetzt hat er ein neues Steckenpferd: Imkern. „Es gibt immer etwas zu tun", schmunzelt Helmut Heydt. Bei seinen Bienen, beim Schnapsbrennen oder in Unterrauhen, wo die Firma Heydt ihren Sitz hat und wo die zweite Generation das von den Eltern Aufgebaute fortführt.

Eigentlich ist er im Ruhestand, aber Helmut Heydt – hier mit der 200 PS starken John-Deere-Zugmaschine 7920 – packt immer noch mit an. Im Hintergrund ist das Verwaltergebäude des ehemaligen Hofgutes Unterrauhen zu sehen, dessen Gebäude die Heydts 1997 gekauft haben. Über dem Türsturz des respektablen Haupthauses steht: „Erbaut 1845 von König Wilhelm von Württemberg."
Foto (2007): Uli Gresser

Entrinden
Wie Berthold Halder
von der Abrüstung profitierte

Wenn Holzstämme ohne Rinde zur Sägerei kommen, gibt das deutlich mehr Geld. Früher hat man die gefällten Bäume mühsam mit dem Räppler von Hand entrindet. Heutzutage erledigt das die Maschine. Ein weithin bekannter Spezialist für professionelles Entrinden im großen Stil ist Berthold Halder aus Bad Waldsee-Kümmerazhofen. Wir haben ihn 2002 und 2007 besucht.

Berthold Halder betreibt nicht nur als Lohnunternehmer die Entrindung für forstwirtschaftliche Auftraggeber. Er baut auch Entrindungsmaschinen – und was für welche! Im Frühjahr 2002, zum Beispiel, hat er so ein Monstrum nach Vorarlberg ausgeliefert. Für die Straßenfahrt ist die Entrindungsmaschine – 400-PS-Zugfahrzeug plus Auflieger, beides mit Kranaufbau – auf das vom TÜV genehmigte Normalmaß von gut 18 Metern Länge und vier Metern Höhe „zusammengeschrumpft". In Arbeitsstellung irgendwo in den Vorarlberger Forsten misst allein der voll ausgefahrene Auflieger 27 Meter in der Länge, greifen sich die beiden Kräne in der Stunde bis zu 300 Stämme, schieben diese durch die Entrindungseinheit, Rotor genannt, und legen das Holz akkurat auf einem Polter ab. 80 bis 100 Festmeter werden so pro Stunde verarbeitet, 300

Manchmal hält es Berthold Halder, der inzwischen 14 Mann in Lohn und Brot hat, nicht mehr am Schreibtisch. Dann muss er raus in den Wald – zu seinen Leuten und zu seinen Maschinen. Unser Bild entstand im März 2007 bei Lohnarbeiten in fürstlich-zeilschen Waldungen bei Treherz. Rechts im Bild ist die Pershing-Zugmaschine zu sehen, deren Kran Stämme mit einem Durchmesser von bis zu 95 Zentimetern greift und der – selbstgebauten – Entrindungseinheit (links) zuliefert. 600 Festmeter entrinden und poltern die Maschinen, bedient von zwei Mann, in einer Schicht. Zum Vergleich: Ein guter Holzmacher räppelte früher am Tag 30 Festmeter. Foto: Uli Gresser

Euro Umsatz in der Stunde muss das Großaggregat bringen, soll es rentabel eingesetzt sein.

Was der Clou an dem in Kümmerazhofen hergestellten Riesengerät ist: Eine schwenkbare Rindenschleuder kann die anfallenden Mengen zielgenau im Wald verteilen. Auf seine energiesparende und im Vergleich zu einem Gebläse geräuscharme Lösung hat Berthold Halder Gebrauchsmusterschutz angemeldet.

Das ist beileibe nicht die einzige kreative Lösung des Selfmademans, der mittlerweile sieben Mitarbeiter beschäftigt (Stand: 2002) und im kleinen Völkchen der Entrinder – in Deutschland sind es im Grunde nur drei gewichtige Anbieter – eine echte Größe ist.

Die zweite Optimierung in der modernen Holzerntekette ist Halder bei der Vermessung der Stämme gelungen. Waren früher mindestens zwei Mann damit ausgelastet, das Holz während oder nach der Aufarbeitung zu vermessen – eine keineswegs ungefährliche Arbeit – so wird das nun mittels Lichtvorhang und Ultraschall gleichzeitig mit dem Schälen elektronisch erledigt und Kollege Computer spuckt für jedes Teil-Los Daten wie Masse, Stückzahl, mittlerer Durchmesser und Qualitätsmesszahl aus. Halder, der damit sowohl das händische Messen im Wald als auch die Werkseingangsmessungen überflüssig gemacht hat, sagt nicht ohne Stolz: „Unsere Messgenauigkeit liegt im Millimeterbereich."

Die Präzision hat freilich ihren Preis: Halders Hightech-Entrinder auf MAN-Basis, angefertigt nach ganz speziellen Kundenvorgaben, hat den Auftraggeber aus Vorarlberg ca. 1 Million Euro gekostet. Berthold Halder: „Die Billigsten sind wir nicht. Aber dafür bekommt der Kunde eine ausgereifte und ausgetüftelte Hydraulik." Auf diesem Gebiet könne man viel Energie verschwenden oder einsparen. „Und hier sind wir, glaube ich, einfach die Stärksten", sagt Halder, der die Hydraulik-Konzeption am Zeichenbrett selbst entwirft und in dessen Mannschaft der beste Industriemechaniker des Kammerbezirks

Ulm von 1993 steht (Spezialität: Hydraulikverrohrung).

Manche seiner Leute sind schon seit 20 Jahren dabei und immer noch voll bei der Sache. Zwei Entrinder-Aggregate und ein Holzvollernter wollen bedient und gewartet werden. Der Chef schaut da nicht zu, sondern legt selbst mit Hand an. Susanne Halder, seine Frau, schmunzelt: „Wenn ’r a Weile it en Wald ka, noch wird ’r grätig.“

Susanne, damals 17 und in Ausbildung in Ulm, hatte nicht schlecht gestaunt, als am Nikolaustag 1977 ein Magirus-Lkw vor ihrer Bleibe vorfuhr. Es war Berthold Halder, der auf dem Weg nach Schweden bei seiner Susanne Station machte. Mit dem Geld des Vaters („Der hot de Kopf naghebt. Vo d’r Bank hätt i junger Kerle des Geld nia kriagt“) baute er in Schweden auf besagtem Magirus-Fahrgestell seine erste Entrindungsmaschine. Damals war er 21.

Eigentlich hatte der junge Berthold Halder Maschinenbau studieren wollen; in der Zeit des Wartens auf einen Studienplatz hat er bei Vater Johann Halder gejobbt. Der hatte einen Langholztransport – im Ein-Mann-Betrieb, wie schon der Großvater, der in den Anfängen mit Pferden Holz gerückt hatte, schon vor dem Krieg aber auf Zugmaschinen umgesattelt hatte (darunter war auch ein Lanz).

Bald erkannte der junge Berthold Halder seine Marktnische: Das mobile Entrinden („Die Maschine kommt zum Holz, nicht das Holz zum Entrinder“), das war’s! Die erste EMA (Entrindungsmaschine) hatten die Schweden noch zu 50 Prozent mitgebaut. Seine dritte hat Halder dann komplett in eigener Regie hergestellt. Drei Jahre hat er an ihr gebaut und als Zugfahrzeug hatte er etwas ganz Besonderes: Von den Amis hatte er 1993 in Kaiserslautern die Zugmaschine des Pershingraketen-Aufliegers ersteigert. „Neuwertig! Gerade mal 2500 Kilometer gefahren“, freut sich Halder noch heute über das Abrüstungsschnäppchen („ohne Raketen“).

Zum EMA-Fest in Alberschwende (Vorarlberg) brachten die Halders ein Bild von Richard Allgaier als Geschenk für den Auftraggeber mit. Der Bad Waldseer Künstler hatte aus Halders Riesenmaschine einen Drachen gemacht, der sich mit mächtigen Greifarmen in den Wald krallt. „Mir Entrinder sind a oiges Völkle“, sagt Berthold Halder. „Mir hebet zsamma.“ Auch wenn jeder seine Eigenheiten habe und jeder auf seine ganz spezielle Technik schwöre.

Das Herzstück der Entrindungseinheit: der Rotor. 80 bis 100 Festmeter werden hier pro Stunde geschält und gleichzeitig automatisch vermessen. Aus Rinde, aus Baumwipfeln und anderem im Wald anfallenden Restholz macht die Halder GmbH (Bad Waldsee-Kümmerazhofen) Waldhackschnitzel im großen Stil: Futter für ein Heizkraftwerk.
Foto (2007): Uli Gresser

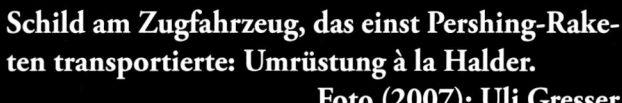

Schild am Zugfahrzeug, das einst Pershing-Raketen transportierte: Umrüstung à la Halder.
Foto (2007): Uli Gresser

Franz Härle

Er war 17,
als ihm die Kirchenschlüssel anvertraut wurden

„In einem Alter", sagte Marianne Pfeiffer, „in einem Alter, in dem die meisten auf Distanz zur Kirche gehen, hattest Du den Mut, zur Kirche zu stehen und diesen manchmal doch sehr aufreibenden Dienst anzutreten." Es war beim 25-jährigen Dienstjubiläum von Mesner Franz Härle im Januar 2003, als die Zweite Vorsitzende der Pfarrgemeinde Eggmannsried (Stadt Bad Wurzach; Dekanat Waldsee) ihrem Mesner während des Sonntagsgottesdienstes mit diesen Worten dankte. Das Besondere: Franz Härle war erst 17 gewesen, als er seinen Dienst in der Jakobuskirche angetreten hatte.

„Mach's halt, bis m'r en andra hond", sagte man 1977 zum Oberministranten, nachdem der alte Mesner Anton Kiebler gestorben war und die Pfarrei ohne Kirchendiener dastand. „Aber i glaub", sagt der mittlerweile 45-Jährige (2006) verschmitzt, „i glaub, se hond gar koin andra gsucht." Heute noch ist Franz Härle dem damaligen Pfarrer Högerle und dem Kirchengemeinderat und der Pfarrgemeinde insgesamt dankbar, dass sie so viel Vertrauen in einen so jungen Mann setzten. Dass sie einem 17-Jährigen die Kirchenschlüssel anvertrauten.

Anfänglich hatte der junge Franz Härle sich gescheut, den Talar des alten Mesners anzulegen. Er war ihm in jeder Hinsicht zu groß. Doch dann hat er das gute Stück, von dem man nicht einmal weiß, wie alt es ist, umschneidern lassen und nach und nach ist der junge Mann in seine Rolle hineingewachsen. Heute ist Franz Härle aus dem kirchlichen Leben in der kleinen Gemeinde nicht mehr wegzudenken, amtiert als Lektor und Kommunionhelfer, teilt zur Kollekte die Sammelkörble aus und drückt zur Wandlung auf den Knopf, damit die Turmglocke läutet. Und wenn keine Ministranten da sind, was werktags schon mal vorkommen kann, dann trägt er auch Wasser und Wein zum Altar.

Wie einmal ein junger Ministrant nicht zum Dienst erschienen war, da sagte der Franz zu dem Buben, als der wieder auftauchte: „Du, i hon fei für di minischtriera müsse." Der staunte nicht schlecht und meinte: „Jo, hosch du des überhaupt kenne", nicht ahnend, dass der Franz 25 Jahre zuvor Oberministrant gewesen ist.

Ja, er hat Humor, der Franz Härle, auch wenn ihm nicht immer zum Lachen zumute war. Wenn er etwa den leisen Spott derer spürte, die sich die Samstagnacht um die Ohren schlugen, während er pünktlich um 8.45 Uhr in der Kirche stand. Noch heute kommt ihn diese Uhrzeit hart an, wenn auch aus anderem Grund: Daheim stehen an die 100 Stück Vieh und die wollen auch am Sonntag versorgt sein. „Ich möchte meinen Eltern danken", sagt Härle, der bereits mit 22 Jahren seinen Landwirtschaftsmeister gemacht hat, „dass sie mir all die Jahre den Rücken freigehalten haben für den Dienst in der Kirche."

Denn das Amt kostet Zeit: Nicht nur, dass er bei Beerdigungen, Taufen, Hochzeiten und den regulären Gottesdiensten da ist. Zweimal im Jahr wartet er die Turmuhr, schmiert die Mechanik, spannt die Drahtseile. Nach Stürmen steckt er Dachziegel nach, im Winter schaut er, dass unterm Dach kein Flugschnee liegen bleibt. Immer im November stellt er den Friedhofsbrunnen ab. „Ich bin so etwas wie der Hausmeister im Haus Gottes", sagt er bescheiden und vielleicht auch ein kleines bisschen stolz. Bis 1989, als die Funkuhr kam, musste er zweimal ihm Jahr, zur Zeitumstellung, mitternachts hoch in den Turm und die Uhr von Hand auf Sommerzeit respektive MEZ umstellen. Manch einer habe ihn da gefragt: „Hosch koi Angscht, so alloi nachts über de Friedhof ganga?"

Was hat ein Mesner nicht alles zu tun! An Gründonnerstag fährt Franz Härle zum Dekan und holt die Heiligen Öle. Abends bei der Gründonnerstagsliturgie bringt er nach dem Gloria, wenn letztmals die Glocken erklingen, die Holzklappern herbei. Überhaupt die Karwoche: „Da haben wir ganz schön zu tun", sagt er und in das „wir" schließt er all die vielen Helfer ein, die beim Schmücken und Putzen der Kirche anpacken.

Ganz am Anfang seiner Mesnertätigkeit, im April 1978, hatte Franz Härle einen schweren Unfall. Er wollte die Kirche abschließen und düste mit seinem Mofa von Oberhaslach hinüber nach Eggmannsried. An der Bundesstraße war Endstation. Trümmerbruch im Unterschenkel. Schwere Gehirnerschütterung. Uni-Klinik Ulm. Dass ihm damals das Leben neu geschenkt wurde, ist vielleicht ein Urgrund für sein Engagement. Aber sagen würde er so etwas niemals. Pflichtbewusstsein („Ich war doch verantwortlich für die Kirche. Wir hatten damals noch keine Alarmanlage.") ist sicherlich eine der Konstanten des jungen Mesners mit dem Silberjubiläum. Aber es ist mehr, was ihn umtreibt.

2002 hat er sich eine Digitalkamera gekauft und seitdem wird der hofeigene Computer, ursprünglich angeschafft für die Viehstatistik, zum modernen Kirchenarchiv. Bei der Verabschiedung von Pfarrer Bantle im Jahre 2003 und bei der anschließenden Investitur von Pfarrer Nagl hat er Hunderte von Fotos „geschossen", hat sie auf CD-Rom gebrannt und akkurat archiviert. Auf Knopfdruck kann er Fotos hervorzaubern vom Maialtar, von den vier Blumenteppichen an Fronleichnam, vom Erntedankaltar, von den Sternsingern und den Ministranten, vom Weihnachtsschmuck, der ihm ein ganz besonderes Anliegen ist. Auch der Lektorenplan, dessen Hintergrund er mit einem Farbbild „seiner" Kirche unterlegt hat, ist ein Härlesches Computerprodukt.

In den Tagen vor Weihnachten fahren Franz Härle und ein Helfer stets mit dem Traktor zu den Waldbauern und sammeln Christbäume für die Kirche ein. Einen davon schmückt er in ganz besonderer Weise: Einzeln hängt er einen Lamettafaden nach dem anderen an den Baum – „das ergibt einen ganz besonderen Nebeleffekt. Wenn dann in der Heiligen Nacht die Lichter ausgehen und unsere Musikkapelle stimmt das Stille Nacht an und die Krippe wird angestrahlt … "

Mehr sagt er nicht. Aber man könnte hinzufügen: „… dann spürt man einen Abglanz dessen, für den man arbeitet."

Franz Härle und „sein" Christbaum. Jedes Jahr ist der liebevoll geschmückte Baum mit Krippe in St. Jakobus in Eggmannsried bis Lichtmess (2. Februar) zu sehen. Foto(2005): Uli Gresser

Leben

Jedes Jahr am Mittwoch vor dem „Gumpiga Donnschtig" werden am Hexeneck unterhalb des Aulendorfer Schlosses die Masken beschworen. Eckhexen, Schnörkele, Fetzle und Rätsch und Tschore erwachen zum Leben. Bis Aschermittwoch ist die kleine Stadt in Oberschwaben im Ausnahmezustand. Foto (2007): Uli Gresser

WM-Sommer 2006
„D'r Poldi
isch koin Knipser"

Public Viewing – im WM-Sommer 2006 war das ein Volkssport. Wir haben die Übertragung des Vorrundenspiels der deutschen Mannschaft gegen Ecua-dor auf dem Bad Waldseer Rathausplatz besucht.

Als der Reporter kurz vor 16 Uhr um die Ecke biegt, sieht er einen vollbesetzten Rathausplatz, sieht Fahnen, Fans, spürt die Vorfreude. Da, bei den vier Mannen mit den übergroßen Zylindern in den Farben von Deutschland einig Fußball-Land, da könnte er sich vielleicht noch hinzuzwängen. Markus, 29, aus Truilz, Ewald, 46, aus Aulendorf, Marcel, 31, aus Bad Waldsee und Klaus, 42, aus Oberhaslach haben sich die Zylinder übers Internet besorgt – 7 Euro das Stück – und gleich noch dazu Sonnenbrillen mit den Nationalfarben in den Gläsern. Das zahle das Geschäft, frohlocken die vier und Finanzchef Klaus kann das auch gut begründen: „Das ist Mitarbeiter-Motivation."

Aus den Lautsprechern neben der Leinwand erklingt die Nationalhymne und alles steht auf, Ewald nimmt sogar seinen Zylinder ab. Etliche der gut 500 Fans singen mit, manche haken sich ein oder legen die Hand aufs Herz. Dann ohrenbetäubendes Tröten: Das WM-Spiel Deutschland – Ecuador ist angepfiffen. Während Markus („3:1") und Marcel („2:1") sich siegessicher zeigen, gibt Ewald den Skeptiker („2:1 für Ecuador") und Klaus den Unentschiedenen („1:1").

Bereits nach drei Minuten das 1:0 für Deutschland. Klose. Alles springt auf. Riesenjubel. Ewald („Am Schluss wird abgerechnet") mimt noch immer den Skeptiker, während sich Markus in seiner Siegeszuversicht nicht beirren lässt („3:1 – des isch ois, was sicher isch"). Im Schatten eines hohen Giebels haben es sich die vier beim Bier gemütlich gemacht und harren der Dinge.

31. Minute: Lahm tankt sich durch, holt einen Freistoß heraus. „Etz kaschtelt's", meint Markus. Doch Klose trifft nicht und der Waldseer Kiebitz mosert: „Was der Chancen vergibt!" Kurz darauf klärt der zuletzt umstrittene Arne Friedrich und Ewald, der allmählich seine Skepsis ablegt, nickt anerkennend. Dann, kurz vor der Pause, brandet wieder Jubel auf: 2:0 – Klose. Markus, der Klose-Kritiker, singt und Ewald lässt seine Skepsis sausen: „Eisere spielet guat. I bin sehr zfrieda."

Eine junge Frau kommt mit ihren zwei Mädchen. Am Absperrgitter vor dem Kornhaus werfen die Security-Leute einen prüfenden Blick in ihre Tasche und winken sie durch. Etliche Rucksäcke und Taschen werden an den Kontrollstellen für die Zeit des Spieles konfisziert. Polizeikommissar Reinhold Theiss und Polizeihauptmeister Andreas Hagner klären den Reporter auf. Glas, Flaschen, problematische Gegenstände dürfen nicht auf den Platz mitgebracht werden. Dort wird nur in Plastikbechern ausgeschenkt.

In der Halbzeit ruft Reinhold Theiss Polizeichef Bernd Berger auf der Wache an und erstattet Bericht: Alles verläuft planmäßig, keine besonderen Vorkommnisse. Josef Traub und Ralf Herrmann vom veranstaltenden Handels- und Gewerbeverein zeigen sich hochzufrieden über den Verlauf und nehmen schon das Achtelfinale ins Visier: „Am Samstag um 17 Uhr gibt's wieder Public Viewing auf dem Rathausplatz."

Die Zylindermänner freuen sich über den deutschen Sieg (von links Klaus, Marcel, Ewald, Markus).
Foto (2006): Veronika Moser

Die zweite Halbzeit beginnt furios. Die deutschen Sturmspitzen setzen sich im ecuadorianischen Strafraum fest, doch noch „klingelt's" nicht. „D'r Poldi isch koin Knipser", konstatiert Johannes vom Nachbartisch. Doch der 19-Jährige ist sich sicher: „Aber er macht no ois." Auch Chefarzt Dr. Sapper, der am selben Tisch steht, gibt sich optimistisch: „Das geht 4:0 aus. Unsere Mannschaft kommt noch weit. Sogar das Finale ist drin." – „Im Viertelfinale ist Feierabend", hält Stefan dagegen. „Da geht's gegen Argentinien."

In der 53. Minute verfehlt Lukas Podolski das Tor nur knapp. „I wiederhol' mein' Spruch", erklärt Johannes. Kurz darauf: Podolski trifft und Johannes jubelt in der Pose des bestätigten Wahrsagers. Seit Poldis Tor hat auch der Repor-

ter Schwarz-Rot-Gold auf den Backen. Stefans Begleiterin hatte Farbstifte dabei.

Eine gute Stunde ist gespielt und „Schweini", „Poldi" und Miro zaubern auf engstem Raum. „It übertreiba", ruft einer der Fußballsachverständigen und Johannes meint: „Etz wennt se de Ball ins Tor neitraga."

17.47 Uhr: Die Show ist zu Ende. Jubel, Fahnenschwingen, das Lärmen der Tröten. Markus und Ewald singen: „Wir fahren nach Berlin, wir fahren nach Berlin." Ihr Kumpel Marcel gibt zu bedenken: „Dia sind doch scho in Berlin", aber der Einwand geht ziemlich unter. Markus singt unverdrossen: „So sehen Weltmeister aus." Klaus meint: „Do ka no viel bassiera. Ma braucht au 's Glück dazu."

Erinnerungen an das „Wunder von Bern"

Die ganze Verwandtschaft musste Margarine essen

Im Juli 2004 ging eine kollektive Erinnerungswelle durchs Land: Das „Wunder von Bern" war 50 Jahre danach noch einmal Topthema. Der Torschrei des Radio-Reporters wurde wieder und wieder eingespielt, das 3:2 noch einmal in das visuelle Gedächtnis der Nation eingebrannt. Der Aulendorfer Gerhard Uhrig besitzt heute noch ein Sammelalbum mit den Bildern der Helden von 54.

Gerhard Uhrig war damals 16, hat selbst aktiv gekickt – beim VfR Frankenthal in der Pfalz – und war natürlich ein großer Fan der Pfälzer Fußball-Helden. Nicht weniger als fünf Kicker des 1. FC Kaiserslautern hatte Trainerfuchs Sepp Herberger in die Nationalmannschaft berufen, dazu noch Torhüter Kubsch vom FK Pirmasens. Der sportliche Uhrig – er betrieb auch Leichtathletik – war befreundet mit „Biene" Krauser, dem starken Halbstürmer des VfR Frankenthal. Frankenthal spielte mit Saarbrücken, Worms, Mainz und Kaiserslautern in der höchsten Liga, der Oberliga Südwest. „Einmal", berichtet Uhrig noch heute mit spürbarem Stolz, „einmal haben wir den amtierenden Deutschen Meister Kaiserslautern geschlagen. Vor 20 000 Zuschauern!"

„Biene" hatte ein Radio-Geschäft und so saß der 16-jährige Gerhard Uhrig am 4. Juli 1954 mitten unter der Ersten Mannschaft des VfR und starrte wie gebannt auf einen kleinen schwarzweiß flimmernden Bildschirm. Uhrig berichtet: „Wir saßen auf Cola-Kisten und waren sehr aufgeregt. Wird es wieder eine Klatsche geben wie beim 3:8 in der Vorrunde? Gleich zu Beginn der Doppelschlag – 0:2. Wir waren fassungslos. Ist alles schon vorbei?" Dann die Wende, der Ausgleich noch vor der Pause. „So was gibt's nur im Fußball. Wir hatten schweißnasse Hände." Als dann Rahn den Siegtreffer markiert, liegen sich alle in den Armen. „Ein unglaublicher Tag. Die Siegesschreie vergesse ich nie."

Es war noch während der WM, da sagte seine Mutter: „Beim Milchverkauf gibt es Sammelbilder." Für ein halbes Pfund Margarine gab es zwei kleine Schwarz-Weiß-Fotos mit Spielszenen von der Weltmeisterschaft. „Onkels und Tanten, die ganze Verwandtschaft musste Margarine essen, damit ich zu meinen Bildern kam." Die Bilder waren nicht in die Margarine-Packung integriert, sondern wurden lose abgegeben. „Ich durfte bei Frau Kirschner in der Schachtel kramen, bis ich die passenden Bilder gefunden hatte." So konnte er Dopplungen vermeiden und nach einem halben Jahr hatte er alle 80 Fotos beisammen, die akkurat in ein Sammelbuch eingeklebt wurden. Das Buch konnte man über die Margarine-Firma für etwa drei Mark erwerben. Den kompletten Sammelband hütet Uhrig noch heute wie einen Schatz.

Adolf Laternser, damals 17, hat das Spiel am Radio verfolgt. Bei seinem Schwager Alfons Kurfürst in der Zollenreuter Straße in Aulendorf hörte er die Übertragung. „Nach dem 0:2 haben wir nicht mehr an den Sieg geglaubt." Laternser, ein leidenschaftlicher Sammler historischen Materials aller Art, hat gleich nach dem WM-Triumph ein Album angelegt. Eine chemische Fabrik aus Sulzbach-Rosenberg („Kau mit – mit Kauvit!") hatte ihren Kaugummi-Päckchen farbige Bilder der Helden beigegeben und die hat er – zusammen mit Zeitungsartikeln – in einen roten Kunstleder-Folianten geklebt. Über die 50 Jahre sind immer neue Zeitungsartikel in das Album gekommen, Geburtstagselogen („Der Boss wird 70"), Nachrufe („Trauer um Posipal"), Rückblicke.

Zum 50-jährigen WM-Jubiläum hat Adolf Laternser ein ganz besonderes Gedenkblatt angelegt. Die farbigen Kaugummi-Bildchen hat Sohn Michael in den Computer eingescannt und in der Endspiel-Aufstellung angeordnet – von Linksaußen Hans Schäfer bis zu Torwart

Hütet seinen Fußball-Sammelband von 1954 wie einen Schatz: Gerhard Uhrig.

Foto (2007): Veronika Moser

Toni Turek, von „Boss" Rahn bis Stopper Liebrich. Bis auf Schäfer, Ottmar Walter und Horst Eckel sind alle nicht mehr am Leben und so hat Adolf Laternser getreulich die Todesdaten hinzugeschrieben. Auch beim „Chef". Unten rechts auf dem DIN-A3-großen Ausdruck ist der Todestag von Sepp Herberger genannt (28. 4. 1977). Der ganzen Anordnung hat Laternser noch den Endspiel-Bericht der „Schwäbischen Zeitung" vom 5. Juli 1954 beigegeben („Sensationell endete das FIFA-Weltmeisterschaftsturnier …").

Als Hubert Oswald, damals 15, erfuhr, dass die Helden im Triumph-Zug von Singen nach Lindau fahren würden, da hielt es ihn nicht mehr. Zusammen mit drei Freunden radelte er von Aulendorf nach Friedrichshafen. Und tatsächlich: Die WM-Sieger waren auf dem Bahnhofsvorplatz. Oswald: „Es war ein tolles Erlebnis. Auch wenn ich von ‚meinem' Toni Turek nicht viel gesehen hab' – wir waren dabei." Da hatte der 15-Jährige plötzlich eine Idee: „In der Paulinenstraße ist doch ein Bahnübergang. Wenn der Zug nach Lindau weiterfährt, können wir die Mannschaft noch einmal sehen." Gesagt, getan. Rauf auf die Räder und ab zur Paulinenstraße. „Dort gingen auch schon die Schranken runter und wir waren in der ersten Reihe – wie heute bei ARD und ZDF. Der Zug näherte sich im Schritt-Tempo, die Fenster waren offen und unsere Idole – Fritz und Ottmar Walter, Rahn, Turek, Posipal, Morlock und Eckel (die anderen waren wohl auf der anderen Seite) fuhren hautnah an uns vorbei." Weltmeister-Sieg und Empfang auf dem Bahnhofplatz seien tolle Erlebnisse gewesen. Aber die Begegnung am Bahnübergang sei das Größte gewesen. „Wir waren so glücklich, dass die 40 Kilometer Heimfahrt bergauf wie im Flug vorbeiging. Daheim hatten wir natürlich viel zu erzählen und das Gefühl, dass uns viele beneideten, weil wir dabei waren."

Zu seinem 65. Geburtstag bekam Hubert Oswald den Film „Das Wunder von Bern" auf Video geschenkt. „Da kamen wieder viele Erinnerungen hoch." Er hatte das „Wunder" seinerzeit im TV verfolgt: Bei Radio-Bauhofer, ebenfalls in der Zollenreuter Straße. Eine ganze Menschentraube habe am Schaufenster gehangen. „Gesehen hat man wenig, aber man war dabei."

Hannelore Nussbaum, Autorin eines Büchleins über Maria Menz

Von Martin Walser hat sie
den Ehrentitel „Die Bewahrerin"

Menz. Maria Menz – der Name gilt etwas in Oberschwaben. Rieck – auch dieser Name hat Klang. Historisch Beflissene wissen, dass die Buchhandlung am Eisenbahnknoten Aulendorf einst eine oberschwäbische Drehscheibe des Geistes war (und ist). Und Nussbaum? Ein Name, den man sich merken muss. Auch, weil Martin Walser, der Präceptor Sueviae, Hannelore Nussbaum den Ehrentitel „Die Bewahrerin" verliehen hat. Dafür, dass sie das Andenken an Maria Menz hochhält. Dafür, dass sie ein kleines feines Buch über die Menz geschrieben hat. Im November 2002 hat Hannelore Nussbaum in der Buchhandlung Rieck daraus gelesen und über die Dichterin von Oberessendorf gesprochen.

„Die Naturgedichte dürfen nicht in Vergessenheit geraten": Hannelore Nussbaum bei ihrer Lesung in der Aulendorfer Buchhandlung Rieck im November 2002.   Foto: Gerlinde Keser

Ein grau marmorierter moderner Lesetisch, darauf eine brennende Kerze. Bücher. Ringsrum Bücher. Das Etui der Lesebrille hat dieselbe Farbe wie ihr Longjacket. Blau. Sehr chic. Chic ist auch der eigenwillig geschnittene Ledersessel, der für einen älteren Herrn unter den Zuhörern herangerückt wird. Und auch die buntfarbenen Holzstühle sind ganz im Trend. Dann beginnt Hannelore Nussbaum zu lesen. Und zu erzählen. Und vor dem geistigen Auge der kleinen Menz-Gemeinde, die sich bei Rieck zusammengefunden hat, ersteht die kleine Bauernstube in Oberessendorf.

„Fliegen surrten an den beiden kleinen Sprossenfenstern und versteckten sich in der Fältelung der blütenweißen Gardinen. Ein paar Strahlen der Nachmittagssonne zogen über die halbhohe Wandvertäfelung. Gaben dem honigfarbenen Holz Wärme. Ein Lehnstuhl mit grünem Samtbezug fiel mir auf. Er stand gleich neben dem Kachelofen. Maria Menz nannte ihn ‚Denkstuhl'. Neben der Kommode war noch Platz für ein schmales Tischchen, darauf eine Schreibmaschine." Es war der 11. August 1988, als sich die Literatur-Elevin aus der Stadt und die Laureatin vom Dorfe erstmals trafen. Ein paar ihrer lyrischen Versuche wollte Hannelore Nussbaum der 85-jährigen Dichterin vorlegen und die hatte vorab eine halbe Stunde zugestanden. An jenem Tag im August wurden anderthalb Stunden daraus; es war der Beginn einer siebenjährigen Freundschaft. „Ihre Gedanken sind gut", sagte damals Maria Menz, „aber ich kann mit der freien Form, so ganz ohne Punkt und Komma, nichts anfangen. Ich schreibe meine Lyrik in Reimen."

Was ist Information, was Indiskretion?, hatte Hannelore Nussbaum sich gefragt, als sie ums Jahr 2000 ihre Erinnerungen an Maria Menz aufzuschreiben begann. Darf man von Spannungen im Geschwisterhaus sprechen, davon dass Beta, die den Haushalt führende Schwester, draußen in der kalten Küche hockte, während drinnen am Kachelofen literarische Gespräche geführt wurden – mit Martin Walser etwa oder mit Pfarrer Dr. Beck? Oder ihr Verhältnis zum Dorf: „Flach" sei es hier, habe sie einmal geäußert und damit keineswegs die Topografie gemeint, berichtet Frau Nussbaum. Einer

Maria Menz auf dem Fillebänkle vor dem Geschwisterhaus in Oberessendorf (fotografiert von Rupert Leser im Spätsommer 1986). In dem warmen, kleinen Haus entstanden Zeilen wie diese:

Es war ein Reis von Intellekt
vom Vater her in ihr.
Das Übrige war arm und matt,
war Mühsal dort und hier.
Das Reis inmitten strebte auf.
Die Krone aus dem Stamm
hat Bluhst und Früchte als das Wort,
herrscht kräftig wundersam.

aus dem Dorf wiederum hatte gegenüber dem ZDF zu Protokoll gegeben: „Des isch a Dichtere. Dia schreibt. Aber mir hend koi Zeit zom Dichta. Mir mend schaffa." Lange blieb die für die Schublade Schreibende unverstanden, unerkannt. Erst mit 64 Jahren wurde sie vom Wangener Literatenzirkel um Walter Münch entdeckt; Martin Walser hatte das Menz-Debüt spontan als pfingstliches Ereignis empfunden, bekannte er 1981 in der Zeitschrift „Allmende".

Wie im Nussbaum'schen Buch so auch bei der Lesung: Auf biographische Skizzen folgen Rezitationen. „Ich sehe Deine ragende Gestalt / stets durch die Schleier meiner Dinge dämmern. / Die Dinge werden dünn und greisenalt, / und näher hör ich Deinen Anspruch hämmern."

Das Gottesbild der Gottessucherin will Hannelore Nussbaum („Gottvater war ihr Zentrum") fassen und auch die Natur- und Tierliebe der im Bäuerlichen wurzelnden Lyrikerin vermitteln. „Die Naturgedichte dürfen nicht in Vergessenheit geraten", sagt Hannelore Nussbaum und spricht das Gedicht von der Wolke. „Wer meine Lyrik zu lesen versteht, der hat meine Biografie", habe ihr Maria Menz auf die Frage geantwortet, ob sie nie daran gedacht habe, eine Autobiografie zu schreiben.

Immer wieder pendelt Hannelore Nussbaum zwischen hoher Literatur und dem Alltag im Geschwisterhaus. Und das macht den Reiz ihres Vortrages aus. Sie schildert die hohe Esskultur der einfach Lebenden („Immer Suppe vorneweg, immer ein Nachtisch, vielleicht nur ein Kompott, aber immer etwas"), schildert, wie sie, die Stadtfrau, am Herdfeuer hantiert und Reisbrei macht und sich beschenkt fühlt. Den Elektroherd habe die alte Frau nicht gemocht – genausowenig wie „Maschinenmilch". Als der Nachbar eine elektrische Melkmaschine anschaffte, verhandelte Maria Menz mit ihm, ob er für sie nicht noch eine Kuh von Hand melken könne.

Ob Maria Menz ein politischer Mensch gewesen sei, will der Herr im modischen Ledersessel wissen. Gesellschaftliche Grundsatzfragen seien ihr wichtig gewesen, antwortet Frau Nussbaum und nennt als Beleg das Gedicht „D'r Alt", das sich mit der Kraft der Mundart gegen Abtreibung und Sterbehilfe stemmt. Mittels Zeitung

und Fernsehen habe sie sich auf dem Laufenden gehalten und – auch wenn sie sich übers TV-Niveau echauffieren konnte – dann und wann den Knopf nicht gefunden.

„Wir waren wie Mutter und Tochter. Und trotzdem per Sie." Während Hannelore Nussbaum, Frau eines Architekten in Bad Schussenried, in Maria Menz die Dichterin verehrte, meinte diese, obwohl selbstbewusst und mitunter kantig, vielleicht gesellschaftliche Schranken zu spüren. Als Maria Menz starb, wurde Hannelore Nussbaum von den Verwandten gebeten, ein Gedicht für die Todesanzeige auszuwählen. „Eines von 900? Eines, stellvertretend für alle!" Frau Nussbaum wusste um die Schwere der Aufgabe. Doch als ob sie von der rauen Stimme der Dichterin gerufen wurde, fand sie, wie geführt, das passende Gedicht:

Dunkler Bote, mehr als einmal da,
lange Furcht vor seinem Schweif der Peinen,
sich verflechtend mit dem überfeinen,
stillen, müden Leben.

Was geschah?
Unhörbar kam er zur Schlummerzeit
und vollzog in sanftester Berührung
in drei Atemzügen die Entführung
in die Ewigkeit.

„Die offene Tür" – diesen Titel hat Hannelore Nussbaum ihrem Buch gegeben, in dem die letzten sieben Jahre der Maria Menz aufscheinen. Das Büchlein der Autorin aus Bad Schussenried hat nur 111 Seiten, doch man kann erspüren, wie Maria Menz war. Martin Walser spricht im Vorwort von einem Werk der Bewahrung. „Die offene Tür" ist eine Collage aus buchenscheitknisternden Erinnerungsstücken und aus feinfühlig eingestreuten Menz-Gedichten, zum Teil unveröffentlichtes Material. Tiefreligiöses ist darunter, Naturlyrisches, Lebenswichtiges. Nachrufe hat Hannelore Nussbaum dazugetan, 14 Fotos daruntergemengt. Fotos vom Geschwisterhaus in Oberessendorf, von der alten Schreibmaschine unterm Kruzifix, vom 92. Geburtstag, von der Zeit der Menz als Krankenschwester in Leipzig (1930 bis 1937), von Martin Walser als Laudator, auch ein Gruppenbild mit den Schwestern. Und auf Seite 27 findet sich ein besonderer Ausweis ihrer Frauen-Freundschaft: das Gedicht „Der Nussbaum". „Ein schneller Einfall", wie Maria Menz an Hannelore Nussbaum schreibt. Natürlich hat sich Maria Menz auch mit dem Schreiben der Hannelore Nussbaum befasst. Eine schriftliche Reaktion auf das mustergültige Nussbaum-Gedicht „Stufen" ist in dem Büchle abgedruckt (S. 53 ff.). Wichtiger noch aber war ihr die jüngere Freundin als Nachlasshüterin. Bis ins höchste Alter war die Dichterin produktiv und oft war sie in Sorge, dass ihre literarische Hinterlassenschaft eines Tages verstreut sein könnte. „Ihre Aufgabe wird es sein", sagte sie einmal, „mein Schriftgut in vollem Umfang einschließlich der Briefe von Martin Walser dem Archiv in Biberach zu übergeben. Ich vertraue auf Sie" (S. 67). Diese Bitte sprach sie sogar schriftlich aus (S. 80). Ein andermal, beim gemeinsamen Kruschteln in Schränken und Truhen im Oberstock des Menz-Häuschens, als die beiden Ehrungstexte und Hochrufe finden, Auszeichnungen und das Bundesverdienstkreuz, da sagt Maria Menz: „Das einzig Wichtige, um das meine Gedanken kreisen, ist jetzt noch das Sterben. Was habe ich, wenn ich vor dem Herrgott stehe, vorzuweisen …?" – „Vielleicht haben Sie sich mit Ihrer Lyrik das erschrieben, was zählt", antwortet die Jüngere. Sieben Jahre lang, bis zum Sterben der Maria Menz, hat Hannelore Nussbaum die verehrte Lyrikerin besucht, hat mit ihr diskutiert und disputiert, hat mit ihr Fährtle durchs geliebte Oberschwaben gemacht und am einfachen und doch so reichen Leben der drei Menz-Schwestern im kleinen Bauernhaus zu Oberessendorf teilgenommen. 111 Seiten hat das Büchle nur, doch man kann erspüren, wer Maria Menz war. Das Buch „Die offene Tür" wurde von der Biberacher Verlagsdruckerei herausgebracht und kostet – sofern noch verfügbar – ca. 13 Euro.

Besuch in Oberessendorf: Hannelore Nussbaum bei Maria Menz (stehend, rechts) und deren Schwestern Josephine (sitzend, links) und Beta.
Foto (1991): Siegfried Nussbaum

Wurstverkäufer Franz Rimböck

Der Tag,
als Reutlingen kam

Seit mehr als einem Vierteljahrhundert verkauft Franz Rimböck auf dem Fußballplatz Wurst und Wecken. Bei jedem Heimspiel der SG Aulendorf ist er mit seinen „Roten" dabei.

„14. August 1976. Es war am 14. August, des woiß i genau." Fred Ohlinger, auch er ein SGA-Urgestein, hat sich das Datum eingeprägt. Der Tag, als Aulendorf gegen Reutlingen spielte, als die kleine SGA den großen SSV herausforderte. Zwischen Aulendorf und Reutlingen hatten Fußball-Welten gelegen, aber jetzt spielten sie in ein und derselben Klasse, in der Schwarzwald-Bodensee-Liga, der höchsten deutschen Amateurklasse. 2400 Zuschauer wollten das Duell zwischen dem kecken Aufsteiger aus dem Schussental und den Traditionskickern von der „Kreuzeiche", soeben aus der Zweiten Liga abgestiegen, miterleben. 2400 Zuschauer und Franz Rimböck. Der hatte mit seinem Wurstverkauf aber alle Hände voll zu tun und vom Spiel nicht viel mitgekriegt.

Hans Frick, der legendäre SGA-Vorstand, traute dem Braten nicht so recht und hatte eine gute Idee. „Mir kicket it am Lehmgrubaweg, mir kicket em Kaschtana-Stadion." Im altehrwürdigen Kastanienstadion an der Stadthalle kannten die SGAler jeden Grashalm, die funkelnagelneue Arena draußen am Lehmgrubenweg dagegen war den Aulendorfer Kickern fast so fremd wie den Gästen. Denen wollte die Platzwahl gar nicht schmecken; Gästetrainer Fred Hoffmann griff an die Latte des SGA-Gehäuses und mäkelte, das Tor sei zu niedrig. „Des müsset mir genauso treffa wie ihr", gab der Frick Hans naus und das Spiel wurde angepfiffen.

Einmal, aber das war nicht im Reutlingen-Spiel, sind dem Rimböck Franz die Würste früh ausgegangen. Im Zeitungsbericht wurde das unter „Besondere Vorkommnisse" vermerkt. „Die Würst'", sagt Rimböck in seinem bayrisch angehauchten Schwäbisch, „dia dürfet scho ausganga. Aber erscht nach d'r Halbzeit."

Beim Kick gegen den SSV Reutlingen hatte die SGA zur Halbzeit ihren Kasten noch sauber. In der Pause hat es dann bei Franz Rimböck geklingelt. Es war sein allererster Tag am Wurststand – und dann gleich gegen Reutlingen! Sepp Brauchle, der damalige „Chef-Wurstverkäufer", hatte schon gewusst, was er tat, als er kurz vor dem Reutlingen-Spiel zum Rimböck Franz sagte: „Franz, du kenntescht mir doch helfa." Und so haben sie die vielen hungrigen Fans satt gekriegt, der Sepp und der Franz und die anderen Helfer.

Franz Rimböck reicht seinem alten Kumpel Fred Ohlinger am SGA-Wurststand eine „Rote" (Saison 2003/04).
Foto: Gerlinde Keser

Fred Ohlinger, der drei Jahrzehnte lang Pressewart der SGA-Fußballer war, hat in seinen Ordnern das Auf und Ab seiner Kicker fein säuberlich verzeichnet. Doch für die Aufstellung gegen Reutlingen brauchen Fred Ohlinger und Franz Rimböck keinen Ordner. „Des war a erschtklassige Truppe domols", schwärmen die beiden. Im Schnitt hatte die SGA in der Schwarzwald-Bodensee-Liga 1100 Zuschauer und der Rimböck Franz entsprechenden Umsatz an der Wurstbude. „So en Mittelstürmer wia de Neuburger Sepp homm'r nia meh ghett. Der und d'r Bruno Nußbaumer – oifach ideal. D'r Bruno hot dia Bäll neiglupft ond d'r Sepp hot se versenkt." 62 Mal allein im Aufstiegsjahr 75/76, weiß Fred Ohlinger. Ergänzt wurde die Tormaschine Sepp Neuburger von Uli Failenschmid und Rüdiger Kolip und so schaute am Ende für den Neuling ein sensationeller fünfter Platz heraus. Trainer war der Bad Waldseer Gymnasiallehrer Emil Kaphegyi.

„Im Tor war Richard Frey, in der Verteidigung Erwin Nußbaumer, Klaus Bachner, später Herbert Sauter und Hermann Nold, im Mittelfeld Bernhard Böckeler, Hans Frick jun., Manfred Schaden, später Winne Hummler" – Franz Rimböck kennt die Aufstellung der Aulendorfer Schwarzwald-Bodensee-Mannschaft so gut wie seine Speisekarte.

Die Jugendarbeit lag Rimböck immer sehr am Herzen. Als die beiden Buben des gebürtigen Niederbayern (er hatte 1961 nach Aulendorf geheiratet und hier als Metzgermeister 24 Jahre lang in der Tierärztlichen Untersuchungsanstalt gearbeitet) in die SGA-Jugend aufrückten, da machte er den Jugendbetreuer. Ende der 1970er veranstaltete die SGA einmal ein A-Jugendturnier. Gezeltet wurde in Rugetsweiler, abends machten die „Snoopys" Musik. Auch internationale Gäste waren geladen und die SGA-Führung war etwas skeptisch. „Kommet mir do scho raus?", wurde Franz Rimböck gefragt. „Wenn net, dann zahl i 's", gab der zur Antwort und das Turnier wurde ein Erfolg. Wurst und Cola für die Sieger, das spendierte aber der Franz; da ließ er sich nicht lumpen. Und der Gewinn, den Franz Rimböck in all den Jahren am Wurststand erwirtschaftet hat, wanderte stets in die Jugendkasse.

2003/04, als die SGA in der C-Klasse dümpelte, brauchte Rimböck nicht allzuviele Würste. „Jo, momentan sieht's bei de Kicker net so guat aus", stellte der 67-Jährige damals fest. „Dia müsstet halt meh Würst essa." Aber Fred Ohlinger und Franz Rimböck waren und sind Optimisten. „Der Franz wird au wied'r Bezirksliga-Würscht verkaufa. Do glaubet mir scho dra."

Nachtrag: Das Spiel gegen Reutlingen endete 0:0. Rimböck und Co. brachten an jenem Tag an die tausend Stück „Schwarzwald-Bodensee-Würste" unter die Leute.

Bernhard Bitterwolf

Die Stimme aus dem Off macht sogar Barny baff

Dass es Barny Bitterwolf mal die Sprache verschlägt, kommt eigentlich nie vor. Doch beim Konzert von „HeiliXblechle" in Haisterkirch im August 2005 war auch der große Zampano einmal baff.

Er ist ein Vollblutmusiker, Volksbildner aus Passion, Referent bei der Bauernschule, ein Hansdampf in allen oberschwäbischen Gassen, der beim Braunviehtag im Bauernhausmuseum Wolfegg genauso zur Klampfe greift wie bei der Hauptversammlung des Aulendorfer Geschichtsvereins „Traditio" – dort allerdings kredenzt er Revolutionslieder aus dem 19. Jahrhundert und macht deutlich, dass er sein Herz auf dem rechten Fleck hat: nämlich links von der Mitte. Die Rede ist von Bernhard („Barny") Bitterwolf, für den das vormärzliche „Die Gedanken sind frei" kein angestaubter Polit-Sang von anno Tobak ist, sondern immerwährende Aufforderung zur Grips-Gymnastik. Bitterwolf ist ein im Wortsinne Konservativer, der mit seinem Männerchor Haisterkirch altes Liedgut frisch aufbereitet, der alte Instrumente wiederbelebt (zum Beispiel den Piffel), der auch mal eine klösterliche Komposition aus dem 18. Jahrhundert abstaubt, der aber kein blutleeres Traditions-L'art-pour-l'art betreibt. Ein Abend mit Bernhard Bitterwolf strotzt vor Lebensfreude, ist oberschwäbisches Hier und Jetzt at its best.
Als Barny, beim Gastspiel seiner Bläser-Combo „HeiliXBlechle" im heimischen Haistergau in Hochform, in den proppenvollen Saal hinein fragt: „Ist eine Dame anwesend, die im September Geburtstag hat", da kommt eine Stimme aus dem Off und sagt: „Ich". Bitterwolf mustert die Leute im Saal, sieht aber keine dem fast schüchtern vorgebrachten Wörtchen „ich" zugehörige Person. Dann wirft er einen Blick zum Fenster hinaus, staunt über die dort klebende Menschentraube und macht das Geburtstagskind Hedwig – eine Dame mittleren Alters – ausfindig. Unter Aufbietung all seines Charmes – und

das ist nicht wenig – komplimentiert er die Frau herein in den Gemeindesaal des Haisterkircher Klosterhofes und herauf auf die kleine Bühne. Hier bewährt sich Hedwig zum Gaudium des Publikums an der Luftpumpe; Karl Merk, der Initiator der Haisterkircher 1200-Jahr-Kleinkunstreihe, munitioniert die Pumpe mit Propfen und Hedwig pustet die Stöpsel mit kräftigen Pumpstößen weg. Plopp macht das – und damit es genau an der richtigen Stelle ploppt, gibt Erzmusikant Barny Bitterwolf mit dem Fuß ein Zeichen. Das Publikum ist begeistert und zum Dank für ihr gekonntes Mittun schmachten die vier HeiliXblechle-Mannen ihr Spätzle-Schätzle-Liebeslied. Unter großem Beifall geht Hedwig von der Bühne.
Das ist eines der Geheimnisse dieser oberschwäbischen Unterhaltungskünstler (Karlheinz Vetter, Trompete, Flügelhorn; Eugen Maucher, Trompete; Thomas Räth, Posaune; Barny Bitterwolf, Bariton): Sie ziehen ihre Zuhörer rein, machen sie nolens volens zu Mitmachern. Einmal überreicht Barny den Damen in der ersten Reihe unter allerlei Verrenkungen und Verneigungen Plastikblumen („extra auf dem Rummel für Sie herausgeschossen"). Dann zelebriert Karlheinz Vetter einen schmusigen Blues und die Damen „überschütten" den Solisten auf Barnys Zeichen hin mit den paar Plastikblümchen.
Ja, auch das haben die Vier drauf: Selbstironie, die Bereitschaft, sich gegenseitig auf die Schippe zu nehmen. Sie necken sich, sie frotzeln und – sie musizieren wie der Teufel. Aus dem „Tiger Rag" machen sie das vierstimmig gesungene Liedle „Wo isch d' Katz na?" Die Arrangements sind großteils selbstgeschrieben und auf ihre Blasinstrumente zugeschnitten.

Die vier sind blendend aufeinander eingespielt und sprühen vor Musizierfreude. Für die 1200-Jahr-Feierlichkeiten griff HeiliXblechle Musik aus der Renaissance, dem Barock, der Klassik und der Gegenwart auf. Da gibt es regionalgeschichtliche Kostbarkeiten wie einen alten Liedsatz aus Bergatreute genauso wie den Welthit „Yesterday" von den Beatles, von Thomas Räth mit der Posaune kredenzt. Oder das pfiffig variierte „Auf der schwäb'sche Eisabahna", zu dem der ehemalige Haisterkircher Ulrich Wolf köstliche Karikaturen gezeichnet hat. Jürgen aus dem Publikum hielt die Zeichnungen hoch und wechselte die „Dias", wenn Barny Zeichen gab.

Zum Schreien komisch: die Hip-Hop-Polka von HeiliXblechle. Unterhaltungsmusik der heutigen Zeit muss natürlich im entsprechenden Outfit daherkommen. Handhaltung, Pudelmützen, die Hosen schlurfig – mit ein paar Kniffen wurde aus dem Bläser-Quartett eine Boygroup. Die tänzerischen Fertigkeiten, allen voran von Eugen Maucher, rissen das Publikum zu wahren Begeisterungsstürmen hin.

Zum Schluss ließ sich das Bläserquartett vom Publikum lauthals bestätigen „Bei HeiliXblechle, do isch's wunderschee!" und marschierte dann musizierend aus dem Saal direkt zur Theke, wo die Künstlerkehlen geölt wurden.

Oberschwäbisches Vollblut: Barny Bitterwolf (hier bei seinem 2005er-Heimspiel in Haisterkirch mit Karlheinz Vetter, Eugen Maucher und Thomas Räth / hinten, von links).

Foto: Veronika Moser

Verflossene Kinoherrlichkeit
„Gucka m'r de Film a oder gomm'r in d' Loge?"

Wenn Wolfgang Schmid, das Aulendorfer „Urgestein", und Angelika Reich, seine Schwester, und deren Mann Bruno Reich zusammenhocken und wenn sich dann noch Josef Mütz, auch er ein Ur-Aulendorfer, hinzugesellt, dann geht's meist lustig her und nicht selten schwelgt man in Erinnerungen: „Woisch no, wia des domols war mit eisrem Kino z' Auladorf?"

„Sepp, heit Obend muasch wied'r ins Kino!" Immer wenn Wolfgang Schmid diesen Stoßseufzer an seinen Spezl Josef Mütz richtete, war es wieder einmal soweit: Wolfgang, ein Musikus und Charmeur von hohen Graden, Sohn aus besserem Hause mit ein bisschen Geld in der Tasche, hatte „'s Griss", war also begehrt bei den Mädchen, und das ließ ihn mitunter leichtsinnig werden; öfters nämlich kam es vor, dass er gleich mehreren unter Aulendorfs Schönen ins Ohr flüsterte: „Sonntags im Park" und dann musste ihn halt „Mütza Sepp" wieder rauspauken. Wolfgang marschierte zu Vater Konrad Schmid oder zur Mutter Rosamunde, holte sich vier, fünf Freikarten und sagte: „Sepp, heit Obend muasch wied'r ins Kino!" Josef Mütz, seines Zeichens Pfarrjugendführer, hatte das Vertrauen der Mütter und brachte die Mädchen nach dem Trost-Film brav nach Hause. Und der Schmid Wolfgang war aus dem Schneider.

Das ist eine der vielen, vielen Anekdoten, die sich um das „Schloss-Theater" ranken, das Kino, das die Familie Schmid von 1952 bis etwa 1967 in der Kornhausstraße (heute ein Auto-Haus) betrieben hat. „Mütza Sepp", der sittsame Pfarrjugendführer, wusste schon auch, wo im Kino die begehrtesten Plätze waren: ganz hinten nämlich. „Gucka m'r de Film a oder gomm'r in d' Loge?" sei seinerzeit ein geflügeltes Wort gewesen und einige Kino-Liebschaften hätten sogar zeitlebens gehalten. So etwa die Liaison seiner Schwester Rosa, deren Norbert jeden Abend geduldig gewartet habe, bis die Rosa, die im Kino als Kartenabreißerin und Platzanweiserin gearbeitet hat, mit dem Dienst fertig war.

Angelika Reich, des Kinobetreibers Tochter, erinnert sich auch noch gut, wie „Mütza Rosl" Zu-Spät-Gekommene mit der Taschenlampe in den Kino-Saal hineingeleitet hat. Viele kamen nämlich planmäßig zu spät, um sich das trockene Vorprogramm zu ersparen, als da war: 1. Werbung („Isch oft a Vierteljohr lang glaufa, hot ma scho auswendig kennt"), 2. die Wochenschau („Fox tönende Wochenschau" war in Aulendorf „dritte Folge", lief also erst in vorrangigen Kinos andernorts und drei Wochen (!) nach den Ereignissen dann in Aulendorf) und 3. der gut zehnminütige „Kulturfilm", der zur Hebung der Volksbildung gedacht war und der dem Kinobesitzer die Vergnügungssteuer ersparte. Das Stadt-Steueramt habe penibel geprüft, ob die Bedingungen für den Erlass der Vergnügungssteuer erfüllt sind, wozu neben dem Vorführen eines Kulturfilmes auch Streifen mit Prädikat „Wertvoll" gezählt haben.

Es gab auch Kulturfilme ohne erhobenen Zeigefinger. „Mein schönster Kulturfilm", erzählt Wolfgang „Lupo" Schmid, „war der Zusammenschnitt des 2:0-Sieges der deutschen Fußballnationalmannschaft gegen Österreich in Wien". „Des muass no vor '54 gwesa sei", schätzt „Lupo". Und Angelika Reich erinnert sich an die Krönungsfeierlichkeiten in England 1953, die in der Wochenschau – klar, drei Wochen nach der Thronbesteigung durch Elizabeth – gezeigt wurden. „Do isch koiner z' spät komma."

Mutter Mütz war eine leidenschaftliche Kinogängerin, sie hatte Humor und sonntags – das war Ritual – rauchte sie eine Zigarre, die ihr Mann ihr anzünden musste. Vater Mütz war

Bruno Weiland (1925 – 2006) betrieb von 1953 bis 1967 das „Filmtheater Kißlegg". Unsere Aufnahme, entstanden 2005, zeigt ihn mit der Kinomaschine „Ernemann VII A" (Baujahr 1939), die er nach dem Zweiten Weltkrieg gebraucht erworben hatte. Ab 1950 führte Weiland in Kißlegg Filme vor, zunächst in der Turnhalle; den Auftakt machte er am 23. April 1950 mit dem Spielfilm „Das Dschungelbuch". Ein weiterer Projektor, eine „Ernemann II", ermöglichte ab 1951 die Vorführung der Filme ohne Pausen für den Spulenwechsel. 1953 eröffnete er in der Bahnhofstraße (heute Schloss-Straße) sein neuerbautes „Filmtheater Kißlegg". Der Kinosaal mit noch drei Reihen der Originalbestuhlung ist heute noch vorhanden, von Sohn Thomas Weiland detailgetreu restauriert; das alte Kißlegger Kino wird seit 2005 im Rahmen des „Kulturkaleidoskops" wieder für Filmabende genutzt.   Foto: Henry M. Linder

Das von Erwin Späth 1939 erbaute Aulendorfer „Schloss-Theater" wurde von der Familie Schmid von 1952 bis ca. 1967 betrieben. Bereits 1927 hatte der Aulendorfer Bäckermeister Julius Schlichte in Aulendorf einen ersten Kinosaal gebaut. Diese Außenansicht des „Schloss-Theaters" (heute ein Auto-Haus) stammt wohl aus den 1960er-Jahren.   Foto: Archiv Laternser

in St. Martin Kirchenvogt, er hatte eine blau-rote Uniform und einen Stecken mit goldenem Knauf und stupfte damit der ungezogenen Jugend schon mal während der Messe auf den Buckel, wenn es nottat. Natürlich hatte er darob seinen Spitznamen weg: „D'r Steckeles-Ma" wurde er geheißen und wenn er mit seiner Frau in Schmids Kino ging, dann rächten sich die Lausbuben und warfen mit Papier-Kügele nach dem „Steckeles-Ma". Vater Mütz machte das

nicht viel aus, er pflegte im Kino zu schlafen, aber Mutter Mütz, der große Film-Fan, fühlte sich gestört.

So mancher der Lausbuben war übrigens gratis ins Kino gekommen, denn Rosamunde Schmid hatte ein weites Herz. Noch heute sagen ältere Aulendorfer zu Wolfgang Schmid: „Mei, wenn dei Mutter it gwäa wär, mir wäret nia ins Kino komme."

Putzmuntere Tradition
Mützens Musikanten erfreuen Stadt und Land

Josef Mütz kann stolz sein: Das pünktlich zum 25-jährigen Bestehen des Blasmusikkreisverbandes Ravensburg im Herbst 2002 herausgekommene Festbuch ist ein beeindruckendes Zeugnis quicklebendiger und traditionsbewusster Regionalkultur.

Ein halbes Jahr lang war Rektor i. R. Josef Mütz in die Rolle eines Redakteurs geschlüpft, hatte Texte angefordert, Bilder besorgt, in Protokollen und Chroniken gewühlt. Mütz hat Bilanz gezogen und die Bilanz nach 25 Jahren kann sich sehen lassen. Dokumentiert ist all das in einem respektablen 160-Seiten-Buch, das Spiegelbild eines putzmunteren Verbandes von 7500 Musikanten ist. Jede der 109 Musikkapellen im Kreis ist in dem Werk auf einer eigenen Seite vertreten, mit einem repräsentativen Farbfoto und Texten, die die Geschichte des jeweiligen

Josef Mütz ehrt den Haidgauer Saxophonisten und Instrumentenwart Franz Brauchle für 50-jähriges Mitwirken bei der Blasmusik (November 2006). Mütz' Liebe gilt auch der Kirchenmusik. Seit 1964 leitet er den Kirchenchor in der Pfarrkirche St. Felix und Adauctus in Fleischwangen; 2003, als seine Frau Aenne Mütz nach 39-jährigem Dienst als Organistin krankheitsbedingt aufhören musste, übernahm er auch diese Aufgabe. Das Buch „Blasmusikkreisverband Ravensburg – 25 Jahre – 1977 – 2002" ist mittlerweile vergriffen. Foto: Uli Gresser

„Klangkörpers" darstellen. Und hier begann des Redakteurs saure Pflicht: 100, 150, ja in einem Falle 238 Jahre in 60, 80 oder höchstens 100 Zeilen abzubilden – das erforderte die hohe Kunst des Kürzens und Komprimierens. Schulmann Mütz, ein Meister des Wortes, auch des gesprochenen Wortes, hat die Aufgabe mit Bravour gelöst.

Doch das Buch ist mehr als eine Sammlung von Vereinschroniken von Achberg bis Zussdorf. Es ist so etwas wie eine Präambel, ein Leitmotiv. Mütz, Vorsitzender des Verbandes seit 1996, schreibt in seinem Vorwort: „Das Gemeinschaftsleben in unseren Dörfern und Städten ist ohne die Musikvereinigungen gar nicht mehr denkbar." Das Eigenleben vieler Ortschaften, die durch die Gemeindereform ihre Selbstständigkeit verloren haben, sei Dank der traditionsreichen Vereinigungen, die eine tragende Rolle sowohl im weltlichen als auch im kirchlichen Leben der jeweiligen Kommunen spielten, weiter am Blühen. Mit Stolz vermerkt Josef Mütz, dass seine 109 Vereine – organisiert in den zwei Arbeitsbezirken „Allgäu" und „Schussen" – keinerlei Nachwuchssorgen kennen. Im Eingangsteil, in dem sich Grußworte von Rudolf Köberle, dem Präsidenten des Blasmusikverbandes Baden-Württemberg, und von Landrat Widmaier finden, lässt Josef Mütz die 25 Jahre Revue passieren, erinnert an die vielen Musikfeste, stellt die ambitionierte Jugendarbeit und – nicht zu vergessen – die engagierte Seniorenarbeit heraus, erläutert die Symbolik der Verbandsfahne (geweiht 1985), schreibt, wie es zum „Allgäu-Schussen-Marsch" gekommen ist, der von Hans Hartwig 1997 komponiert wurde. Besonders gut gelungen sind ihm die feinfühligen Porträts der Blasmusik-Pioniere Sepp Mahl, Eugen Traub und Walter Freudigmann. Das Lebensmotto Traubs – „Singen und Dienen" – ist wohl typisch für alle drei.

Dem fertigen Buch sieht man die Mühen des Werdens nicht an. Josef Mütz hatte bei der Herstellung einen Mann vom Fach zur Seite: Karl Musch. Der Blasmusiker und Schriftsetzer mit Leib und Seele hatte in seinem jahrzehntelangen Dienst bei Liebel in Bad Waldsee so manches Buch mit auf den Weg gebracht – aber vielleicht keines, an dem er mit so viel Herzblut hängt. Musch nämlich ist nicht nur als Gestalter des reich bebilderten Werkes genannt; er war auch lange Jahre der Erste Vorsitzende der Bad Waldseer Stadtkapelle.

In Oberschwaben fest verwurzelt: Blasmusik.
Foto (undatiert): Rupert Leser

Abschied von der U12-Crew
„Unser Dampfer ist die gute Laune"

36 Jahre lang hatte das oberschwäbische Städtchen Aulendorf eine U-Boot-Patenschaft. Im Sommer 2005 reiste eine Abordnung aus Aulendorf nach Eckernförde und nahm Abschied von U12: Das alt gewordene U-Boot wurde verschrottet. Wir haben die Abschiedsfeier am 1. Mai 2005 in Aulendorf besucht. „Das Leben ist ein Würfelspiel" sangen Aulendorfs Marinechor und die U12-Besatzung in Rehms Garten in Steinenbach.

Der Marinechor entbietet an jenem schönen Maitag des Jahres 2005 den ersten musikalischen Gruß. Aufgereiht vor der Fachwerkkulisse des Backhauses, das die Familie Rehm aktiviert hatte, um ihre köstlichen Dinneten herauszubacken, singen die Aulendorfer „Grüße von der Waterkant", und bei der Zeile „Senden wir ins Binnenland" summt Andreas Marzinek vernehmlich mit. Marzinek ist der Kommandant des U-Bootes. In Aulendorf war er schon sechs- oder siebenmal. „Nur schöne Stunden habe ich hier erlebt", sagt er, „und echte Freundschaften gefunden." Seit 13 Jahren tut der 38-Jährige auf U12 Dienst und wenn er am 14. Juli im Marinearsenal in Wilhelmshaven Wimpel und Flagge niederholen lässt, dann wird ihn das ganz hart ankommen. „Meine schwerste Aufgabe", sagt er und will noch gar nicht daran denken.

Marinearsenal – das heißt Endstation, das heißt das Aus für ein Kriegsschiff wie U12, das nun 36 Jahre auf dem Buckel hat. Die Mannschaft, 27 Seeleute, sei schon verteilt, alle hätten neue Dienstposten, berichtet der Kommandant. „Manche gehen an Land, andere wechseln auf andere U-Boote." Auch er, dessen Vater einst geraten hatte, „geh nie in ein U-Boot", auch Andreas Marzinek wird weiter zur See fahren. Er kann davon nicht lassen und solange der strenge Medizin-TÜV Grünes Licht fürs Fahren auf ho-

her See und unter der Wasserkante gibt, solange will er dabeibleiben.

Die Patenschaft zwischen Aulendorf und dem U-Boot U12 war 1968 recht zufällig zustande gekommen. Als Hans Frick, Heinz Lang und die anderen Aulendorfer Marinefans im Oktober 1968 in Kiel mit der „Holnis"-Besatzung Abschied feierten – die Patenschaft mit dem Minensuchboot hatte Hans Frick das Jahr zuvor eingefädelt – da stießen um ca. 22 Uhr Besatzungsmitglieder des nigelnagelneuen U-Bootes U12 hinzu. Die hatten noch keine Paten und den Aulendorfern war gerade ihr – ausrangiertes – Patenschiff abhanden gekommen; ein munteres Wort gab das andere und bereits am 14. Januar 1969 standen die Aulendorfer wieder am Pier in Kiel: Als Paten bei der Indienststellung „ihres" U-Bootes. Von 1969 bis 1998 war Kiel der Heimathafen von U12, die letzten sieben Jahre lag das U-Boot in Eckernförde – wenn es nicht gerade auf Großer oder Kleiner Fahrt war.

Hans Frick, der unvergessene Vorstand der Aulendorfer Marinekameradschaft und Chef der SGA-Fußballer, war selbst zur See gefahren – „wie so viele Süddeutsche", erläutert Klaus Wekenmann, ein großer Freund der Aulendorf-Eckernförde-Connection, beim Abschiedsabend in Steinenbach. Nach dem Ersten Weltkrieg habe sich in Aulendorf ein Seemannsstammtisch gebildet, wirft Wekenmann den Blick zurück auf

Seemannslieder vor oberschwäbischer Backhaus-Kulisse: Der Aulendorfer Marinechor und die Besatzung des U-Bootes U12 singen in Rehms Garten in Aulendorf-Steinenbach wehmütige Weisen. Ganz links Andreas Marzinek, der letzte Kommandant des U-Bootes U12.
Foto (1. Mai 2005): Veronika Moser

Die letzte Fahrt. Eine Abordnung aus Aulendorf nimmt am Pier von Eckernförde Abschied von U12 (20. Juni 2005).
Foto: Gernot Kühl
(Eckernförder Zeitung / shz)

die Anfänge. 1927 sei dann die Marinekameradschaft gegründet worden, aus der 1967 auf Fricks Anstoß hin der Marinechor hervorging. Erster Chorleiter war Wolfgang Schmid. Günther Schoch führt heute den Taktstock.

Natürlich blieb die Patenschaft Aulendorf-U12 keine Einbahnstraße. Öfters machte sich eine Abordnung aus Aulendorf auf den Weg gen Norden und dort war – bei aller Geselligkeit und allem Festesfrohsinn – immer ein gemeinsames Innehalten am Marineehrenmal Laboe und am U-Boot-Ehrenmal in Möltenort Bestandteil des Programmes. Nicht weniger als 36 000 deutsche U-Boot-Soldaten waren in den beiden Weltkriegen umgekommen. „Ich kann meinen Vater schon verstehen, dass er mir vom U-Bootfahren abgeraten hat. Er ist einer aus der Kriegsgeneration. Aber jetzt ist Frieden", sagt Andreas Marzinek.

Im Juni 2005 ist letztmals eine offizielle Delegation aus Aulendorf nach Eckernförde zum U-Boot U12 gereist. Nach der „Kieler Woche" trat U12 seine letzte Reise an – hinunter nach Wilhelmshaven zum Schiffsfriedhof.

Am 1. Mai bei den gastlichen Rehms hatte man solch düstern Gedanken aber keinen Raum gelassen. „Unser Dampfer ist die gute Laune", sang man und: „Keine Frau ist so schön wie die Freiheit." Beschwingt ließ man das letzte große Aulendorf-Wochenende ausklingen – am Vorabend des 1. Mai hatten Marzineks Mannen beim Maibaumstellen mit Hand angelegt – und der Kommandant ließ keine Betrübnis aufkommen: „Die Freundschaften werden bleiben."

Wie die Kutterläufer, die eine Aulendorfer Spezialität des Beifallspendens geworden sind.

Au pair auf einem oberschwäbischen Bauernhof
Wie die Zwillingskälbchen
zu ihren Namen kamen

Reiten hat sie gelernt („Bin sogar ohne Sattel im Gelände ausgeritten"), ihre ohnehin schon ausgezeichneten Deutschkenntnisse hat sie weiter verfeinert und die Kinder der Familie Käppeler hat sie betreut – Olga Bobuch aus Kostroma in Russland, 400 Kilometer nordöstlich von Moskau gelegen. Von Herbst 2000 bis Sommer 2001 war die junge Russin Au-pair-Mädchen auf dem Hof der Käppelers in Bad Waldsee-Michelwinnaden. Wir haben sie im August 2001 auf dem Hof besucht.

Morgens um sechs ist bei Käppelers die Nacht rum. Während Eugen und Claudia Käppeler ihre 70 Kühe melken (insgesamt sind 150 Stück Vieh zu versorgen), kümmert sich Olga Bobuch um die drei Schulkinder, macht Frühstück und bringt sie zum Bus. Nachmittags betreut Olga, die in Kostroma ein Spitzen-Abitur gemacht hat und nach zehn Semestern Deutsch und Englisch das Lehrerinnen-Diplom in der Tasche hat, die Hausaufgaben von Manuela (14), Dominik (12) und Julia (10). „Hauptarbeitgeberin", wie die perfekt Deutsch sprechende Olga scherzhaft sagt, ist aber das zehn Monate alte „Nachzüglerle" Carolin, deretwegen die vielbeschäftigten Bauersleute sich um ein Au-pair-Mädchen bemüht hatten. Die junge Frau aus Russland hat sich bald als so tüchtig erwiesen, dass Claudia Käppeler einmal für ein paar Tage ausspannen konnte und mit den Landfrauen nach Nizza und Cannes gefahren ist. Frau Käppeler, offiziell die „Gastmutter" Olgas, mittlerweile sind sie echte Freundinnen, über Olgas Einsatzbereitschaft: „Den großen Haushalt hätte ich längst nicht jedem zumuten können."

Olga Bobuch, die auch in Sachen Informatik ein As ist, hat dem Käppeler-Hof den Internetzugang gemacht und alle Programme auf dem neuen Computer installiert. Jetzt verschickt Eugen Käppeler die meldepflichtigen Viehdaten per E-Mail.

Einmal hat sie, das erzählt sie fast schüchtern, einem Zwillingskälble, das in den automatischen Mistschieber geraten war, das Leben gerettet. Klar, dass die Kälbchen dann Olga und Oleg (nach ihrem Bruder im fernen Russland) genannt wurden.

Im Urlaub, der einem Au-pair-Mädchen – neben Kost und Logis und 400 Mark Taschengeld im Monat – zusteht, ist Olga Bobuch in Europa herumgereist, war in Venedig und Paris, auf Mallorca. „Manche Au-pair-Mädchen gehen im Urlaub nach Hause. Für mich war es wichtiger, Europa zu sehen."

Neben ihren Haushaltspflichten (fünf Stunden am Tag, Claudia Käppeler: „Olga schaut nie auf die Uhr") hat die Deutsch-Lehrerin aus Kostroma – eine altrussische Stadt, an der Wolga gelegen – beim Leistungskurs Deutsch der Abiturklasse am Gymnasium Bad Waldsee mitgemacht und zusätzlich noch mit den „Zehnern" Latein gebüffelt. Gymi-Chef Butscher hat ihr auch beim Beglaubigen ihrer russischen Zeugnisse und Diplome geholfen und sich mächtig ins Zeug gelegt, damit die 23-Jährige, die nach ihrer Au-pair-Zeit in Konstanz Volkswirtschaft studieren wird, hierzulande ein Stipendium erhält. Doch ohne Erfolg.

Olga Bobuch, die als Nicht-EU-Bürgerin kein BAFöG bekommt, zeigt einen ganzen Stapel an Absagen von Seiten namhafter Stipendien-Organisationen und Unternehmen vor. „Deutschland ist ein teures Land", seufzt sie, aber aufgeben und zurückgehen will die Offizierstochter nicht. In ihrem Bittschreiben an stipendienvergebende Einrichtungen heißt es, dass sie vom Sozial-, Wirtschafts- und Rechtssystem Deutschlands („Ein Vorbild für Russland") fasziniert ist und dass sie nun an der Uni Konstanz Gelegenheit habe, „Demokratie und Marktwirtschaft aus ers-

Aus einem Au-pair-Gastspiel ist Freundschaft geworden: Olga Bobuch – seit ihrer Heirat heißt sie Warg – zu Besuch auf dem Breitenhof im Februar 2007. Und aus Nesthäkchen Carolin, deretwegen Olga im Sommer 2000 auf den Hof gekommen war, ist mittlerweile eine kleine Reiterin geworden. Mit auf dem Bild Olgas Gasteltern Eugen und Claudia Käppeler.

Foto: Uli Gresser

ter Hand" kennen zu lernen, was sie befähigen werde, am Aufbau in Russland mitzuwirken. „Ökonomie hat Zukunft", begründet die Pädagogin, deren Abschluss an der russischen Staatsuniversität in Deutschland zu ihrem Leidwesen nicht anerkannt wird, ihre Studienfachwahl. „Ökonomie hat Zukunft – besonders im Verhältnis Deutschland – Russland; doch als einfache Lehrerin könnte ich an diesen Entwicklungen nicht teilhaben." Als künftige Volkswirtin mit exzellenten Deutschkenntnissen sieht sie für sich hingegen eine gute Zukunft.

Allmählich kommt die Zeit des Abschiednehmens von der Familie Käppeler und vom wunderschön gelegenen Breitenhof bei Michelwinnaden. „Sie hat mit uns mitgelebt. Sie hat zur Familie gehört und wir werden weiterhin Kontakt mit ihr halten", sagt Claudia Käppeler. Auch am Glaubensleben der Schönstatt-geprägten Familie Käppeler hat Olga teilgenommen, die im Alter von sieben Jahren russisch-orthodox getauft worden ist (auf Betreiben der Mut-

ter; „mein Vater war Kommunist"); wie selbstverständlich ist sie in Michelwinnaden mit in die (katholische) Kirche gegangen.

Der Start ins Au-pair-Dasein im Goldenen Westen hatte Olgas Familie eine Stange Geld gekostet. 200 Dollar mussten in Russland an eine Vermittlungsagentur bezahlt werden, Geld, von dem man nicht genau weiß, „in welch dunkle Kanäle es gelangt". Claudia Käppeler: „200 Dollar – das kann sich nur eine Elite leisten." Obwohl also Olgas Eltern zu den bessergestellten Leuten gehören – der Vater war als Offizier auch einmal in Stendal (Ostdeutschland) stationiert und im Afghanistankrieg als Hubschrauberpilot im Einsatz gewesen – können sie sie nicht ausreichend unterstützen.

Olga Bobuch ist ihren Weg dennoch gegangen. Es kam Unterstützung aus Oberschwaben – so hat Eugen Käppeler für sie gebürgt – und sie hat gejobbt und damit ihr Studium finanziert. Seit 2006 hat sie ihr Volkswirtschaftsdiplom in der Tasche.

„Gumpiger Donnerstag" in Bad Waldsee
Eine Scheibe vom Narrenbaum kriegt nicht jeder

Seit 1979 werden am „Gumpigen" in Bad Waldsee Narrenscheiben verteilt. Die Abschnitte vom Narrenbaum, auf dem Zug vom Gut-Betha-Platz zur Hochstatt an Weggenossen aller Couleur gegeben, gelten als Ehrenzeichen der besonderen Art. Wir haben das Ballyhoo um den Baum anno 2004 beobachtet.

Nur gut, dass die Pferde noch nicht da sind. Soeben sind die vier närrischen Kanoniere des Weges gekommen und haben mit ohrenbetäubendem Geböller kundgetan: Sie ist da, die glückselige Fasnetszeit! Ob Bauer Wirbels Kaltblüter, die nachher den Narrenbaum zur Hochstatt ziehen werden, den lautstarken Tort reglos hingenommen hätten? Noch liegt die 22-Meter-Fichte unbeachtet auf zwei altertümlichen Heuwagen-Gestellen, während hinten im Klosterhof die Kinder über die „Wächse"-Gaben jubeln. Die ersten Jungelfer in Zimmermanns-Kluft tauchen auf und mit ihnen die „Geometer", die hernach den Weg zur Hochstatt zu finden hoffen. „S Problem", fachsimpeln die Experten von der peilenden Zunft, „'s Problem isch 's Hirsch-Eck."

Über den Gut-Betha-Platz pfeift ein bitterkalter Wind, während aus der Becker'schen Apotheke fröhliche Lieder schallen. „Das schönste am Leben ist die Fasnet ...", schmettert einer und bei genauem Hinsehen erkennen wir in dem jubilierenden Bänkelsänger Thomas Fricker, einen Ur-Waldseer, den es ins Badische verschlagen hat. Am „Gumpigen" aber können ihn keine zehn Pferde im Breisgau halten, da kann er ohne sein ganz persönliches Aha-Erlebnis nicht sein. Er ist nicht der einzige Exil-Waldseer, der zur Fasnet den Weg zurück zu den Wurzeln findet. So wurde die Tochter von Peterpaul Beyerle als Clown gesichtet – und auch Ludwig Linder, der das Jahr über im fasnetsfernen Hamburg weilt. Linder ließ seine Waldseer per Zeitungsannonce wissen, dass sein Vater – ein begeisterter Narr – auf den Tag genau 100 Jahre vor dem Gumpigen des Jahres 2004 das Licht dieser nicht immer narrenfrohen Welt erblickt hat.

„Wenn dia Gäul it bald kommet, müsse m'r d' Geometer eischpanna", grübelt einer der Jungelfer. „Od'r de nui Bürgermoischter. Des isch a starks Mannsbild." – „Jo, der isch en richtiga Großkopfeta. Der häb Hutgröße 61. So große Dachauer homm'r gar it z' Waldsee." Da biegen „Ronja" und „Margret", Franz Wirbels Kaltblüter, ums Eck und es kann losgehen. Die Geometer sind mit allerlei altertümlichem Gerät, mit Senkblei und großen Holzzirkeln, ausgestattet, die Jungelfer haben Äxte und Sägen und alle den festen Willen, den Narrenbaum auf der Hochstatt von der Waagrechten in die Senkrechte zu bringen.

Doch nach zwanzig Metern schon macht der Narrenbaumkorso Halt. Flo Becker wird aus seiner Apotheke geholt und Tobi Gerstung liest ihm die Leviten. Um des Heilkundigen Not mit einem kranken Computer geht's in dem Narrenvers. Und um die naheliegende Lösung. „En Strom, den hosch? – Do blcibt cm Flo trocka sei Gosch." Becker, dessen Haus am „Gumpigen" eine beliebte Aufwärmstation für Narren aller Art ist, freut sich herzlich über die Moritat und die mit dem Wappen der Jungelfer versehene Narrenscheibe. „Auf diesen Narrenstreich sei stolz, dies hier ist echtes Narrenholz. Für dich vom Narrenbaum ein Stück, wir wünschen dir von Herzen Glück", sprechen die Jungelfer im Chor.

„Dätsch du mol 's Hirsch-Eck ausmessa", ruft einer der Weitblickenderen unter den übereifrigen Geodätern. Die Engstelle zwischen „Hirsch" und Rathaus kommt in Sicht und die närrischen Feldmesser machen so viel Aufhebens um das vermeintliche Problem, dass sogar die gutmütigen Rösser aufmerken. Am Rathaus

Der Narrenbaum-Korso macht in der Ravensburger Straße halt. Tobias Klöckler steigt auf den Stamm und trägt eine Moritat vor. Foto (2005): Uli Gresser

„Do muass däa Bomm na." Die Narren-baum-Steller haben soeben das Kornhaus passiert. Geometer Martin Baader hat einen Plan dabei, der den hoffentlich richtigen Weg zur Hochstatt weist. Jürgen Birkenmaier (links), auch er einer der närrischen Geometer, folgt den Ausführungen des Planbesitzers mit einer Prise Skepsis. Rechts Zimmermann Armin Sauter, der den Narrenbaum, wenn denn die Hochstatt gefunden sein wird, mit seinen Kollegen nach alter Sitte aufstellen will.

Foto (2005): Uli Gresser

Jahrzehntelang bekamen die narrenbaumstellenden Waldseer Jungelfer von Bürgermeister Rudolf Forcher am Rathaus einen aufmunternden Schnaps – letztmals in der Fasnet 2004. Auch sein Nachfolger, der aus dem Unterland stammende Roland Weinschenk, hat eine große Freud' am närrischen Brauchtum und führt die Jungelferversorgung am Rathaus fort. Unser Bild zeigt das am Vorabend des Gumpigen 2005 abgesetzte Stadtoberhaupt mit Strohhut und Narrenbaumscheibe, während ihm die Jungelfer die Leviten lesen. Man beachte die von den stilvollen Narren gespendete Serviette unter der Narrenscheibe – nicht dass etwa Harz an Bürgermeisters Wams gerate. Der relativ junge Fasnetsbrauch, einer handvoll Bürgersleut' eine Scheibe vom Narrenbaum zu verehren, wurde von Elmar Eicher (geb. 1924), Chronist und Brauchtumshüter der Waldseer Fasnet, 1979 eingeführt.   Foto (2005): Uli Gresser

servieren Rudolf Forcher und Claudia Springmann der hart schaffenden Narrenbaum-Truppe Schnaps und die Mannen greifen gerne zu. „Wer woiß, vielleicht gibt's nächscht Johr koi so a Wässerle meh", meint einer. „Nächscht Johr wird's wohl en Wein geba", antwortet Forcher schlagfertig. „Do semm'r flexibel", ruft's zurück. Artig Dank sagend für die jahrzehntelange Bewirtung zieht die Truppe weiter.

Mit viel Hauruck und allerlei närrischen Reden wird schließlich der Narrenbaum auf der Hochstatt aufgerichtet. Stilecht mit so genannten Scheren und unter Mithilfe von zwei Profis vom Bauhof – auch sie in Zimmermannskluft.

Die Schüler befreit, beim Wächse womöglich eine Wurscht erwischt und der Baum steht – Waldseer Narrenherz, was willst du mehr!

Anmerkung 1: Der Wächsebrauch am Gumpigen Donnerstag ist eine Waldseer Fasnetsbesonderheit: Alois Albrecht (1828 – 1909), seines Zeichens Wachszieher, im 19. Jahrhundert zugewandert und in Waldsee zu einigem Wohlstand gekommen, hatte damit begonnen, den Schülern am „Gumpigen" aus dem Oberstock seines Hauses Wurst und Wecken zuzuwerfen.

Anmerkung 2: „Aha" ist der Narrenruf der Waldseer.

Anmerkung 3: „Dachauer", eine Art Melone, sind die Hüte der Waldseer Narrenzunftmitglieder.

Wer mehr über die Waldseer Fasnet wissen will, dem sei das liebevoll gemachte Buch „Hallo Leut, etz isch Fasnet" empfohlen (Text: Thomas Fricker, Fotos: Rupert Leser, Markus Leser; ISBN 3-88 294 - 290 - 8).

SWR 1 bei der Waldseer Fasnet

Warum Petra Klein das R-Wort nie über die Lippen kam

In der Fasnet 2004 wurde die SWR1-Sendung „Der Nachmittag" live aus Bad Waldsee ausgestrahlt. Vom Narrenrechtabholen am „Mittwoch vor d'r Fasnet" bis zum Fasnetsvergraben in der Nacht zu Aschermittwoch hatten die Rundfunkleute ihr Studiozelt neben dem Rathaus. Gleich zu Beginn wurde Moderatorin Petra Klein fasnetsterminologisch auf Stand gebracht.

Jetzt kennt auch Petra Klein das R-Wort. Erfahren hat sie es von Alfred Knödler, ihrem O-Ton-Jäger. Und das kam so: Knödler, durchaus dem Typus eines rasenden Reporters nicht unähnlich und ständig in Bad Waldsee mit dem Mikro unterwegs, um „Originalton" einzufangen – Interviews, Musikfetzen, Hintergrund – dieser aufnahmebereite Mensch also traf ganz zu Beginn der Hochfasnet im „Grünen Baum" einige Jungelfer. Und die brachten den zugereisten Reporter fasnetsmäßig auf Stand. „Närrische Correctness" könnte man das auch nennen, schmunzelte der Belehrte im Nachhinein.

Das R-Wort – es auszusprechen fällt einem Waldseer mehr als schwer, auch das bloße Aufschreiben ist keine leichte Übung – dieses Unwort heißt: Rosenmontag. 50 Liter Bier müsse zahlen, wer in Anwesenheit eines Jungelfers dies garstige Wort in den Mund zu nehmen wage – statt das liebliche „Fasnetsmetig" zu säuseln. Da auch auf das K-Wort genauso wie auf das F-Wort ähnliche drakonische Strafen stehen, eilte der arme SWR-Reporter hurtig heim ins Studio-Zelt am Rathaus und tilgte aus der schon fertigen Reportage alles Unbotmäßige, den grausligen „Rosenmontag" genauso wie die Unwörter „Karneval" und „Fasching". Petra Klein, stante pede über die schwäbisch-alemannischen Sprachgepflogenheiten ins Bild gesetzt, sprach fortan immer von der Fasnetshochburg Bad Waldsee, was ja nicht nur unter sprachlichen Gesichtspunkten korrekt ist.

Närrisch korrekt war am „Fasnetsmetig" auch ihr Outfit. Wer an den SWR-Stand vor der Kurverwaltung kam, sah die Moderatorin angetan mit der Jacke eines Landedelmannes, am Hals zwischendurch auch mal geziert mit einem weiß-roten Riesenmäschele und – mega-korrekt – mit den Buchstaben AHA auf der Wange.

Nachtrag: Am SWR-Glücksquartett hat Ingrid Hendricks einen der Hauptpreise gewonnen, eine Reise für zwei Personen nach Bonndorf. Ingrid Hendricks ist die Tochter von Bellers Sepp, der einst eine der Stützen der Waldseer Fasnet war. Sogar die Glücksfee zeigte sich fasnetsmäßig voll korrekt.

Moderierte in der Fasnet 2004 von einem neben dem Bad Waldseer Rathaus aufgeschlagenen Studiozelt aus den SWR-„Nachmittag": Petra Klein. Foto: Gottfried Brauchle

Narrenmesse
„A nuis Herz will Gott eis geba"

Einen Ministranten mit Rauchfass in der Hand und Eckhexen-Larve auf dem Rücken sieht man nur in Aulendorf. Am „Fasnetssonntig" kann man das erleben; dann wird in St. Martin „Narrenmesse" gefeiert – mit großem Ernst und mit jener Fröhlichkeit, die gottgefällig ist. Wir waren 2004 dabei.

Eine Heilige Messe unter Beteiligung der Narrenzunft wird in der Stadtpfarrkirche St. Martin in Aulendorf seit 1982 zelebriert. Unser Bild – Ministranten im Häs – entstand am „Fasnetssonntig" des Jahres 2005. Foto: Uli Gresser

Was für ein Bild schon beim Einzug! Mit Kreuz und Fahnen, die Ministranten im Häs, der Hofstaat, der Zunftrat im roten Ornat, mit Pfarrer, Vikar und Ehrenzunftmeister, dazwischen die Narreneltern – so zieht man durchs Hauptportal ein und als die Prozession sich im Chor dem Allerheiligsten nähert, da macht Ehrenzunftmeister Waldemar Münst eine Kniebeuge und nimmt die Narrenkappe ab. Pfarrer Dr. Josef Utz begrüßt die bunt gewandete Gemeinde mit „Ha, ha, ha" – worauf es im Chor zurückschallt: „Jo, wa saischt au" – und dankt der frommen Schar fürs Kommen, denn „auch in diesen wilden Tagen hat Gott, der Herr, Ui was zu sagen." Die Lesung wird dem Buch Ezechiel entnommen, in dem es heißt: „Ich entferne das Herz aus Stein aus eurem Leib und gebe euch ein Herz von Fleisch."

Dieses Thema – das fröhliche Herz – greift der Dekan in seiner gereimten Predigt auf. „A nuis Herz will Gott eis geba und domit au des wahre Leba. Ond wemma moint, es ging au ohne, den holt das Leba schnell vom Throne." Wie es sich für eine Narrenpredigt gehört, findet sich darin auch Ernstes, Mahnendes. Egal ob krank oder alt, ob jung oder von hässlicher Gestalt, „ob deutsch oder au it" – das mitfühlende, mitteilende Herz gelte jedem.

Auch einen Bezug zur aktuellen gentechnischen Debatte stellt Dr. Utz her: Gottseidank könne man das Herz nicht klonen, darauf gebe es kein menschengemachtes Patent. „Wenn jed'r auf die Schtimm do hert, dia er im Innerschta erfährt", und dabei zeigt der Priester auf seine Brust, dann könne man getrost in die Zukunft schauen. „Des Herz schpricht do a ernschtes Wort und mit ihm schpricht auch Gott oft dort."

Die Fürbitten verlesen Rätsch und Tschore, ein Fetzle, ein Schnörkele und eine Eckhexe; zur Gabenbereitung bringen die Vertreter der fünf Originalmasken Symbolisches zum Altar. Rätsch und Tschore kommen mit Wein und Waldemar Münst spricht in meditativen Erläuterungen: „Im Wein liegt Wahrheit und wir wollen und sollen die Wahrheit sagen." Die Fetzle („Lebendig wie die Fischlein im Wasser") bringen einen Fisch als Symbol der Eucharistie und die Schnörkele einen Laib Brot. Münst:

„Die Schnörkele teilten in den Hungerjahren nach dem Krieg Schnörkele (ein Laugengebäck) als besondere Gabe aus. Heute bringen wir dieses Brot zum Tisch des Herrn. Wer Brot hat, der kann leben. Jesus sagt: Ich bin das Brot des Lebens." Als die Eckhexe eine Kerze zum Altar bringt, da heißt es: „Die Eckhexen halfen nach den Vorstellungen unserer Vorfahren den Winter vertreiben. Wir sollen und wollen das Böse hinwegfegen. Wir haben das Licht ausgewählt." Die Kollekte, zu der auch die Narrenzunft ihr Scherflein beiträgt, gilt der Restaurierung der Friedhofskapelle. Vor der Wandlung erklingt, angestimmt und mächtig begleitet von der Stadtkapelle, das „Großer Gott": „Alles, was Dich preisen kann, Kerubim und Serafinen, stimmen Dir ein Loblied an. Himmel, Erde, Luft und Meere, sind erfüllt von Deinem Ruhm, alles ist Dein Eigentum." Zum Vaterunser kommen die kleinen „Mäschkerla" nach

Hästräger – hier ein Fetzle – bringen ihre Gaben zum Altar. Links im Bild Pfarrer Dr. Josef Utz, im Bildhintergrund Ehrenzunftmeister Waldemar Münst, der zur Gabenbereitung meditative Texte vorträgt. Foto (2005): Uli Gresser

vorne, reichen sich die Hand und bilden einen Kreis um den Altar. Am Schluss der beeindruckenden Feier dankt Waldemar Münst, dem von Seiten der Narrenzunft die Mitgestaltung der Narrenmesse obliegt, dem Dekan mit herzlichen Worten: „Liab'r Gott, was sind mir doch an dem Pfarrer froh!" Prasselnder Beifall.

Und dann richtet der Ehrenzunftmeister den Blick über den närrischen Tellerrand: „Scho ab Aschermittwoch sind m'r wied'r in d'r Faschta-zeit ond i hoff, zua dem Termin sind Ihr zum Äsche-Streua alle bereit." Auch Dekan Utz lässt nicht unerwähnt: „Der Aschermittwoch ist Fast- und Abstinenztag."

Doch noch ist nicht Aschermittwoch. Unter den Klängen des ABBA-Hits „Thank you for the music" zieht die fröhlich-fromme Gemeinde aus. Die ersten Eckhexen schieben sich die Larven übers Gesicht und springen durchs Städtle. S isch Fasnetssonntig.

Als Vater der Aulendorfer Narrenmesse gilt Pater Hans Ettinger (rechts). Der Steyler Missionar hatte als Aulendorfer Kaplan und Jugendseelsorger 1982 erstmals in St. Martin eine Heilige Messe unter Mitwirkung der Narrenzunft zelebriert. Eigens war beim Ordinariat in Rottenburg eine Genehmigung eingeholt worden, dass Pater Hans seinen Narrenorden auf dem Messgewand tragen darf. Der später im saarländischen St. Wendel wirkende Priester kam, so lange es seine Gesundheit erlaubte, stets zur Hochfasnet nach Aulendorf – hier im Häs einer Eckhexe. Unser Bild entstand in der Fasnet 2004. Aulendorfs Zunftmeister Klaus Wekenmann dankt dem fröhlichen Pater herzlich für die Verbundenheit mit dem Aulendorfer Brauchtum. Die allererste Aulendorfer Narrenmesse war am 15. Februar 1981 abgehalten worden – seinerzeit im Festzelt und noch nicht in St. Martin. Zelebrant war Stadtpfarrer Kohler, Zunftmeister Münst sprach ein gereimtes Dankeswort – damals noch auf Hochdeutsch. Pater Ettinger hat dann im Jahr darauf auf Schwäbisch gepredigt. Pfarrer Dr. Josef Utz, der im Sommer 1985 investiert wurde, hat diese Tradition fortgeführt. **Foto: Peter Herbst**

Schwäbisch-alemannische Narren in Berlin

Eckhexen stürmen
Minister Köberles Hochburg

Gut 150 schwäbisch-alemannische Narren – darunter fünf Eckhexen aus Aulendorf – haben am 29. Januar 2002 die baden-württembergische Landesvertretung in Berlin gestürmt. Genauer gesagt: Die Eckhexen haben mit dem Herrn der Trutzburg – Minister Rudolf Köberle – gemeinsame Sache gemacht und so ganz elegant seine Festung eingenommen. Nach Rückkehr ins heimische Schussental hat eine der gewieften Hexen vom Geniestreich zu Berlin berichtet.

Der schlaue Minister – ahnend, dass er arg in die Bredouille kommen würde – hatte sich nämlich zunächst ganz raffiniert aus der Affäre gezogen. Er war einfach nicht da, als die Narrenschar seine Burg stürmte. Angeblich wegen vordringlicher politischer Geschäfte verhindert. Und dann schlich er sich im Gewande einer Eckhexe unter die lustig Feiernden, sich ihrer leichten Eroberung Freuenden und setzte sich also – wendig, wendig – an die Spitze der Bewegung. Klar, dass Klaus Wekenmann, Zunftmeister aus Aulendorf und vorab schon eingeweiht, sich von des Ministers Trick stark beeindruckt zeigte.

Wekenmann, selbst im Hexen-Häs, war mit vier weiteren Eckhexen ins fasnetsunkundige Preußen gereist. Aus den Reihen der Vereinigung schwäbisch-alemannischer Narrenzünfte (VSAN) waren aus oberschwäbischen Gefilden nur noch die Zunft aus Tettnang und die Weingärtler Plätzler in die Gunst ministeriellen Fasnetstreibens gekommen. Der Landesminister – selbst ein Oberschwabe – muss gerechtigkeitshalber halt auch Zünften vom Oberrhein oder gar aus dem Unterland Einlass gewähren.

Der Abend, von SWR-Reporterin Sonja Schrecklein und Brauchtumsexperte Jürgen Hohl (Bad Wurzach-Eggmannsried) mit Witz und Schlagfertigkeit angesagt, gestaltete sich dann so kunterbunt wie die Häser der Narrenzünfte. Mehr als tausend Gäste erlebten die Büttenrede von Minister Köberle im besten Oberschwäbisch: „Doch wenn ihr jetzt am Ruader bleibet und mi aus meim Amt vertreibet,

möchte i am Rande doch betona, des sott sich irgendwia au lohna …"

Und wie es sich lohnte! Die Narren verabreichten dem Herrn Minister nämlich ihren ganz eigenen Dank: Rudolf K. musste vor das Stegstrecker-Gericht der Pfullendorfer! Als ehemaliger Staatssekretär für Jugend und Sport sei er vielleicht sogar schuld am Pisa-Desaster, wurde ihm vorgehalten. Die „Anklage" parierte das Ministerlein zwar durchaus gekonnt, aber alles Fabulieren und Finassieren half ihm nichts, er musste – noch in Hexen-Montur – auf die „Streckbank". Das Strecken erfolgte laut und geräuschvoll, „war aber auszuhalten", wie der am Ende doch nicht ganz so schlaue Minister tapfer versicherte. Dieser „Tortur" zum Trotz zeigte der Delinquent gute Miene und ließ allen Anwesenden Linsen mit Spätzle und Hefezopf sowie Käse auftragen.

Zuvor hatten die Narren aus dem Ober- und Unterland sogar dem Bundeskanzler ihre Aufwartung gemacht. Der war durchaus frohgemut, aber was ist ein scherzender Schröder im Vergleich zu einem leibhaftigen Minister, der im Häs einer Aulendorfer Eckhexe daherkommt?

Der hurtige Kleiderwechsel des Ministers hatte dann aber noch ein Nachspiel: Rudolf K. habe die Eckhexen-Anwartschaftsbedingungen nicht erfüllt, grummelte manch einer in der Aulendorfer Zunft …

Die Aulendorfer Eckhexen sind schon eine besondere Rasse. Wenn Maskenmeister Klaus Weken-mann – alle Jahre am Vorabend des „Gumpigen" – am Hexeneck die Fasnetsgeister beschwört, wenn Schnörkele, Fetzle, Tschore und Rätsch wieder zum Leben erwachen und die Hochfasnet beginnt, dann sind auch sie so richtig in ihrem Element. Dann springen die Eckhexen ums Feuer, jucken über die Lohen und stürmen schließlich hinauf zum Schloss, wo der Schultes nach einigem Hin und Her seines Amtes verlustig geht.   Foto (2007): Uli Gresser

Schwester Ludwina
Der Waldseer Weg
der Begleitung Sterbender

Man hat selten Gelegenheit, Schwester Ludwina zu hören. Dabei ist sie leutselig und hält gerne mal zu einem Schwatz auf der Straße an, wenn sie mit dem Fahrrad vom Krankenhaus kommt. Das Bild der radelnden Klosterfrau mit dem wehenden Schleier ist den Waldseern so vertraut wie die Türme von St. Peter und der Stadtsee. Aber über ihre Arbeit spricht die Franziskanerin öffentlich nicht oft. Und sie lässt sich bei ihrer Arbeit nicht fotografieren. Nur bei Rupert Leser macht sie eine Ausnahme: Sie weiß, der feinfühlige Bildberichter achtet den Persönlichkeitsschutz der von ihr betreuten Menschen. Schwester Ludwina begleitet Sterbende. Und sie hat in Dr. Thomas Sapper, dem Chef der Inneren Abteilung des Bad Waldseer Krankenhauses, einen medizinischen Partner gefunden, dessen Mitempfinden und Mittun außergewöhnlich ist. Im Januar 2002 haben die beiden beim Landfrauentag im Kloster Reute über den „Waldseer Weg", Sterbende zu begleiten, gesprochen.

Zwei Stunden lang verfolgen die 150 Frauen gebannt die Ausführungen von Dr. Sapper und Schwester Ludwina. Immer wieder bricht die Ordensfrau die ernste Stille auf. Es ist wohl derselbe Mutterwitz, dieselbe Heiterkeit, mit der Schwester Ludwina ihre Todkranken tröstet. Einmal, erzählt sie, habe sie einer Sterbenden ein Glas Sekt gegeben. Mit dem Röhrle habe die Frau das Glas ausgenippt und geflüstert: „Dann komme ich ja betrunken an." Schmunzeln im Saale.

Doch dann wird es wieder ganz ernst. „Der Schrei nach aktiver Sterbehilfe", sagt Schwester Ludwina, „ist in Deutschland sehr laut." „Ich will ja niemand zur Last fallen" sei ein Satz, den sie oft höre. Das Band zwischen den Generationen sei nicht mehr intakt, die Großfamilie nicht mehr existent. Es sei unglaublich, wieviele Menschen in Deutschland in ihrer letzten Le-

Sterben – das ist eines der großen Tabuthemen unserer Zeit. Schwester Ludwina sagt: „Die Begleitung Sterbender, die Auseinandersetzung mit dem Tod, ist d i e Herausforderung für uns als mündige Christenmenschen." Diese Auseinandersetzung geht sie zuversichtlich, fröhlich und realistisch an. Sie weiß um die Härten des Lebens, die Verletzungen, die die ihr Anvertrauten mitunter erlitten haben. Auch ihr eigenes Leben ist nicht einfach gewesen: Geboren als älteste Tochter einer Kriegerwitwe in Spaichingen, musste sie mit 14 Jahren schon in die Fabrik, um das Nötigste zum Leben zu verdienen. Zudem galt es die zwei, drei Kühe, das Schwein, die Hühner zu versorgen. Unvergessen ist ihr der Weiße Sonntag 1947. Die Hälfte der Kommunionkinder hatte – wie sie – keinen Vater dabei. Als der Pfarrer das sah, habe er geweint. In der Kirche, beim Weißen Sonntag. Das Kloster gab ihr Heimat. 30 Jahre war Ludwina Röntgenassistentin im EK in Ravensburg. Dann fand sie ihre eigentliche Berufung: Sterbebegleiterin in Bad Waldsee.

Foto (2007): Rupert Leser

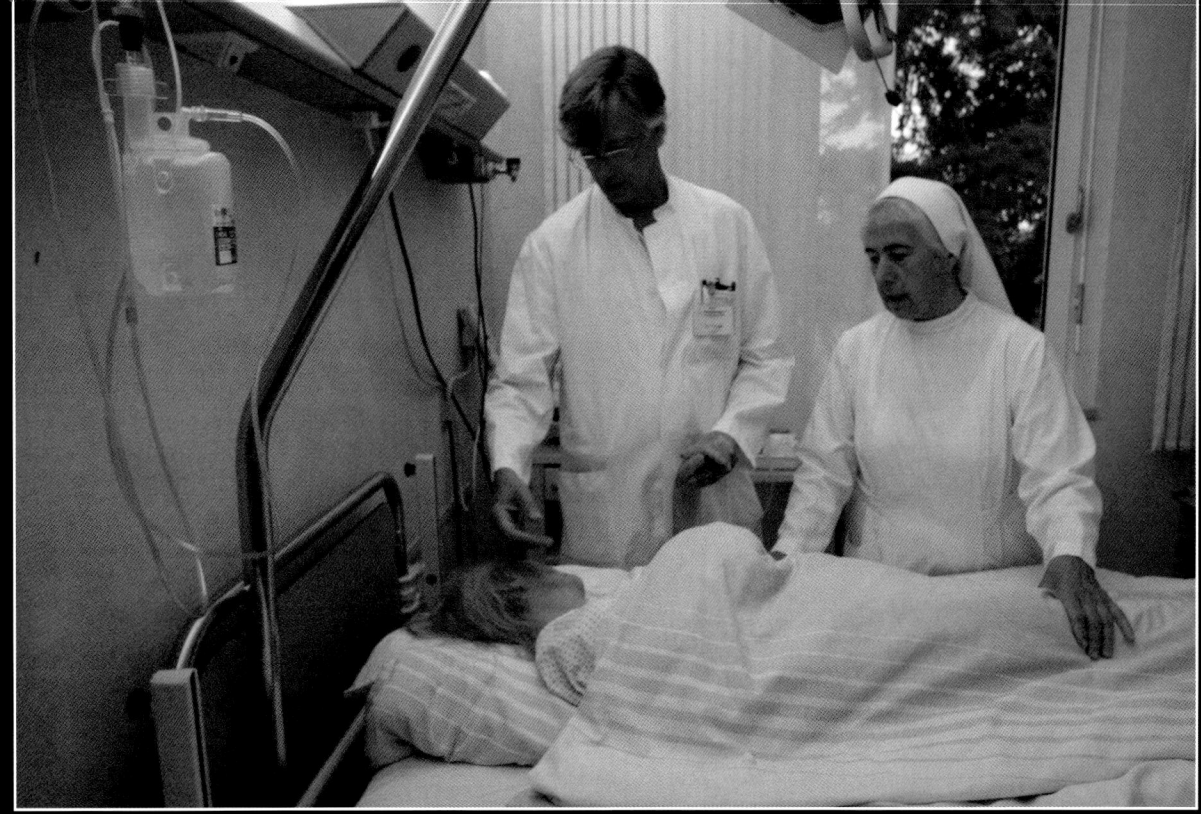

Ein starkes Doppel: Schwester Ludwina und Chefarzt Dr. Thomas Sapper. Der Mediziner und gelernte Krankenpfleger, Jahrgang 1955, leitet die Innere Abteilung im Bad Waldseer Krankenhaus seit 1999. Foto (2007): Rupert Leser

bensphase völlig allein gelassen seien. Die kleinen Wohnungen, die rastlose Berufstätigkeit der Jungen – es fehle an Raum und Zeit, sich auf das Sterben der Alten einzulassen. Kein Wunder sei es da, dass immer wieder nach der Todespille, dem Trank oder der Spritze verlangt würde. „Doch die kriegen sie bei uns nicht." Auf derartige Anfragen sage sie immer: „Wir geben es Ihnen nicht, weil wir Sie gern haben. Wenn Sie wollen, werden wir Sie begleiten." Der „sanfte", der „schöne" Tod, was Euthanasie wörtlich bedeute, sei eine Lüge.

Schwester Ludwina, Dr. Sapper, das Pflegeteam, sie alle wollen helfen, dass der Sterbende seinen letzten Weg eigenverantwortlich und bewusst gehen kann. Eine Lebensverlängerung unter Einsatz aller technisch-medizinischer Mittel – das ist nicht die Philosophie des jugendlich wirkenden Arztes, der die „Innere" in Bad Waldsee seit 1999 leitet.

Sterbebegleitung brauche Zeit. Und es brauche die Wahrheit am Krankenbett. Eine typische Bitte der Familienangehörigen, sagt Dr. Sapper, laute: „Sagen Sie es dem Vater, sagen Sie es mei-

nem Mann nicht!" Schwester Ludwina fragt: „Wie will man es selbst einmal haben, will man mit der Ungewissheit leben?" Und Dr. Sapper bekräftigt: „In solchen Dingen darf nicht die Lüge zwischen den Beteiligten stehen." Da brauche es das offene Wort – zur gegebenen Zeit.

Sapper, früher selbst einmal ein Krankenpfleger, hat offenbar einen sehr kollegialen Führungsstil. In seinem Team gibt es keine Informationshierarchie, da gilt: gleicher Wissensstand für alle. Auch das schafft eine Atmosphäre des Vertrauens.

Seelsorge braucht Zeit, sagt Dr. Sapper, und das ist wohl das Hauptmedikament, das neben aller medizinischer Versorgung im Bad Waldseer Krankenhaus verabreicht wird. Dabei sein, einfach da sein, die Hand halten, Musik einlegen, zuhören, sich auch zu seiner Hilflosigkeit bekennen – das ist schon viel von dem Trost, den Schwester Ludwina spendet. Oft ist sie auch Brückenbauerin zu den Angehörigen, wenn Gesprächsbarrieren bestehen. Manchmal darf ein Sterbender in den letzten Wochen die ganze Anerkennung, die ganze Dankbarkeit

116

erfahren, die er in 30 Jahren nicht bekommen hat.

Es gebe auch Fälle, wo es zu einer Versöhnung nicht komme. „Manches muss man mitnehmen", sagt die Krankenhausseelsorgerin. „Gott schließt den Kreis auch da, wo wir glauben, dass einer ausgeschlossen ist." Aus ihrer mehr als zehnjährigen Erfahrung als Begleiterin Sterbender („Die reichste Zeit meines Lebens. Ich werde beschenkt.") weiß sie: Man geht leichter, wenn man den Ausgleich schafft, mit dem Bruder, mit dem man seit 20 Jahren nicht mehr spricht, mit dem Nachbarn, mit dem man in Fehde liegt. „Bestellen Sie das Haus rechtzeitig."

Plötzlich steht eine Frau aus der Zuhörerschaft auf. Mit bewegenden Worten schildert sie, wie ihre sterbende Mutter im Krankenhaus Bad Waldsee umsorgt worden ist. Thomas Sapper kommt vom Podium herab und umarmt die Frau.

„Wer Sterbehilfe nicht will, der muss für optimale Sterbebegleitung sorgen." Ein Plakat mit diesem Text hatte Dr. Thomas Sapper für den Vortrag vor den Landfrauen mitgebracht. Der Arzt erläuterte auch die rechtlichen Seiten der Problematik und nannte das Beispiel des Hirntoten, der an der Beatmungsmaschine hängt und künstlich ernährt wird. „Die einen sagen, er ist noch am Leben, die anderen sehen nur noch ein Vegetieren. Muss man die Maschinen laufen lassen, bis nichts Menschenwürdiges mehr da ist?", fragte Dr. Sapper in die Runde und gab als Antwort: Ein sorgfältig abgewogener Abbruch einer derartigen „Behandlung" – passive Sterbehilfe also – sei legitim, sei juristisch einwandfrei und menschlich geboten. Schwester Ludwina fügte hinzu: „Es ist nicht einfach, abzustellen." Und: „Man muss auch sterben lassen." Von dieser passiven Sterbehilfe – dem Absehen von einer künstlichen Lebensverlängerung – zu unterscheiden ist die aktive Sterbehilfe, bei der der Arzt in den Sterbeprozess eingreift. Wenn man in der Endphase Schmerzmittel verabreiche, kombiniert unter Umständen mit Beruhigungsmitteln, dann könne dies möglicherweise lebensverkürzend wirken. Diese – indirekte – Form einer aktiven Sterbehilfe sei juristisch einwandfrei, erläuterte Dr. Sapper. Nicht erlaubt ist in Deutschland – im Unterschied etwa zu den Niederlanden – die direkte aktive Sterbehilfe. Den Schierlingsbecher reichen, die Todesspritze setzen – das ist verboten.

In der engagierten Diskussion ging es um das Sterben zu Hause (betreut etwa durch die Hospizgruppe Bad Waldsee), um die Zeit danach (in Bad Waldsee hat sich unter Leitung von Schwester Ludwina und Pfarrerin Katharina Rilling von der Evangelischen Gemeinde eine Trauergruppe gebildet), um Organspenden und um die Patientenverfügung (Patiententestament). Obwohl Schwester Ludwina in ihrer liebevoll-heiteren Art schon mal sagen kann, „im Krankenhaus Bad Waldsee zu sterben ist nicht das Schlechteste", hatte sie einen innigen Wunsch: Ein kleines Hospiz, ein oder zwei Zimmer, angegliedert zwar an das Krankenhaus, aber doch jenseits von Krankenhaus-Atmosphäre, das wäre was!

Im August 2004 ist ihr Wunsch in Erfüllung gegangen.

Die Pinnwand im Büro von Schwester Ludwina; Sterbebildchen erinnern an die von ihr Begleiteten. An jeden, an jede hat sie intensive Erinnerungen. „Diese Frau da", erzählt sie und zeigt auf eins der Bildchen, „hat auf dem Totenbett ein Gebet formuliert, das im Trauergottesdienst gesprochen werden sollte. Ich habe es auf einer Serviette notiert."

Foto (2007): Rupert Leser

Einsatz für ungeborenes Leben

„… dann hat es sich gelohnt"

„Wenn auch nur ein Kind vor der Abtreibung gerettet worden ist, dann hat es sich gelohnt." Claus Jäger, einer der Gründer der „Aktionsgemeinschaft für das Leben" und in den 20 Jahren ihres Bestehens der „Spiritus rector" (Alois Graf von Waldburg-Zeil über Claus Jäger) weiß: Es waren einige 100 Kinder. Ja, es hat sich gelohnt, sagte Jäger bei der Jubiläumsfeier in Wolfegg am 25. Oktober 2005. Auf 147 Mitglieder aus dem Kreis Ravensburg konnte die Aktionsgemeinschaft, die sich als überparteilich und ökumenisch versteht, zu jenem Zeitpunkt bauen. „Ich bin schwer beeindruckt von Ihrer Arbeit", sagte Christiana von Habsburg, die Hauptrednerin auf der Jubiläumsveranstaltung.

„Seid Licht und baut gemeinsam die neue Stadt", singt der Chor der Familien Hepp, Müller und Fluhr mit ihrer munteren Kinderschar im „Post"-Saal in Wolfegg und Johannes Hepp deutet die Zeilen im Sinne Johannes Pauls II. „Wir alle sind gehalten, an einer neuen Zivilisation der Liebe zu bauen", sagt der Familienvater.

Dieses Hineinwirken in eine „lebensfeindliche Gesellschaft" (Jäger), Hineinwirken aus christlichem Antrieb, ist die Motivation der „Aktionsgemeinschaft für das Leben". Und dieses Motiv zieht sich durch alle Redebeiträge. Alois Graf von Waldburg-Zeil, auch er einer der Gründerväter der Aktionsgemeinschaft, gebraucht für das Handeln, das aus dieser Motivation hergeleitet wird, den Begriff der Orthopraxis. Die Aktionsgemeinschaft, an deren Spitze seit zwölf Jahren Maria Hartel aus Aulendorf steht, habe es eben nicht beim theoretischen Nein zur Abtreibung belassen, sondern in dem ihr möglichen Wirkungskreis gehandelt: mit zahlreichen Informationsveranstaltungen, „die das Wissen um das Schöpfungswunder ungeborener Kinder schärfen", die auch vor den verheerenden psychologischen Folgewirkungen einer Abtreibung warnen. Und mit praktischen Hilfen für Mütter und Schwangere, für Familien in Not.

Alois Graf von Waldburg-Zeil erinnerte in seinem Rückblick an die Gemeinsame Erklärung von sechs schwäbischen CDU-Bundestagsabgeordneten, an der Spitze Claus Jäger, die im Februar 1983 das legalisierte Sterben von 90 000 Ungeborenen als Skandal bezeichnet hatten. Das

sei die Initialzündung zur Gründung der „Aktionsgemeinschaft für das Leben" gewesen, die sich 1985 als Verein mit Marianne Härle als Vorsitzender konstituiert hat.

„Kinder sind Zukunft", sagte Maria Hartel mit Blick auf den munteren Familienchor mit seinen lebensbejahenden Liedern. Bitter beklagte die Vorsitzende den Bewusstseinswandel, der durch das liberalisierte Abtreibungsgesetz in der Gesellschaft entstanden sei.

Ähnlich äußerte sich Christiana von Habsburg. Sie sprach vom lähmenden Vorgang der Gewöhnung in einem „Europa der kalten Herzen". Es gehe ums nackte Leben, „obwohl wir nicht im Krieg sind". Egoismus und Gottlosigkeit seien die lebensbedrohenden Waffen der Gegenwart. Christiana von Habsburg, Mitglied des päpstlichen Laienrates, rief die Frauen auf, das Geschenk der Mutterschaft anzunehmen. Zugleich appellierte sie an die Arbeitgeber, den Frauen bei der familienfreundlichen Gestaltung von Arbeitsbedingungen entgegenzukommen.

Ohne Gottes Ehre gibt es keine Würde des Menschen, rief Dekan Claus Blessing (Wolfegg) aus, der sich als „Sympathisant" der Aktionsgemeinschaft bezeichnete. „Würde der Staat das Grundgesetz mit seinem Satz: Die Würde des Menschen ist unantastbar, ernst nehmen, es würde Ihren Verein nicht geben." Dekan Blessing wie auch Dr. Andreas Schockenhoff, dessen Grußwort Claus Jäger verlas, sehen beim Abbau des Lebensrechtes Ungeborener und der abnehmenden Achtung vor dem Leben alter Menschen zwei Seiten derselben Medaille. Auch Josef Dichgans, der Landesvorsitzende der Christdemokraten für das Leben (CDL), warnte vor einem „Dammbruch" bei ethischen Fragen am Ende des Lebens.

Vergleichbare Warnungen in unvergleichlich schwerer Zeit zitierte Dr. Georg Eickhoff. Aulendorfs Bürgermeister erinnerte an Bischof Galen, der sich 1941 mit mutigen Predigten dem Töten behinderter Menschen entgegenstemmte.

Grüße kamen unter anderem von Landrat Kurt Widmaier (Ravensburg), Peter Schneider (damals Landrat in Biberach), Karl Fränkel (Friedrichshafen), Dorothee Erhardt (Bezirksvorsitzende der CDL), Gisela Eberle (Stellvertretende CDL-Bezirksvorsitzende), Gabriele Marx (Kreisvorsitzende der CDL) und Staatssekretär Rudi Köberle. Jenseits der moralisch-ethischen Problematiken gehe es schlicht um das Funktionieren von Staat und Wirtschaft: „Die nichtgeborenen Kinder fehlen in 20, 30 Jahren", hieß es in Köberles verlesenem Grußwort.

„Zuerst lässt man die Kinder liegen, dann versucht man krampfhaft, sie zu retten." Auf einen besonders abstoßenden Aspekt der Abtreibungsproblematik macht Maria Hartel aufmerksam: die Spätabtreibung aufgrund der sogenannten medizinischen Indikation (wird unter anderem nach einer Vergewaltigung oder bei angenommener Behinderung geltend gemacht). Ab ca. dem fünften Monat sei ein „Verschneiden" oder Absaugen des ungeborenen Kindes nicht mehr machbar. Ab diesem Zeitpunkt werde die Geburt auf natürlichem Wege eingeleitet; dann werde das Kind bis zu zwölf Stunden unversorgt liegengelassen. Erst danach setze die Pflicht zur Hilfeleistung ein. Immer mehr Hebammen und Krankenschwestern wehrten sich gegen diesen – legalen – Verstoß gegen urmenschliche Schutzpflichten. Auf unserem Bild trägt Frau Hartel unterhalb ihrer Brosche den Pro-Life-Sticker: das Abbild der Füßchen eines zehnwöchigen ungeborenen Kindes. **Foto (2007): Uli Gresser**

Weihnachten, anders
Stille Zeit,
stilles Leiden

Nein, eine besonders geruhsame Weihnachtszeit hatte Egon Wieland über den Jahreswechsel 2001/2002 nicht gehabt. Sieben Mal ereilten ihn Anrufe hilfesuchender Jugendlicher; nicht irgendwelche belanglosen Telefonate, sondern Anrufe junger Menschen, die total verzweifelt waren, die daran dachten, ihrem Leben ein Ende zu setzen. Sieben Mal unterbrach der Dekanatsjugendseelsorger seinen Urlaub, sprach persönlich mit den jungen Menschen und sorgte für ein erstes Auffangen. Sieben Notrufe über Weihnachten – „so viele waren es noch nie".

Egon Wieland ist verschwiegen wie ein Beichtvater. Und zugänglich wie ein Kumpel. Seit 1998 wirkt der Diplomtheologe in Bad Waldsee, ist – als Laien-Seelsorger – mit zuständig für Jugendseelsorge in 20 Pfarrgemeinden: von Aulendorf bis Ziegelbach, von Bad Waldsee bis Bad Wurzach. Seine Angebote reichen vom Trommelkurs bis zur Fastenauszeit, vom Jugendkreuzweg – klar, ökumenisch – bis zu Zeltfreizeit und Rhetorikkurs. Und wenn irgendwo im Dekanat eine katholische Jugendgruppe platzt, in die Krise kommt, auseinanderläuft, dann schaut Wieland, dass wieder etwas in Gang kommt.

„Der Egon", wie sie ihn alle nennen, ist einer, der mitten im Leben steht. Als gelernter Karosseriebauer, der früher mal beim Daimler geschafft hat, kriegt er auch ein kaputtes Moped oder das lahmende Auto der Clique wieder flott. Er versteht es mit den Jugendlichen – bei Spiel und Spaß und auch, wenn es auf Leben und Tod geht.

Seine Angebote sind „niedrigschwellig", wie die Fachleute sagen, man hat weniger Hemmungen, die Tür aufzumachen als bei anderen Institutionen. Aber, und das ist eben auch wichtig: Wieland hält auch eine gewisse Distanz. „Zu große Nähe, zu große Vertrautheit kann für ein Hilfegespräch hemmend sein", sagt er. Die Suizidgefährdeten suchen sich Gesprächspartner nicht in ihrer nächsten Umgebung, nicht im vertrauten Umfeld – „hier gibt es oft Gesprächsbarrieren" –, sondern bei Vertrauenspersonen, die ein Stückchen weg sind.

Ein Kreuz der Hoffnung haben junge Christen des Dekanates Waldsee am 16. Juni 2007 zusammen mit Jugendseelsorger Egon Wieland gebastelt. Das aus einfachen Materialien gemachte Kreuz symbolisiere Stabilität und Zerbrechlichkeit zugleich, sagten die Jugendlichen im Gottesdienst auf dem Gottesberg in Bad Wurzach. Die in der Mitte angebrachte Spiegelscherbe stehe für die Selbsterkenntnis, die man im Kreuz finden könne. „Diese Skulptur ist nicht perfekt und nicht fertig", heißt es in einem Erläuterungstext. „Aber sie beinhaltet Gedanken und Erfahrungen von jungen Menschen, die sich der Auseinandersetzung mit ihrem Leben und dem Glauben gestellt haben." Weiter heißt es in dem Text: „Ein Kreuz ist angedeutet, sperrig und nicht ‚schön'. Kann ein Kreuz ‚schön' sein? Die Materialien sind ganz unterschiedlich – wie die Ideen und die Teilnehmer der Aktion Meditatives Bauen selber – und fügen sich doch zu einem Ganzen zusammen." **Foto: Uli Gresser**

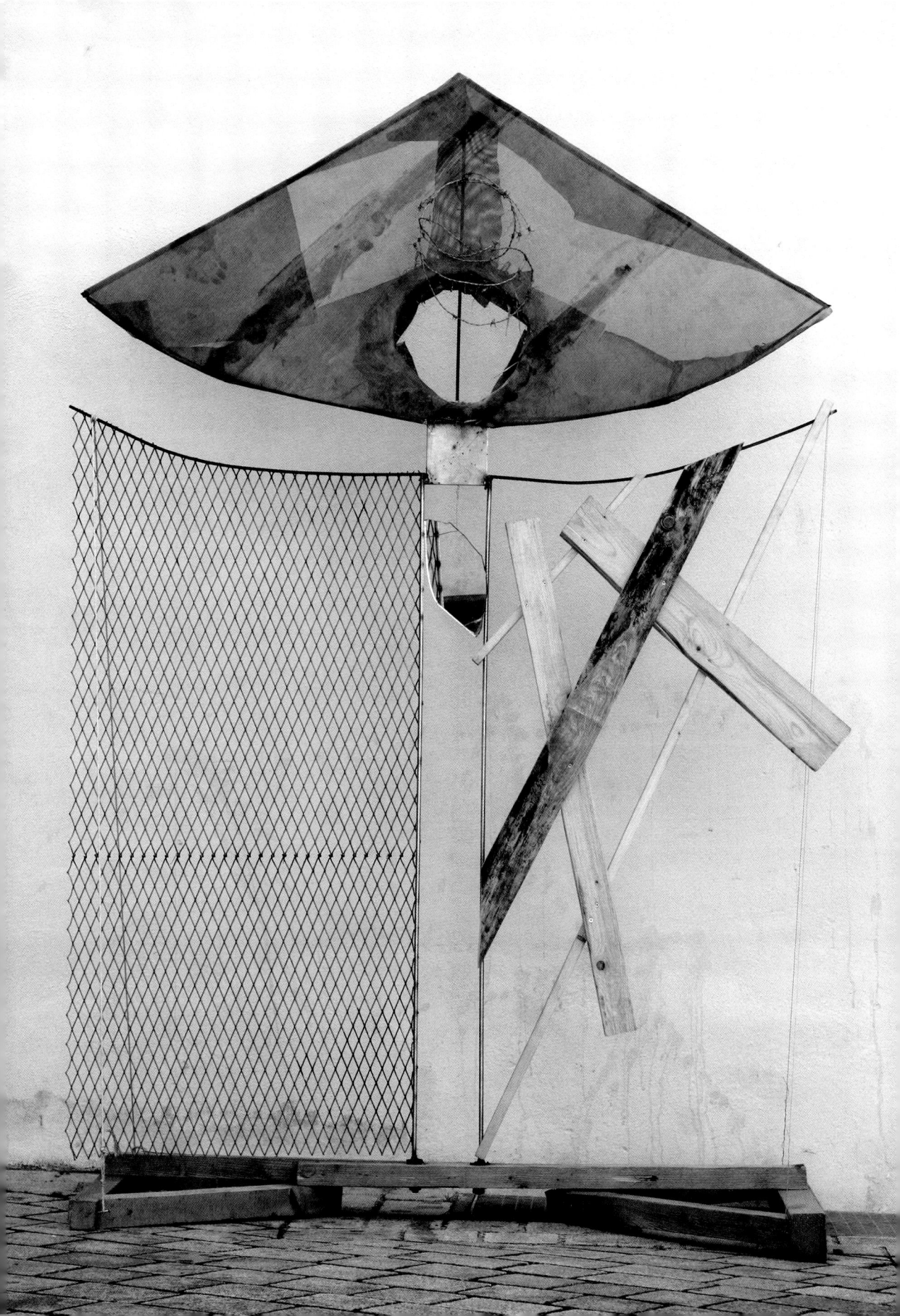

Egon Wieland, Jugendseelsorger.
Foto (2007): René Kreupl

Ein Stück weg – das ist durchaus auch räumlich gemeint und so kamen einige der sieben Anrufer von jenseits der Dekanatsgrenzen, von Ravensburg etwa, wo Wieland an der Berufsschule Reli gibt. Die Altersspanne der sieben, so viel sagte der „verschwiegene Kumpel", reichte von 15 bis 28, es waren vier männliche und drei weibliche Personen. In fünf Fällen haben Freunde für die Verzweifelten angerufen, Mitschüler meist; in vier dieser fünf Fälle waren die Suizidgefährdeten am Telefon „hintendran".

Nachdem Wieland die Betroffenheit erspüren konnte und die Lebensumstände erfragt hatte, hat er mit allen persönliche Gesprächstermine ausgemacht, in einem Café etwa („abseits des Wohnortes") oder bei langen Spaziergängen. „Wenn ich den Eindruck habe, dass jemand sehr stark suizidgefährdet ist, vermittle ich ihn an Fachberatungen, an Profis", sagt der Mann, der sich als Anlaufstation versteht, als einer, der Erste Hilfe auf seelischer Ebene leistet. „Ich bin Seelsorger, kein Psychotherapeut." Unter 50 oder 60 Stunden in der Woche, davon etwa acht bis zehn Stunden seelsorgerliche Gespräche, kommt er kaum herum. Sein Problem ist mehr und mehr die knappe Zeit: „Das andere Geschäft muss ja weiterlaufen."

Wenn einer, sagt Egon Wieland, einen Strick ins Wohnzimmer legt oder mit der Rasierklinge sich an den Adern zu schaffen macht, dann seien dies dramatische Hilferufe. Noch dramatischer könne aber das innere Sterben der Stummen, der Stillen sein, der Eingemauerten, die dann mitunter eher den letzten Schritt tun als jene, die noch Signale an die Umwelt senden. Und auslösend könne eben die ach so beschauliche Weihnachtszeit sein, in der das Ausgegrenztsein, der schulische Misserfolg, die zerbrochene Beziehung, die Scheidung der Eltern, der Tod eines Nahestehenden, eine schwere Kränkung, die schlimme Diagnose, das berufliche Desaster, der „Verlust seines Selbst" (Wieland) noch viel schmerzhafter empfunden wird. Wenn einer niemanden hat, gar niemanden, dem er etwas schenken kann, dann könne dieses „Gefühl des Unwertseins" etwas Unkontrollierbares auslösen. Gerade an Weihnachten.

Kämpfer
Einer, der dem Schlaganfall viel Leben abgetrotzt hat

Er stand in der Blüte seines Lebens. Spielte Trompete, sprang bei einer Betriebsfeier vom 120-Meter-Bungee-Turm. Seine Frau erwartete ein Kind. Er war 36 Jahre alt, war Radio- und Fernsehtechnik-Meister. Da traf es ihn. Wie ein Blitz aus heiterem Himmel: Schlaganfall! Er hat sich nicht aufgegeben, hat gekämpft, sich gut erholt. Jetzt klärt er auf, schart Betroffene um sich: Hermann Moosmann, der Gründer der Aulendorfer Selbsthilfegruppe für Schlaganfall-Betroffene und deren Angehörige.

Das Datum wird er nie vergessen: 25. November 1996. Hermann Moosmann war 36, als er einen Schlaganfall erlitt. Mittlerweile hält er Vorträge und plant ein Buch über sein Leben „danach". Titel: „Schlag auf Schlag". Foto: Angelika Woblick

Das Datum wird er nie vergessen: 25. November 1996: Vorstandssitzung beim Musikverein Blönried-Zollenreute. Plötzlich bekommt Hermann Moosmann rasende Kopfschmerzen, dazu Genickstarre. Er sieht nur noch verschwommen, die Sprache wird undeutlich. Moosmann steht auf, will nach Hause. Doch er findet die Tür nicht, läuft einen Meter daneben gegen die Wand. Freunde bringen ihn zum Arzt, der hält Rücksprache mit der Neurochirurgie im EK in Ravensburg: Verdacht auf Gehirnblutung. Rasch wird er nach Ravensburg gebracht (Moosmann: „Die Rettung war vorbildlich"). Einen „kostenlosen Haarschnitt" habe er dort bekommen, sagt Hermann Moosmann mit seinem ausgeprägten Humor. Dann sei er ins Flügelhemd gesteckt worden, eine schwere Operation am Kopf folgte und Wochen später ist er in Allensbach in der dortigen Spezialklinik für Schlaganfall-Betroffene wieder aufgewacht.

Was folgte war ein zäher Kampf um jeden Zentimeter, Muskelaufbau, Kampf gegen die Lähmung der linken Körperseite, gegen den herabhängenden Mundwinkel, Kampf um jedes Wort, ums Sprechen. Am 18. Februar 1998 – auch dieses Datum vergisst er nicht – hat er seinen Rollstuhl abgegeben. „Mädels, i bring euch was", hatte er mit dem Personal gescherzt und war hocherhobenen Hauptes ohne Rolli von dannen gegangen. Bald danach fuhr er mit dem Fahrrad, die Trompete im Rucksack, von Aulendorf nach Allensbach. Und wurde dort bestaunt wie ein Wesen aus einer anderen Welt.

Humor heilt, dessen ist sich der 46-Jährige sicher. Dem Leben die positiven Seiten abgewinnen und seien sie noch so schmal, das ist das Credo des Stehaufmännchens Hermann Moosmann. Und diese Lebensauffassung möchten er und seine Selbsthilfegruppe Betroffenen vermitteln. „Wir wollen aus dem, was uns geblieben ist, das Beste machen" – das ist so etwas wie der Leitsatz der Gruppe. Zwei Dutzend Leute treffen sich regelmäßig. Das jüngste Mitglied war gerade zwölf Jahre alt, viele 50-, 60-, 70-Jährige sind darunter. Keiner lässt sich hängen, alle versuchen, an sich zu arbeiten. „Coping" nennt man das in der Fachsprache, „Bewältigungsstrategie". Auch so heikle Themen wie „Sexualität nach Schlaganfall" spricht man an.

„Die Hemmschwelle hier ist enorm hoch", weiß Hermann Moosmann. Aber wenn der Bann des Tabus gebrochen ist, seien viele in der Runde erleichtert.

Nicht genug damit, dass keiner ohne Spuren des Durchgemachten geblieben ist. Viele Schlaganfall-Betroffene fallen in die soziale Isolation, verlieren Freunde, die Verankerung in der Gesellschaft bricht weg. Mit Schmerz erinnert sich Hermann Moosmann, wie er auf den Boden wollte, um mit seinem Kind zu spielen – und es einfach nicht geschafft hatte. Seine Beziehung ist zerbrochen. Und so mancher Freund von ehedem wollte nichts mehr von ihm wissen.

Dafür hat er Neues aufgebaut. In seiner Selbsthilfegruppe gibt es zum Beispiel kostenlose Internetkurse. „Für die Maus reicht's fast immer", sagt Hermann Moosmann mit seinem manchmal schwarzen Humor. „Das Internet öffnet uns Welten." Und ein flottes Computer-

2006, zehn Jahre nach seiner ganz persönlichen „Stunde Null", hat der im Schussental bekannte Trompeter mit der Musikreihe „Komede" sein Comeback gefeiert. Dass er seinen herunterhängenden Mundwinkel besiegen konnte und wieder Blasmusik machen kann, verdankt Hermann Moosmann seinem eisernen Willen und Professor Malte Burba; der Musikpädagoge hatte ihn eine spezielle Atemtechnik gelehrt.   Foto (2007): Edith Köhn

124

spiel sei keineswegs zu verachten. Moosmann berät seine Schicksalsgenossen auch in Sachen Autofahren. Er selbst hat den Führerschein wieder gemacht – mitsamt Medizinisch-Psychologischer Untersuchung (MPU). Sein Automatik-Auto wurde entsprechend umgerüstet: Drehknopf am Lenkrad, Blinker und Fernlicht nach rechts verlegt.

Das zweite Lebenselexier des Hermann Moosmann neben seinem Humor ist sein unbändiger Wille. Verbissen arbeitete der leidenschaftliche Trompeter an der Lippenkontraktion. Kugelschreiber in den Mund und Ringmuskel trimmen – das war ein ganz hartes Stück Arbeit. „Bevor Sie nicht pfeifen können, brauchen Sie bei mir gar nicht anzutreten", hatte ihn Professor Burba angestachelt. Und dann lehrte ihn der Musikpädagoge eine spezielle Atemtechnik. Nur so kann Moosmann Trompete blasen, ohne dass zuviel Druck im Kopf aufgebaut wird.

Sie ist für ihn unverzichtbares Lebensmittel: die Musik. Im Jahre 2006, zehn Jahre danach, ist er erstmals wieder mit seiner Trompete aufgetreten.

200 000 Menschen erleiden in Deutschland Jahr für Jahr einen Schlaganfall. „Viele könnten vermieden werden", weiß Hermann Moosmann. Er selbst hatte an einem Aneurysma gelitten, einem angeborenen Defekt einer Blutbahn im Gehirn. Das Blutgefäß ist geplatzt. Auch seine Schwester hatte ein derartiges Aneurysma. Sie starb mit 37.

Gegen den „normalen" Schlaganfall kann man viel tun. „Rauchen, falsche Ernährung, Bewegungsmangel – das sind die Ursachen. Man kann es nicht oft genug sagen", warnt Hermann Moosmann. Immer wieder sagt er es. Jedem. Beim Aufklären ist er so zäh wie beim Rauskrabbeln aus seinem ganz persönlichen Loch.

Aufrüttelnder Journalismus
Wie aus der Klapse
eine menschenfreundliche Einrichtung wurde

Rupert Leser ist Reporter. Er ist da, wo's weh tut. Und da, wo die Freude extrem ist. Bei Siegern und Besiegten. Dort macht er seinen Job. Und da pressiert's. Das Foto muss raus, ab in die Redaktion. Für das Ausempfinden von Gefühlen bleibt da nicht viel Zeit. Später brechen sie sich Bahn. Nach getaner Arbeit. Dann wirken die Bilder, selbst erlebt, selbst gemacht, nach. Dann haben sie ihn am Wickel, die Gefühle.

Manchmal überkommt es ihn aber mitten in der Arbeit. Als die Mauer fiel, war er zu Tränen gerührt. Das Leid der leukämiekranken Kinder von Armenien traf ihn ins Herz. Die Waisen von Odorheiu Secuiesc, sie baggerten seine Seele an. Da legte er erst mal seine Kamera weg.

Der 1. März 1972 ist auch so ein Gefühlstag. Um 6.30 Uhr stehen Rupert Leser und sein SZ-Kollege Fritz Schneider in einem Schlafsaal des Psychiatrischen Landeskrankenhauses Bad Schussenried. Licht an, raus aus den Betten. 59 Männer sind hier eingepfercht. Die Betten sind zu „Ehebetten" zusammengeschoben. So kann

Leopold N. 1972 (hinten, Zweiter von links).　　　　　　　**Foto: Rupert Leser**

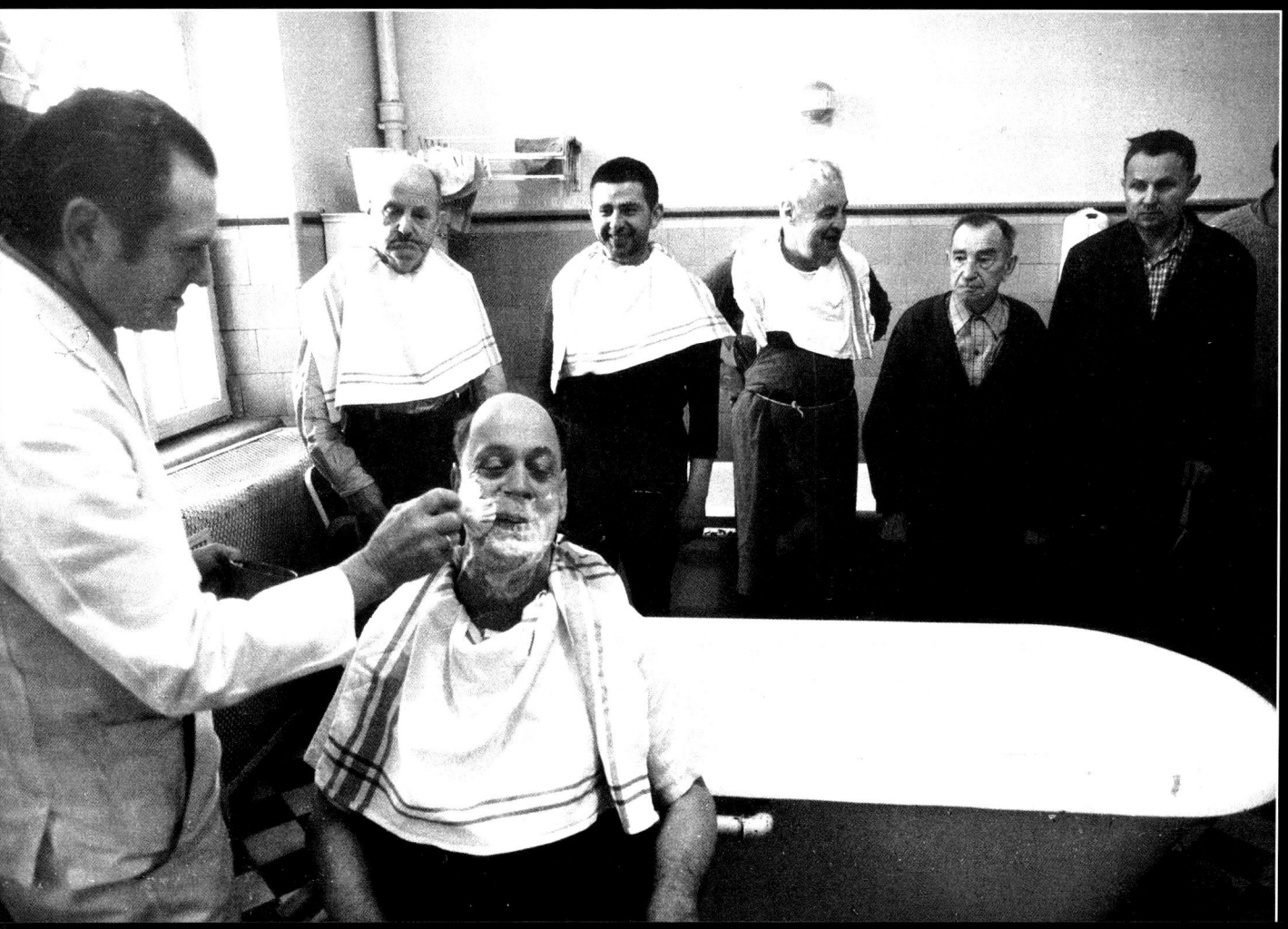

man Platz sparen. Nachtkästen für persönliche Habseligkeiten – Mangelware. Kein Platz. Die Abläufe muten militärisch an. Antreten zum Rasieren. Kleiderempfang an der Kleiderkammer. Schlange stehen vor der Toilette.

Einen ganzen Tag lang begleiten Rupert Leser und Fritz Schneider 25 psychisch Kranke. Professor Fünfgeld, der Anstaltsleiter, hatte wegen einer drohenden Finanzkürzung einen Hilferuf an Presse und Politik gerichtet. Das Land vernachlässige die psychisch Kranken und die Alten, hatte er in einem Offenen Brief gewettert. Leser und Schneider schauen sich die Missstände an und machen sie öffentlich. Am 2. März erscheint im „Landesüberblick" der „Schwäbischen Zeitung" ein Bericht Schneiders, versehen mit einem Rupert-Leser-Foto. Bereits 14 Tage später kommt es zu einer Anfrage im Stuttgarter Landtag. Was in Schussenried eigentlich los sei, begehrt der Abgeordnete Karl Hauff (SPD) zu wissen und zitiert den mutigen Anstaltsleiter, der sich für die ihm Anvertrauten in die Bresche wirft und damit bei seinem Dienstherrn, dem Land, aneckt.

Schneider und Leser legen nach. Am 25. März erscheint in der Wochenendausgabe eine aufrüttelnde Reportage, illustriert mit Rupert Lesers Fotos. Die Landesregierung schwenkt um, das Sparen an den Schwächsten wird gestoppt. Das PLK Bad Schussenried wird saniert und erweitert. Schon 1975 gilt es landesweit als Vorbild.

Rupert Leser 30 Jahre danach: „Die PLK-Fotos gehören zu den stärksten Sozialbildern, die ich gemacht habe. Und sie haben etwas bewirkt. Einer der seltenen Fälle, dass Journalismus unmittelbar für Besserung gesorgt hat."

Heute heißt das PLK ZfP, es gibt Wohngruppen, Tagesstätten, ambulante Dienste, Familienpflege. Leopold N. zum Beispiel, 1972 einer der zur Abfertigungsrasur Angetretenen, lebt heute in einer Pflegefamilie.

Leopold N. 2004 (mit Pflege-„Mutter").　　　　　　　**Foto: Rupert Leser**

Arche Ravensburg

Vom Glück,
langsam zu leben

In Deutschland gibt es drei „Archen": in Tecklenburg bei Münster, in Landsberg/Lech und in Ravensburg. In diesen Einrichtungen leben behinderte und nichtbehinderte Menschen in christlichem Geist zusammen. Angestoßen wurde die Arche-Bewegung von Jean Vanier, einem Kanadier aus prominenter Familie (sein Vater war als Generalgouverneur Vertreter der englischen Königin in seiner Heimat). Kurz vor Weihnachten 2000 haben wir die Arche in Ravensburg besucht.

Es ist ein großes Haus, ein Haus, das Geschichte atmet; ein Haus mit großem Garten, mitten in der Stadt, und mit angeschlossener Kapelle. Das stattliche Anwesen in der Eisenbahnstraße 38 in Ravensburg ist kein gewöhnliches Haus, das war es nie. Nicht zu Zeiten der Bankiersfamilie Ehrle und nicht, als Jesuiten hier wirkten. Neben der Eingangstür hängt eine bunte Zeichnung, ein Boot ist darauf zu sehen, darin ein paar Menschen. An der Klingel eine Namensliste, alphabetisch geordnet, Vor- und Zunamen, wie das üblich ist, 20 an der Zahl. Christof Lotthammer erläutert die Namen: Natascha, das sei eine Assistentin; „Susanne, das war die erste der behinderten Menschen, die hier eingezogen ist"; und jener Name dort, das sei eine Untermieterin. Untermieterin? „Ja, auch das gehört zu unserem Konzept."

In der Arche in Ravensburg leben derzeit (Dezember 2000) acht behinderte Menschen, neun „Assistenten" (Lotthammer: „Kein ganz glücklicher Ausdruck, aber allemal besser als Betreuer oder Fürsorger") und eben auch drei Untermieter, die am eigentlichen Gemeinschaftsleben der Arche teilnehmen können, aber nicht müssen, und die irgendwie dazugehören.

Im Herzen des Hauses ist der Essraum. Ein langer buchener Tisch, in den Fenstern selbstgebastelte Weihnachtssterne, an der Wand prangt ein farbenfroher Teppich mit Sieger-Köder-Motiv. „Den haben wir zur Eröffnung am 24. Januar 1998 bekommen, von Freunden, die den Teppich in Südamerika haben weben lassen." Das Motiv, klar, eine Arche, sei als Vorlage zu den Weberinnen über den Atlantik geschickt

worden – eine interkontinentale ABM mit angemessenem Lohn.

Hier schimmert schon etwas auf, was die Arche ausmacht: Internationalität, globales Denken. Im Eck hängt eine Art Wäscheseil, daran sind mit Wäscheklammern Grußkarten aus aller Welt befestigt. Im Flur ist eine Weltkarte angebracht, mit Pin-Fähnchen: „Hier überall gibt es Archen. Martha, eine Assistentin, ist gerade in Madras."

Aus dem „Atelier" kommt ein einfacher Singsang. Astrid singt mit Petra. Die 31-jährige geistig behinderte Petra liebt Rhythmus, greift nach der Hand des Fremden und macht deutlich: Komm, mach mit!

Das sogenannte Atelier ist ein „Lebensraum", in dem Menschen mit schweren Behinderungen umsorgt werden (drei weniger schwer Behinderte gehen tagsüber in eine Behindertenwerkstatt). Im Atelier gibt es ein Trampolin, es wird getanzt und gesportelt. Auf der Anrichte liegt ein Fühlmemory, daneben eine Schachtel mit Duftstoffen: Komm, Petra, willst du mal riechen? In der Hängematte liegt Elke. Sie ist blind, zudem Spastikerin. Über die Heimvermittlungsstelle Ulm ist sie in die Arche gekommen, jahrelang hatte man nach einem Platz für sie gesucht.

Im Atelier ist eine ruhige Atmosphäre, langsam, ganz langsam verrinnt die Zeit. Doch es geht auch anders. „Wenn Elke ihren Schreikrampf kriegt, stundenlang, oder wenn Christian immer wieder den Teller auf den Boden schmeißt ..." Christof Lotthammer weiß, dass viele „Fälle", wie es in der unpersönlichen Fach-

In der Arche leben behinderte und nicht behinderte Menschen zusammen. Oder – wie Jean Vanier sagt: Behinderte und weniger behinderte Menschen.   **Foto(2007): Rupert Leser**

sprache heißt, im medizinischen Sinn nicht geheilt werden können; aber dass diese verletzten oder nicht normgerechten Menschen ein Stück weit „heil" werden können in dieser Gemeinschaft, davon ist er felsenfest überzeugt. Und dass auch die nicht behinderten Menschen, die „weniger behinderten" Menschen, wie Jean Vanier sagt, in der Arche „heil" werden können, auch das ist ein Credo des Hausleiters. „Hier wird nicht nach Leistung gelebt, hier wird langsam gelebt und man geht gnädig miteinander um. Jeder darf sein wie er ist."

Bei seinem Besuch in der Ravensburger Arche im Oktober 2000 hatte Jean Vanier den Kernsatz aus der Charta der Arche zitiert: „Wir glauben, dass jeder Mensch – behindert oder nicht – einen einzigartigen und geheimnisvollen Wert besitzt."

In der von den Jesuiten übernommenen Hauskapelle brennt die rote Ewig-Licht-Kerze neben dem Tabernakelkästchen auf dem Altar. Auf dem Harmonium auf der Seite liegen evangelische Gesangbücher und die Zettel des ökumenischen Hausgebetes vom 11. Dezember. Jeden Morgen um 9 Uhr ist Andacht, jeden zweiten Mittwoch wird ein für jedermann offener Gottesdienst gefeiert, zelebriert von Pfarrer Elbs von der katholischen Kirchengemeinde St. Jodok, von der evangelischen Stadtpfarrerin Holm oder von Monsignore Norbert Huber, dem ehe-

„Alle guten Gaben ...“ – Das Mittagessen beginnt mit Beten und Singen.

Foto (2007): Rupert Leser

maligen Vorstand der Liebenau. Wie sicher die Arche auf dem Ökumene-Strom schwimmt, zeigt sich auch darin, dass die Schlusskollekte in der überfüllten Basilika in Weingarten beim Ökumenischen Kirchentag Oberschwaben im Sommer 2000 zur Gänze dem Projekt in der Eisenbahnstraße zugeführt wurde.

Ein Mentor der Arche ist der Jesuit Medard Kehl: In seiner Ansprache zur Eröffnung der Ravensburger Arche hatte Pater Medard die starke Symbolik des Übergangs des Jesuitenhauses an eine neue geistige Gemeinschaft herausgestellt: „Viele alte, klassische Orden müssen ein Haus nach dem anderen aufgeben, um ihre Kräfte zu konzentrieren.“ Der Staffelstab zum Aufbau des Reiches Gottes werde an neue Gemeinschaften übergeben, die wegen ihres ökumenischen Ansatzes heute eher an der Zeit seien. Dennoch hätten auch die alten Orden nach wie vor ihre Aufgabe, wie sie etwa in der Ignatianischen Spiritualität deutlich würde. Medard Kehl sprach in diesem Zusammenhang von der Einheit von Kopf und Herz, von Verstand und Liebe, und von der kritischen Unterscheidung der Geister,

die ein Abgleiten ins Sektiererische verhindern kann: „Nicht alles, was sich geistlich und fromm gibt, ist es auch in Wirklichkeit.“ Und im Hinblick auf interreligiöse Konsensbemühungen warnte er davor, dass das „christologisch-kreuzestheologische Spezifikum“ zu kurz komme. Doch jenseits aller Theologie-Theorie könne man die von Jesus verkündete „Umwertung der Werte“ in der Arche tagtäglich erleben. „Eure neue Arche in einem alten Jesuitenhaus ist für mich ein echtes Zeichen der Hoffnung.“

Christof Lotthammer, ein evangelischer Sozialdiakon, verheiratet, zwei Kinder, ist der einzige Hauptamtliche der Arche Ravensburg. Familie Lotthammer gehört selbstverständlich zum engsten Kreis der Arche, lebt aber nicht im Haus. Von den Assistenten hat jeder sein eigenes Zimmer in der Eisenbahnstraße 38. Schöne hohe Räume. Parkettböden, Stuck an der Decke. „Ohne Rückzugsräume geht es nicht, bestimmte Tabuzonen müssen sein“, sagt Lotthammer. Immer zwei Leute machen Nachtbereitschaft, drehen, zum Beispiel, die bewegungseingeschränkte Susanne im Bett (Susanne hat mit 18

130

Mahlsgemeinschaft. Foto(2007): Rupert Leser

Jahren bei einem Verkehrsunfall ein Schädel-Hirn-Trauma erlitten). Es gibt Dienstpläne, die Assistenten kochen, waschen, putzen, malen, reparieren, bügeln – soweit es geht, zusammen mit den behinderten Hausbewohnern, doch sie genießen auch viel Freiraum und selbstbestimmtes Leben. Natascha, 20, leistet hier ihr FSJ, ihr Freiwilliges Soziales Jahr, ab, Fabian, ebenfalls 20, hat nach dem Zivildienst noch ein Jahr drangehängt. Claire, 19, ist aus Frankreich hinzugestoßen. Sie ist ein echtes Arche-Kind, schon ihre Eltern hatten sich in einer Arche engagiert. Auch eine Ungarin gehört dazu, nicht zu vergessen die vielen Besucher. „Gastfreundschaft ist uns ganz wichtig", sagt Christof. Die Assistenten erhalten neben Kost und Logis ein Taschengeld von 330 Mark im Monat, das sich bei längerer Zugehörigkeit bis auf 900 Mark steigert (im vierten Jahr); daneben wird auch die Sozialversicherung bezahlt.

Das Pflegebad im ersten Stock, erreichbar mit einem Aufzug, ist nagelneu. Alles behindertengerecht, alles auf dem neuesten Stand. Die Badewanne kann auf Knopfdruck „auf Arbeits-

höhe hochgefahren werden", erklärt Lotthammer stolz. 100 000 Mark hat das Bad gekostet, aufgebracht von Spendern. Die Pflegesätze, die die Arche für ihre zehn Pflegeplätze erhält – so viele Plätze hatte die Stiftung Liebenau abgetreten – reichen laut Lotthammer nur für den Unterhalt des Hauses, kaum aber für Investitionen aus. Die Arche, die im Wohlfahrtswesen als fremdes Kind, als bunter Vogel gelte, erhalte geringere Pflegesätze als andere Anbieter, berichtet der Hausleiter. Über fehlende Unterstützung will und kann er dennoch nicht klagen: Zum Start des Projektes hatten Caritas und „Aktion Mensch" namhafte Summen zur Verfügung gestellt und der rührige Trägerverein sowie der große Freundeskreis tragen ihr Scherflein bei.

Natascha ruft zum Mittagessen. Am Tisch nehmen sich alle an der Hand, man singt „Alle guten Gaben …" Es gibt Tortellini mit Pilzsauce und Krautsalat. Auf dem Wasserkrug steht „Einer für alle, alle für einen". Zufall? „Wir wissen es nicht. Ein Geschenk." Beim Spülen knobeln Claire, Natascha und Astrid aus, wer heute Elke zu Bett bringt.

131

Lebensläufe

Philemon und Baucis in der Fasnet: Das „Häsrichten", der traditionelle Auftakt zur Aulendorfer Fasnet, haben Gotthilf und Hanna Aisenbrey auch 2005 nicht ausgelassen. Fest mitgelacht haben die beiden, als die Stadtpolitik durch den Kakao gezogen wurde. Was im Städtle passiert, interessierte sie immer noch – und auch das Viertele hat den alten Leuten – er 98, sie 93 – geschmeckt. Foto: Daniel Hartmann

Gnadenhochzeit
„Ob des hebt?"

Am 27. Dezember 2004 haben Gotthilf und Hanna Aisenbrey im Kreise ihrer Lieben das seltene Fest der Gnadenhochzeit gefeiert. 70 Jahre waren sie als Ehepaar ihren gemeinsamen Weg gegangen. Im September 2006 starb Gotthilf Aisenbrey im Alter von 100 Jahren.

Als die Aulendorfer Krämerstochter Johanna Schilling ihren Gotthilf zu ehelichen gedachte, war das ein mutiger Schritt. Denn Gotthilf war evangelisch.

In jenem Jahr, als sie heirateten, 1934, war in Aulendorf eine katholische Volksmission. Hanna erinnert sich an Kundschaft vom Land, die zur Predigt wollte und anfragte, ob sie ihre Fahrräder derweil im Laden einstellen könne. Als die Leute zurückkamen, fragte Hanna, was denn gepredigt worden sei. „Ha, ma soll koine Anderschglaibige heira. Des basst it ond des hebt it." Chinesen „und Neger" könne man schon heiraten, „wenn se tauft send. Aber koine Lutherische!" Mit diesen Worten wurde ihr klipp und klar bedeutet, dass sie „falsch" heiratet. Aber Hanna gab naus: „Des werret mir fei scho sehe, ob des hebt."

Ins Bild der konfessionellen Befindlichkeit jener Tage passt, dass besagte Kundschaft nie mehr im Laden des evangelischen Krämers gesehen ward.

Standesamtlich getraut wurden die zwei am 26. Dezember 1934, dem 23. Geburtstag der Braut. Tags darauf fuhr das „gschtroiflete" Paar – Alt-Aulendorferisch für Misch-Ehe, die Begriffe „ökumenisch" oder gar „konfessionsverbindend" waren völlig unbekannt – nach Weingarten, um in der Basilika kirchlich zu heiraten. Pater Bernhard Eisele, Sohn von Brauerei-Direktor Eisele und Jahrgänger des Bräutigams (1906), zelebrierte die Heilige Messe, zu der das Brautpaar – eine halbe Stunde zu spät kam. Das Ladengeschäft Schilling hatte damals schon ein eigenes Auto, einen Adler Trumpf, und mit dem war das junge Paar auf dem Weg nach Weingarten prompt in einen Schneesturm geraten.

In schweres Wetter kam der junge Ehemann ab 1940: Krieg, Gefangenschaft. Erst 1947 kam er zurück. „In diesen sieben Jahren", schrieb der damals 98-jährige Gotthilf mit gestochen

Wo alles begann: Gotthilf und Hanna Aisenbrey in der Basilika in Weingarten – 70 Jahre danach. Frater Michael hält mit dem Gnadenpaar eine Andacht. Die Fahrt von Aulendorf nach Weingarten am 15. April 2005 mit den alten Leuten – er 98, sie 93 – war sehr unterhältlich. Gotthilf erinnerte sich an das Zuspätkommen zur Hochzeit anno 34. Als sie seinerzeit endlich eintrafen, hatte sich in der Basilika gerade ein Reinigungstrupp ans Werk gemacht; damit die Heiligenfiguren nicht Schmutz fingen, wurden sie mit Tüchern verhängt. „Die werrat doch it wega mir dia Heiligafigura verhänga, bloß weil i evangelisch bin", habe er sich seinerzeit gefragt. Als wir das Paar 70 Jahre danach in Aulendorf abholen, Schlag 10 Uhr, da stehen beide perfekt gerichtet da, gekleidet wie aus dem Schächtele, er im dunklen Anzug mit dezent-eleganter silbrig-grauer Krawatte, sie im dunkelblauen Kostüm und weißer Bluse. Ein Jahr zuvor hatte Hanna eine Hüft-OP; seitdem braucht sie eines dieser Schieb-Wägelchen. Aber das tut ihrem Humor keinen Abbruch. Nach der kleinen Feier in der Basilika ist sie die erste am Auto und ruft: „Wo ist denn mein gutes Stück." Und er, ein paar Meter hinter ihr, hebt den Stock und antwortet: „Hier!" Foto: Uli Gresser

scharfer Handschrift in einem Lebensrückblick, „in diesen sieben Jahren hat meine Frau unser Geschäft weitergeführt. Das war eine verantwortungsvolle Arbeit. Die Erziehung der Kinder (Kurt, geboren 1936, und Dieter, geboren 1940) kommt noch dazu. Das alles hat sie erfolgreich durchgeführt. Dankeschön."

Im Hause Aisenbrey legte man Wert auf eine musische Erziehung der beiden Buben und so hatten sie Klavierunterricht bei Schwester Mervina, einer Untermarchtaler Vinzentinerin. Dieter hat es dann zum Hochschullehrer für Musik gebracht, Kurt ist Physiker. Einen der Buben zum Krämer-Dasein zu vergattern, das war die Sache der Eltern nicht. Weitsichtig wie sie waren, erkannten sie die Zeichen der Zeit. 1966

musste ihr Lebensmittelgeschäft in der Aulendorfer Hauptstraße (heute ein Bistro) „der massiven Konkurrenz der Großraum-Läden und Konzerne Tribut zollen", schreibt Gotthilf Aisenbrey. Sie gaben auf – „wie 90 Prozent aller Lebensmittel-Einzelhandelsgeschäfte im ganzen Land."

Aber Gotthilf Aisenbrey gab nicht auf. Von 1966 bis 1973 war er bei Thomae in Biberach kaufmännisch tätig. Und anschließend brachte er sein administratives Können bei der Tierärztlichen Untersuchungsanstalt in Aulendorf ein (bis 1984). Das Arbeiten, das Tätigsein, die geistige Beweglichkeit hielt Gotthilf wie auch seine Frau Hanna bis ins höchste Alter jung. Wie all die Jahrzehnte zuvor waren die beiden auch am

11. 11. 2004 zur Eröffnung des Narrenjahres und Anfang 2005 zum „Häsrichten" gegangen und noch bis 2003 ist Gotthilf im eigenen Auto zu den Thomae-Pensionärstreffen gefahren. Im Mai 2004, an seinem 98. Geburtstag, hat er das Autofahren aufgegeben, das er 1933 begonnen hatte. Seinen von den Franzosen 1947 ausgestellten Führerschein („Permis de Conduire") hatte er bis zuletzt in der Brieftasche. Seine Frau hatte den Führerschein noch früher: Bereits 1928, mit 17 (!) Jahren, fuhr sie Auto – wegen des Ladens hatte sie eine Sondererlaubnis.

Als Hanna einmal mit dem Familien-Vehikel aneckte und eine Delle am „Heiligsblechle" prangte, da flunkerte sie: „Du, ka's it sei, dass du gescht a bizzle z'viel ghett hosch?" Gotthilf kratzte sich am Schädel und murmelte: „Kennt scho sei." Später, als sie ihm das Malheur beichtete, da musste er herzhaft lachen.

Das Geheimnis ihres Lebensglücks lag sicherlich in ihrem Humor, ihrer Heiterkeit, in ihrer Gelassenheit. In der Menschenfreundlichkeit, die beiden zu eigen war und ist. Die sie im Laden, er auch in vielen öffentlichen Funktionen gelebt hat. Gründungsmitglied der Narrenzunft Aulendorf (1949), „Prinz Karneval", Zunftmeister, später Ehrenzunftmeister – die Fasnet war ihm ein Anliegen und auch sie war mit dem Herzen dabei. Kein Wunder, war doch schon Hannas Vater ein ganz Verschmitzter: Zur Fasnet verkaufte der alte Schilling Nachttöpfe, die den Henkel innen hatten.

Stadtrat war er (von 1957 bis 1966), bis ins höchste Alter Sänger im Liederkranz, engagiert im Heimat- und Museumsverein, führend mit dabei, als die Aulendorfer um die Gründung eines Gymnasiums kämpften (1953). Und als die Evangelische Gemeinde ihre Kirche baute (ebenfalls 1953), da holte man auch seinen Rat ein; die große Glocke trägt nun seinen Konfirmationsspruch: „Wachet, stehet im Glauben, seid männlich und stark."

Das Verankertsein im Glauben ist ein weiteres „Erfolgsgeheimnis" des evangelisch-katholischen Paares. Bei der Gnaden-Hochzeitsfeier im Schönstatt-Zentrum hielt Monsignore Waldraff eine Dankandacht und Enkel Marc Aisenbrey sang das „Ave Maria".

Lilli Reichert

„Nein,
das war nicht mehr meine Heimat"

Nein, in dieser Heimat wollte sie nicht mehr bleiben. Nein, das war nicht mehr ihre Heimat. Als 1989 der Eiserne Vorhang fiel, wollte Lilli Reichert nur noch eins: als Deutsche unter Deutschen sein. Seit 1991 lebt sie in Oberschwaben.

Angefangen hatte ihr Leben 1935 am Schwarzen Meer, in Neu-Danzig. Der volksdeutsche Ort, 150 Höfe, lag bei Nikolajew, etwa zweihundert Kilometer östlich von Odessa. Als Neu-Danzig von der deutschen Besatzung im August 1943 aufgegeben wurde, folgte für die kleine Lilli ein typisches schwarzmeerdeutsches Schicksal. Die zweite Klasse besuchte sie im Dorf Krüningen im Warthegau (damals von NS-Deutschland annektiert), die dritte Klasse in Trebitz bei Wittenberg (Elbe). Im August 45 wurde sie zusammen mit anderen Schwarzmeerdeutschen aus der SBZ in die Sowjetunion verfrachtet. Ein evangelischer Pastor taufte die Kinder und Jugendlichen vor dem Abtransport. Im November kam Lilli mit Mutter und Schwester im Gebiet Kirow an. „Bei 40 Grad minus! Und wir waren doch leicht angezogen." Bis 1953 lebte Lilli in der geschlossenen Sondersiedlung Nr. 1. Da sie kein Russisch konnte, kam sie – als Elfjährige – in die erste Klasse. 1953 schaffte es das begabte Mädchen auf das Pädagogische Technikum. 1957, mit 22 Jahren, war sie staatlich ausgebildete Lehrerin. In einer Grundschule in Kasachstan unterrichtete sie alles, Lesen, Rechnen, Musik, Sport. „Alles – außer Religion." Dieses Fach wurde im „gottlosen Staat" (Lilli Reichert) nicht gegeben, berichtet die gläubige Frau. Einmal habe ein Schüler sie gefragt: „Lilja Jakowlewna, gibt es Gott?" – Sie habe ausweichend geantwortet, ängstlich darauf bedacht, ja nur kein Lehrverbot zu übertreten. „Hast du eine Babuschka? Frag die." Anderntags sei der Bub wieder zu ihr gekommen. „Und? Was hat deine Babuschka (Oma) gesagt?" – „Sie hat ja gesagt."

Die Familie der Lilli Reichert (in der Sowjetunion wurde sie nach russischem Brauch Jakowlewna gerufen, abgeleitet vom Namen des Vaters, der Jakob Fuhrmann hieß) war in der Stalin-Zeit

Da fragte sie der Schüler: „Lilja Jakowlewna, gibt es Gott?" – „Hast du eine Babuschka? Frag die." – „Und? Was hat deine Babuschka gesagt?" – „Sie hat ja gesagt." Foto: Uli Gresser

30. Januar 2007: Lilli Reichert berichtet über das Schicksal ihrer Familie in der Sowjetunion. Zur Erschießung ihres Großvaters Emil Fuhrmann (1878 – 1937; rehabilitiert 1989) – und zur ebenfalls nachträglichen Rehabilitation ihres im Lager umgekommenen Großvaters Peter Zornik (1881 – 1933) hat sie schriftliche Nachweise. Foto: Uli Gresser

schwerstem Terror ausgesetzt: Emil Fuhrmann, der eine Großvater, war Baptistenprediger; nach der Revolution wurde seine Kirche geschlossen. Dennoch blieb er im Visier der sowjetischen Staatsmacht; mehrfach wurde er verhaftet. Am 22. Dezember 1937 wurde Emil Fuhrmann in Nikolajew „als Staatsfeind" erschossen. Seine Frau Luise Fuhrmann starb 1947 im Gebiet Kirow an Unterernährung und Tuberkulose; sie hatte nie etwas über den Verbleib ihres Mannes erfahren. Erst in der Gorbatschow-Zeit erhielt Enkelin Lilli Reichert auf Anfrage Auskunft. Am 18. April 1989 wurde das Unrechtsurteil gegen Emil Fuhrmann widerrufen.

Peter Zornik, der andere Großvater, dessen bettelarme Familie erst um 1890 von Ostpreußen nach Neu-Danzig gekommen war, hatte es in der neuen Heimat zu erheblichem Wohlstand gebracht: Die Zorniks besaßen eine Windmühle, eine Schmiede, eine Färberei und eine Möbelherstellung. Im Dorf nannte man sie „die Fabrikanten". Als „Kapitalist" (Lilly Reichert) wurde Peter Zornik, geboren 1881, im Jahre 1933 auf drei Jahre in den Norden, nach Archangelsk, verschickt; bereits im ersten Jahr der Deportation starb er. Auch er wurde in der Perestroijka rehabilitiert.

Lillis Schwiegervater Adolf Reichert, ein Wolgadeutscher (aus dem Dorf Marienthal im Gebiet Saratow), verschwand 1937 in Stalins Schattenreich, nachdem er sich dagegen verwahrt hatte, dass ihm vom Ortssowjet sein neuerbautes Haus genommen wurde; er kam nicht wieder. Lillis Schwiegermutter Margaretha Reichert, 1941 – nach Hitlers Überfall – wie viele Wolgadeutsche ins Altai-Gebiet verschickt, wurde bald darauf für zehn Jahre in ein Straflager bei Nowosibirsk gebracht – „weil sie vor Frauen und Kindern aus der Bibel gelesen hat" (Lilli Reichert), was als verschwörerische Versammlung gewertet worden sei. Sie wurde von ihren beiden Buben Alexander, damals neun Jahre alt, und Adolf, damals dreizehn, weggerissen. Die Buben wuchsen bei fremden Leuten auf, Margaretha sah sie erst wieder, als sie erwachsen waren.

Alexander musste ab seinem zwölften Lebensjahr in einer Käserei arbeiten. Der spätere Mann von Lilli, sie heirateten 1959, starb 47-jährig in Karaganda. Krebs. Mit 42 war sie Witwe mit drei halbwüchsigen Söhnen.

Adolf, Margarethas älterer Sohn, wurde mit knapp 14 Jahren in die Trudarmee eingezogen, wo er Zwangsarbeit leisten musste. Bald haute er ab, wurde gefasst und für drei Jahre ins Gefängnis gesteckt, zu Kriminellen. Es war noch im Krieg, der junge Volksdeutsche, geboren 1927, hatte ein Martyrium zu erleiden wegen seines Vornamens, wurde von den Mitgefangenen ständig angemacht.

Jakob Fuhrmann, Lillis Vater, war bis 1955 im Straflager. Zehn Jahre Gulag. Ursprünglich hatte er 25 Jahre erhalten. Dafür, dass er im Krieg auf die „falsche" Seite geraten war und dort eine deutsche Uniform verpasst bekommen hatte. Bei seinem ersten Kontakt mit der Wehrmacht wäre er beinahe erschossen worden; man hatte ihn für einen Juden gehalten – wegen seines Vornamens.

1983 – exakt 40 Jahre, nachdem sie Neu-Danzig als achtjähriges Mädchen verlassen musste – reiste Lilli Reichert in den Ort ihrer Kindheit. Endlose Tage im Zug von Karaganda hinab zum Schwarzen Meer. Und dann ein Dorf, das nicht mehr das ihrige war. Neu-Danzig hieß nun Nowo-Winogradowka. Das Elternhaus war nicht mehr da, der Brunnen vor ihrem Hof war versiegt.

Als es nach 1989 die Möglichkeit zur Ausreise nach Deutschland gab, hatte Lilli Reichert nur noch einen Wunsch: Das Land, das ihrer Familie so viel Leid zugefügt hatte, zu verlassen. Für immer. An das neue Russland hatte sie keinen Glauben: „Wer weiß, was mit unseren Kindern und Enkeln noch alles geschehen wäre." Sie wollte nur noch eines: „Als Deutsche unter Deutschen leben." 1991 siedelte sie in das Land der Vorväter über. Auch ihre Söhne leben mit ihren Familien inzwischen in Deutschland. Nein, mit offenen Armen seien sie in der neuen Heimat nicht aufgenommen worden. „Man müsste viel mehr über die Deutschen aus Russland informieren", sagt die mittlerweile 71-Jährige.

Lilli Reichert hat berührende und aufwühlende Erinnerungen an ihre alte Heimat verfasst. In einem österreichischen Memoirenverlag hat sie diese Aufzeichnungen in Kleinstauflage herausgebracht.

Als Hasenmaile
in der Real-Schule Lehrer war

Herbert Hasenmaile und die Neue Schule in Aulendorf: Viermal begann für ihn hier der Ernst des Lebens. 1932 wurde er hier eingeschult, 1948 begann er hier als Junglehrer, 1960 kehrte er als gestandener Pädagoge hierher zurück und 1975 wurde er zum Schulleiter berufen.

Als Herbert Hasenmaile, ein gebürtiger Aulendorfer, im April 1932 eingeschult wurde, war die „Neue Schule" noch nicht mal drei Jahre alt. Mit seiner Mutter ging er zum Rektor zur Vorstellung und der, ein großer, kräftiger, sicherlich respekteinflößender Mann, zeigte auf das Bild an der Wand. „Wer ist das", fragte Hugo Halt freundlich. „Das ist die Heilige Familie, Maria und Josef mit dem göttlichen Kind", antwortete der siebenjährige ABC-Schütze und Hugo Halt nickte wohlgefällig. „Der Bub ist schulreif."

Hugo Halt war ein gottesfürchtiger Mann, der, als die Nazis ans Ruder kamen, unbeirrt seinen Weg weiterging. Er weigerte sich, die Leitung des Kirchenchores von St. Martin aufzugeben, spielte weiterhin die Orgel und wenn Engelamt war, wurde seine Weihnachtsmesse aufgeführt. Noch heute wird in St. Martin in der Adventszeit ein von Hugo Halt komponiertes Lied gesungen. „Er war ein christlich-katholischer Schulmann und Familienvater", erinnert sich Herbert Hasenmaile, „und passte nicht in die neue Zeit." Bald verlor der aufrechte Mann sein Rektorenamt und 1936 wurde er in den Ruhestand gedrängt. So musste er nicht mehr mitansehen, wie die Nazis die Schul-Kreuze abhängten und an ihrer Stelle Hitler-Bilder anbrachten (1939). „300 Reichsmark musste die Gemeinde für die Hitlerbilder berappen", weiß Hasenmaile, der als Aulendorfer Ortshistoriker seit 1990 die „Heimatkundeblätter" herausgibt.

Herbert Hasenmaile kam in die fünfte Klasse, als die Konfessionsschulen aufgehoben und die Deutsche Gemeinschaftsschule eingeführt wurde (zum Schuljahr 1936/37). Er kann sich noch gut erinnern, als die evangelischen Kinder, die bis dahin getrennt von den katholischen im Evangelischen Gemeindehaus in der Zollenreuter Straße unterrichtet wurden, in die Neue Schule aufgenommen wurden. „Da war ein erstklassiger Kicker dabei, den konnten wir gut gebrauchen." Bald zeigten die Nazis aber, was sie unter einer „Deutschen Schule" verstanden: 1939 wurde der Religionsunterricht abgeschafft. Von nun an gab es kein Morgengebet mehr, schreibt Alfred Müller, Rektor der Schule von 1985 bis 1995, in seiner lesenswerten Serie „Volksschule – Kaserne – Grundschule" (Heimatkunde-Blätter 1991, Nr. 11, 12 und 13). An die Stelle des Schulgebetes trat der NS-Wochenspruch, den die Schüler aufsagen mussten. Den aus der Schule herausgedrängten Religionsunterricht organisierten die Kirchen nun in eigener Regie: Die katholischen Kinder wurden im Kellerraum unter dem Altar der Martinskirche unterrichtet, die evangelischen im Gemeindehaus in der Zollenreuter Straße.

Auch an den „Tag der Machtergreifung" (30. Januar 1933) erinnert sich Herbert Hasenmaile, damals sieben Jahr alt, gut. SA-Leute hatten am Brunnen vor der Neuen Schule Hakenkreuzfähnchen verteilt, die bei den Schülern heiß begehrt waren. „Neue Schule" – das sagte der Aulendorfer Volksmund beharrlich, obwohl die Schule 1935 nach einer Nazi-Größe benannt wurde („Hans-Schemm-Schule"). Auch dass die Alte Schule in der Hauptstraße, die heutige Schloss-Apotheke, Hermann Görings Namen trug, wollte den meisten Aulendorfern nicht schmecken; man sagte weiterhin „Alte Schule". Die Alte Schule war bis 1972, bis das Schulzentrum in der Schussenrieder Straße gebaut wurde, die Heimstätte des 1953 gegründeten Progymnasiums.

Leidenschaftlicher Ortshistoriker: Herbert Hasenmaile, ehemaliger Schulleiter in Aulendorf, bringt sein reiches Wissen auch im örtlichen Museums- und Heimatgeschichtsverein „Traditio" ein. Ein Anliegen ist es ihm, die Erinnerung an den Schulmann Hugo Halt wachzuhalten; im neuen „Bürgermuseum im Alten Kino" ist dieser heimatgeschichtlich herausragenden Persönlichkeit ein eigener Raum gewidmet.

Foto (2004): Gerhard Reischmann

Herbert Hasenmaile wechselte 1938 nach Ochsenhausen und machte dort die Lehrerausbildung; unmittelbar nach der Ersten Dienstprüfung wurde er eingezogen (1943). Im August 44 geriet er in Südfrankreich in Gefangenschaft, festgesetzt von Resistance-Leuten. Von Oktober 44 bis Mai 46 musste er im berüchtigten Kohlebergwerk Lamure schuften, dann wurde er zur Arbeit in einer chemischen Fabrik bei Grenoble verpflichtet. Wassersuppe, 200 bis 300 Gramm Brot, zwei oder drei Pellkartoffeln – das war die tägliche Ration im Bergwerk. Unter Tage habe ein guter Zusammenhalt zwischen den regulären Arbeitern, oft Ausländer, und den Gefangenen geherrscht. Dankbar erinnert sich Hasenmaile an zwei Polen, die ihm immer wieder „etwas zum Beißen" zugesteckt haben. 1947 schrieb er an die Aulendorfer Versandbuchhandlung Rieck um Zusendung von Druckerzeugnissen, „Rechnung an meine Eltern". Die geistige Nahrung aus Aulendorf sei für ihn lebensnotwendig gewesen, sagt der mittlerweile in den Achtzigern stehende Herbert Hasenmaile. Unter anderem bekam er von Rieck die Grundsatzreden zur Gründung der Gesellschaft Oberschwaben 1946; neben dem „Lob Oberschwabens" von Carlo Schmid habe ihn „Die Krisis des heutigen Menschen" von Professor Steinbüchel besonders beeindruckt.

Als Hasenmaile 1948 aus der Gefangenschaft heimkam, da wies ihm das Schulamt als erste Dienststelle die im Heimatort zu: Damit sich der Heimkehrer bei den Eltern wieder etwas anfuttern konnte. „Das war vielleicht ein Wanderzirkus", erinnert sich Hasenmaile an das Schuljahr 1948/49. Da die Neue Schule von den Franzosen als Kaserne in Beschlag genommen war, musste in Wirtshaus-Nebenzimmern unterrichtet werden. „Wenn ich Schüler von damals treffe, erinnern wir uns an die Zeit in der Real-Schule", schmunzelt Herbert Hasenmaile. Mit der „Real-Schule" meint er das Unterrichten im Gasthaus Real. Auch im Bräustüble, im „Bühl", im „Gambrinus" sowie in der Schloss-Küche wurde Schule gehalten.

Als die Besatzung im Dezember 1948 das Schulhaus an die Stadt zurückgab, musste das noch nicht einmal 20 Jahre alte Gebäude gründlich saniert werden. Die Instandsetzung kostete 43 000 DM, fürs Schulmobiliar mussten noch einmal 12 000 DM ausgegeben werden. Ab Januar 1949 konnten die ersten Pennäler wieder in der Neuen Schule unterrichtet werden. Ob die bald auftretende Wanzenplage ein Erbe der Kasernen-Zeit oder ein Mitbringsel unterversorgter Nachkriegskinder war, ist ungeklärt. So oder so sei die Wanzenplage eine der vielen Lasten der „Stunde Null" gewesen, erinnert sich Herbert Hasenmaile. Nichtsdestotrotz sei man mit frischem Mut an den geistigen Wiederaufbau gegangen; das Jahr 1949 brachte mit der Einführung der Katholischen und der Evangelischen Bekenntnisschule eine tiefgreifende Schulreform. Jetzt zogen die evangelischen Kinder wieder aus und Oberlehrer Zimmermann unterrichtete ab September 1949 in der Alten Schule; für die 78 Evangelischen gab es außer Zimmermann noch eine weitere Lehrkraft, die katholische Schule zählte 560 Schüler bei 13 Lehrerstellen. Die Trennung des Unterrichts erstreckte sich auf alle Fächer, keineswegs bloß auf den Religionsunterricht.

Ab 1949 folgten auch für Herbert Hasenmaile die für Junglehrer typischen Wanderjahre, er wurde an verschiedenen Orten im Schulamtsbezirk eingesetzt. Erst 1960 kehrte der Aulendorfer in seine Vaterstadt und an die „Neue Schule" zurück. Die 5. Klasse, die er übernahm, zählte sage und schreibe 72 Schüler, „nichts Ungewöhnliches für jene Zeit", berichtet Hasenmaile. Die Stadt, die 1929 beim Bau der Neuen Schule ca. 3100 Einwohner hatte, war nach dem Krieg sprunghaft gewachsen, Vertriebene mussten integriert werden, der Baby-Boom kam. Trotz des 1958 geschaffenen Erweiterungsbaus herrschte Schulraumnot, die noch verstärkt wurde, als 1966 das 9. Schuljahr kam. Für 17 Klassen standen nur 14 Klassenzimmer zur Verfügung; im Musiksaal wurde deshalb eine Trennwand eingezogen und Hasenmaile unterrichtete im Keller.

Das Jahr 1966 brachte eine weitere Neuerung: Die getrennten Bekenntnisschulen wurden aufgelöst, es kam die Christliche Gemeinschaftsschule, in der Katholische und Evangelische gemeinsam unterrichtet wurden.

Das 1929 gebaute Neue Schulhaus in Aulendorf in einer Aufnahme des Photo-Ateliers K. Sohn, Aulendorf, entstanden vor 1939. Das Motiv wurde als Postkarte verbreitet. Diese Postkarte (Stempel: 16. August 1938) stammt aus dem Aulendorfer Archiv Laternser. Im Vordergrund erkennbar ist die 450 Meter lange Einfriedungsmauer, die 1990 abgebrochen wurde.

Und aus der „Volksschule" wurde die „Grund- und Hauptschule".

1972 war mit einem Schlag alle Schulraumnot weg: Das Schulzentrum in der Schussenrieder Straße war fertig und nahm das Gymnasium, das von nun an zu einem Voll-Gymnasium ausgebaut wurde, die neugeschaffene Realschule sowie die oberen Klassen der Hauptschule auf. Herbert Hasenmaile schnürte sein Ränzlein und unterrichtete nun im Schulzentrum. Grundschüler und „Fünfer" sowie „Sechser" waren weiterhin in der alten „Neuen Schule" untergebracht. Die räumliche Trennung führte ab 1975 auch zur organisatorisch-administrativen Verselbstständigung der Grundschule: Für sie wie auch für die Haupt- und Realschule (HRS) wurde je ein eigenes Rektorat geschaffen und Herbert Hasenmaile trat – nach 1932, 1948 und 1960 – zum vierten Mal in der „Neuen Schule" zum Dienst an: diesmal als Schulleiter.

Zusammen mit Bürgermeister Heinz Lang ging Hasenmaile an die dringende Generalüberholung des in den zurückliegenden 50 Jahren arg hergenommenen Schulhauses. Aus einem

tristen und lauten Haus (Hasenmaile: „Ich habe heute noch das Hallen der Steinböden und Fliesenwände im Ohr.") wurde eine farbenfrohe, kinderfreundliche Bildungsstätte gemacht. 1,2 Millionen Mark wurden dafür aufgewendet. Zählte man 1975 noch 435 Grundschüler, so wurden 1985 gerade mal 240 registriert – Pillenknick nach Baby-Boom. Mitte der 1990er-Jahre stieg die Zahl auf fast 500 an, vor allem wegen des Aussiedler-Zuzugs. Alfred Müller, der nunmehrige Schulleiter, und sein Konrektor Gerald Staudenmeir machten sich deshalb für einen Erweiterungsbau stark, der 1995 erstellt wurde. Seit 1996 ist Herbert Reck Leiter der Grundschule Aulendorf, die derzeit (Stand: Juni 2004) 465 Schüler und 31 Lehrkräfte (davon 27 Frauen) zählt.

Über 80 ist Herbert Hasenmaile inzwischen und seit 1932, seit dem Tag der Vorstellung bei Rektor Hugo Halt, lässt ihn die alte Neue Schule nicht mehr los. So ist er in den Ausgaben Nr. 188 und 189 seiner Heimatkunde-Blätter (Juni 2004) detailliert auf die Einweihung der Schule am 27. Juni 1929 eingegangen.

Friedrich Scheich

Da sagte der Spieß:
Geht heim

Fast jeder in Aulendorf kannte das Kürzel „fsch", kannte die Person. Bis kurz vor seinem Tod war Friedrich Scheich Aulendorfs Zeitungsmann. Am 11. Juni 2005 schloss er für immer die Augen. Es war ein Samstag. Noch am Mittwoch hatte er, vom Krankenlager, nach Block und Stift verlangt. Friedrich Scheich und sein Aulendorf – es war eine lange Liebe. Immer wieder in seinem mehr als achtzigjährigen Leben wurde er in die kleine Stadt an der Schussen geführt, einmal auf schier wundersame Weise.

Es war in der vierten Cassino-Schlacht. Mai 1944, Süditalien. Ein Granatsplitter durchschlägt den rechten Oberschenkel des 21-jährigen Gefreiten Friedrich Scheich. Er kommt ins Lazarett nach Straßburg, wo er ein merkwürdig-heimeliges Weihnachten feiert, das sich in einer Kurzgeschichte niederschlagen wird, Jahrzehnte später abgedruckt in der „Schwäbischen Zeitung" (Ausgabe Bad Waldsee-Aulendorf vom 23. 12. 2002). Und dann geschieht das schier Unglaubliche: Seine Genesungskompanie wird im Frühjahr 45 verlegt – nach Aulendorf. Dahin, wo seit 1941 Scheichs Eltern leben. Die Kompanie kommt im Schulhaus (heute Grundschule) unter, der „Spieß" logiert im „Kreuz". Gefreiter Scheich ist Heimschläfer, kann bei „Muttern" essen und muss sich einmal am Tag bei der Kompanie melden.

Es herrscht eine eigenartige Stille in Aulendorf, mitten im Endkampf des untergehenden Dritten Reiches. In die Stille hinein bricht ein Tiefflieger. Fritz steht am Schulgebäude, sieht, wie die Bombe ausgeklinkt wird. Die Bombe kommt auf die Soldatenunterkunft zu. Er rennt um sein Leben, stürzt sich in den Kellerabgang der Kneippkuranstalt. Die Druckwelle der Detonation geht über ihn hinweg, die Bombe reißt ein Riesenloch in die Einfriedungsmauer der Schule. Noch lange nach Kriegsschluss ist das Loch zu sehen. „Glück gehabt, einer meiner vielen Glücksfälle beim Kommiss."

Der Krieg ist verloren, der Spieß spürt's. Scheich, der Aulendorfer (sein Vater arbeitet bei der Firma Nußbaumer als Buchhalter), Fritz mit

seinen Beziehungen, er wird losgeschickt zum Schnorren. Eier, Most, Wurst, er muss Naturalien beibringen fürs – Abschiedsfest. „Wer heim will, der kann heim", sagt der Hauptfeldwebel. Fast drei Wochen vor (!) Kriegsschluss feiert die Kompanie im „Löwen" ihr Fest. Dann verstreuen sich die müden Krieger in alle Winde und Fritz Scheich geht heim, in das Elternhaus an der Hauptstraße, da wo heute Elektro-Ohlinger ist, auf der rückwärtigen Seite hat der Vater seine Hasenställe, und stellt sein Gewehr hinters Klavier. Kurz bevor die Franzosen kommen (23. April), zieht er die Uniform aus und nach Tagen fällt ihm siedendheiß das Gewehr am Klavier ein. Zur Abgabe an die Besatzungsmacht ist es nun zu spät, also wandert der Schießprügel auf den Dachboden.

Fritz, das Glückskind (im Don-Bogen, auf dem Weg nach Stalingrad, war ihm ein Granatsplitter kurz vor dem Herzen in der Brust stecken geblieben und er durfte heim), Fritz, der Sonnyboy, der im Spohn-Gymnasium in Ravensburg Französisch gelernt hatte, Fritz, der 22-jährige Musikus, er hat bald Konjunktur. Im Sommer 45 „spielt" er Landwirt, der Vater hat oberhalb der Hauptstraße fünf Äckerle und Fritz baut Kartoffeln und Kraut an („Hat Spaß gemacht") und nebenher probt er mit Freunden. Der Franz Bauer ist dabei, nachmaliger Komponist des Aulendorfer Narrenmarsches, der am Klavier sitzt oder Akkordeon spielt, Fritz' Bruder Alfred am Schlagzeug, Heinz Zimmermann (diatonische Handorgel, später auf Jazzgitarre umgeschult), Sepp Wechsel (Geige) und eben

Fritz Scheich, der Geige spielt und singt. TOA, Tanzorchester Aulendorf, nennt sich die Formation recht selbstbewusst (bald stoßen Alois Schmid und Hermann Blaser dazu) und auf Silvester 45 fragen sie bei den Franzosen um Erlaubnis für einen Ball in der „Rad"-Kegelbahn. Die sagen ja, aber unter der Bedingung, dass das TOA dreimal die Woche für sie aufspielt, zum Tanz in der Stadthalle mit deutschen Fräuleins, auch deutsche Kavaliere wurden nicht abgewiesen. Ein gutes Nachtessen war der Lohn und 50 Mark pro Mann und Abend.

Einmal war ein großer Ball im Marmorsaal. Französische Generäle, „hohe Tiere", seien dagewesen, schöne Damen mit großen Roben. Die TOAs mussten mit Lederhose und weißem Hemd auftreten und „deutsche" Musik machen, Märsche, Walzer, Polkas. Aulendorfer Mädchen richteten das Buffet und durften auch die Musiker mit Nahrhaftem versorgen. „Ich hatte danach beim Studium in Tübingen drei Tage lang keinen Hunger", erinnerte sich Scheich an das Gelage in jener unmittelbaren Nachkriegszeit, in der einen täglich die Sorge um Habhaftes im Magen plagte.

Ab 1947 schrieb Friedrich Scheich für die „Schwäbische Zeitung". Und das kam so. Der arme Student Fritz, er fasste sich ein Herz und schickte einige Kurzgeschichten an die Zentralredaktion nach Leutkirch. Die Antwort kam bald und sie war abschlägig. Abschlägig und doch hilfreich. Wenn er bei der Zeitung mitarbeiten wolle, dann möge er sich doch an Thomas Mayer halten, Redakteur in Waldsee. Kurzentschlossen schickte Scheich zwei kleine Gedichte nach Waldsee und „thm" druckte beide sofort ab. Und forderte den Studenten (Literatur, Französisch) zum Schreiben auf.

Anfangs schreibt Fritz Scheich hauptsächlich Sportberichte und Filmkritiken. Erwin Späth, der Betreiber des „Schlosstheaters", versteht es, die neuen Filme recht früh nach Aulendorf zu bringen, die Leute kommen scharenweise, fahren mit dem Zug her zum Aulendorfer Kino und Fritz hat freien Eintritt.

Eine schmale Kriegsrente, das bisschen Gage, das kleine Zeitungshonorar – irgendwann reicht es nicht mehr fürs Studium und Fritz Scheich bleibt ganz in Aulendorf (1950). Nun baut er

seine Berichterstattung aus und als er im Herbst 1952 im Lokalteil eine Annonce „Redakteur gesucht" sieht, fragt er bei Thomas Mayer nach. Es sei eine Stelle in Überlingen, sagt ihm der hinter vorgehaltener Hand, beim „Salemer Boten" (der damals zur SZ gehörte). Gerade mal 250 Mark im Monat werden ausgelobt und Fritz Scheich akzeptiert – „bloß, dass i neikomm." Seine Rita hatte ihm zugeraten, denn zum Heiraten braucht es eine Basis. Nach einem Jahr bekommt er 400 Mark, dann 550 Mark. Zehn Jahre bleibt er in Überlingen. Dann geht er zur ZF nach Friedrichshafen, die ihm glatt das doppelte Gehalt anbietet, und redigiert die Werkszeitschrift. 22 Jahre lang. Der Musenmensch und Menschenfreund trifft den Ton, beschreibt Mitarbeiter, würdigt Lebensleistungen. 1984 geht Scheich am Bodensee in den Ruhestand und will eigentlich den Schreibstift gegen den Malerpinsel eintauschen. Seine Frau bringt ihm aus der Stadt Acryl-Farben mit, jetzt entstehen Idyllen, naturalistische Landschaftsbilder, Stadtansichten. Doch das mit dem Weglegen des Schreibstifts will nicht so recht klappen. Nach und nach wird er von der SZ Friedrichshafen in die Pflicht genommen und er schreibt weiter. Konzertkritiken hauptsächlich.

Noch einmal führt ihn sein Lebensweg nach Aulendorf. Exakt 50 Jahre, nachdem sein Vater bei der Firma Nußbaumer in Stellung gegangen war (zuvor hatte die Familie Scheich in Ulm gelebt, wo Fritz Kontakt zu Swingjugendlichen hatte), fällt ihm das Haus seines früh verstorbenen Bruders Alfred am Lehmgrubenweg zu. Jetzt will Friedrich Scheich den Schreibstift und seine Schreibmaschine endgültig wegtun. Und malen. Da macht der „Aulendorfer Musikantenstadl" einen bunten Abend im Stil Karl Moiks und Hermann Blaser – wir erinnern uns an die turbulenten TOA-Tage – bettelt: „Oimol kenntesch doch no was schreiba." – „Ausnahmsweise. Weil du 's bisch."

Und dann rief Günther Kiemel, Redaktionsleiter in Bad Waldsee, an und fsch hatte zwei neue Aufträge. Das war 1991. Fritz Scheichs letzter Beitrag in der SZ erschien am 10. Mai 2005.

Das Beste, was ich von Friedrich Scheich gelesen habe, war die Kurzgeschichte „Ein Hitler-

Junge auf dem Weg nach Bethlehem" (SZ Bad Waldsee-Aulendorf vom 24. 12. 2001):

Es war 1940. Der 17-jährige Friedrich Scheich hatte Vorspielnachmittag in der NS-Kulturgefolgschaft. Nach dem Konzert begleitet er seine hübsche Tischdame nach Hause. Man ist sich eigentlich sehr sympathisch. Und doch: Irgendetwas trennt. Bis es aus ihr herausplatzt: „Du mit deinem dämlichen Aufzug!" Fritz trägt HJ-Uniform. Das Mädchen ist – jüdisch. Die Musiklehrerin sagt: „Ihr habt keine Zukunft." Nach dem Krieg fährt Friedrich Scheich nach Ulm und fragt beim Einwohnermeldeamt nach dem jüdischen Mädchen. Die Familie hat offenbar überlebt.

Sein letzter Zeitungsbeitrag im Mai 2005 galt dem Aulendorfer Künstlerfest. Der Termin wird ihm, dem kunstsinnigen, dem schöngeistigen, dem menschenfreundlichen Berichterstatter gefallen haben. Nie niederreißend, immer feinfühlig – so hat er geschrieben. Hat ihm mal etwas nicht gefallen, dann wusste er die Kritik so dezent zu dosieren, dass keiner verletzt war. Lärmen widerstrebte ihm. Kein Wunder, er war ein Musiker.

Als es aufs Sterben zuging, hat ihm Enkel Felix, damals 13 Jahre alt, nebenstehendes Gedicht geschrieben:

Für Friedrich

Die Sterne hoch am Himmel steh'n,
ganz eng und nah beieinander.
Da ist kein Platz hinaufzugehn,
sie müssen erst noch wandern.
Drum fürchte dich auch nicht zu finstrer Stunde,
denn Gebet für dich dringt aus aller Munde.
Und Freunde hast du noch auf dieser Welt
und alles, was dir hier gefällt.
Ist das kein Grund, noch hier zu bleiben?
Komm, lass uns alle bösen Ängste schnell vertreiben!
Die Sonne strahlet hell zum Fenster rein,
komm, lass uns wieder fröhlich sein.

Fritz Scheich, wenige Tage vor seinem 80. Geburtstag (2003).
Foto: Gerhard Reischmann

Buchenland - Warthegau - Oberschwaben
Die Odyssee
von Leopold und Else Henriss

Johann Leopold und Maria Else Henriss haben im November 2003 das seltene Fest der Eisernen Hochzeit gefeiert. Es ist in all den Jahren vieles zusammengekommen: Viel Freud' und auch so manches Leid.

Es war Anfang der Fünfzigerjahre. In der Schule in Aulendorf wurde Bruno Henriss, 13, gefragt, ob er noch weitere Geschwister habe. „Wir sind drei Kinder", gab er zur Antwort, „ein rumänisches, ein polnisches und ein deutsches." Der Lehrer habe kaum verhehlen können, was er bei sich dachte: Drei verschiedene Kinder und sicherlich drei verschiedene Väter! Noch 50 Jahre später, am Tag ihrer Eisernen Hochzeit, müssen Leopold und Else Henriss über die pfiffige Antwort und den verdutzten Schulmeister schmunzeln, waren es doch die Widrigkeiten der Weltgeschichte, die aus ihnen einmal Rumänen und dann Reichsdeutsche in Polen und zuletzt Bundesbürger mit Wohnsitz Aulendorf gemacht haben. Und ganz zu Beginn seines Lebens, 1914, war Johann Leopold Henriss Österreicher.

Die Bukowina nämlich, das Buchenland, ihr Heimatland, gehörte zur k. u. k. Monarchie Österreich-Ungarn und von daher rührt auch der Rufname des Johann Leopold Henriss: Poldi. Leopold – das sei der Patron Österreichs, erläutert Henriss bei unserem Besuch anlässlich der Eisernen Hochzeit. Man braucht sich nicht zu wundern über diese Namenswahl, war sein Vater doch Lehrer und als solcher sicherlich ein glühender Anhänger der k. u. k. Staatsidee.

Doch das Reich der Habsburger zerbrach und mit dem Ende des Ersten Weltkrieges wurde aus dem Bukowina-Österreicher „Poldi" Henriss ein Bukowina-Rumäne. Dem Buben machte das wohl nicht viel aus und als er heraufwuchs, lernte er Hufschmied. Bald machte er sich selbstständig: als Kistenmacher. Er hatte zehn, zwölf Leute unter sich, in Freudenthal in der nördlichen Bukowina stand sein Haus, dazu gehörten gut 15 Hektar Grund und Boden, vor-

wiegend Wald, ein Erbstück seiner Familie, die seit etwa 1820 dort ansässig war. Herz, was willst du mehr! Jetzt fehlte nur noch die Frau und die war in seiner Maria Else gefunden. 1938 wurde geheiratet, 1939 kam Bruno auf die Welt. Als Rumäne. Genauer: Als rumänischer Bürger mit volksdeutschen Eltern.

Doch wenn es den Diktatoren gefällt, dann muss der kleine Mann sein Ränzlein schnüren. Im Zuge des Hitler-Stalin-Pakts wurde die nördliche Bukowina der Sowjetunion zugeschlagen und 68 000 Deutsche wurden umgesiedelt. Zunächst ging's heim ins Reich, dann wurden viele als Kolonisatoren auf eroberten „Lebensraum" im Osten gesetzt. Heim ins Reich – das hieß im Falle der Familie Henriss: ins Lager Steinenbach bei Aulendorf. Im von den Nazis beschlagnahmten Missionshaus wurden sie einquartiert, Weihnachten 1940 feierten sie dort. Leopold Henriss fand im Bahnbetriebswerk Aulendorf Arbeit als Heizer. „54 Loks waren damals in Aulendorf beheimatet", erinnert sich der 89-Jährige (2003).

Unvergessen ist ihm auch eine merkwürdige Untersuchung durch NS-Ärzte: Sie vermaßen dem Balkandeutschen Leopold Henriss den Schädel, um davon abzuleiten, ob „ich nordisch genug bin" (Leopold Henriss). Bis Herbst 1941 blieben die Henrissens noch in Steinenbach, dann wurde ihnen ein Bauernhof im Warthegau zugewiesen, in einem Ort namens Brackenfeld. Dort, in der Nähe von Lodz, wurde Richard geboren – als „Pole". Leopold Henriss war nun Reichsdeutscher und das Reich und sein Führer brauchten Soldaten. Er wurde in eine Uniform gesteckt und an die Ostfront geschickt. Seine Frau schaffte den Hof. Zusammen mit einem

Knecht und zwei BdM-Mädchen. 13 Hektar Ackerland bestellten sie, bauten Hafer an, Rüben, Kartoffeln. Eigenhändig hat Else Henriss gepflügt, noch mit dem Dreschflegel das Korn gedroschen. Sehr viel Handarbeit. Immerhin: Am Göpel stand ein Pferd und schaffte mit.

Leopold Henriss hatte an der Front alles in allem viel Glück. Seine Rumänisch-Kenntnisse verschafften ihm eine Dolmetscher-Stelle (Rumänien war inzwischen verbündet und stellte Armeen), danach bekam er einen Job im Nachschub. Bei der Eisenbahn. Mehrfach erlebte er, wie ein Nachschub-Zug vor ihm und hinter ihm von Partisanen gesprengt wurde. Inzwischen war er Lokführer. „Ich hatte zwei russische Heizer. Einer hat Holz und Kohlen reingeworfen, der andere stand am Fenster und hat lauthals gesungen: Wolga, Wolga, matranaia … Wer weiß, vielleicht hat das die Partisanen abgehalten." Nach „Stalingrad", als es rückwärts ging,

Feierte am 15. November 2006 bei erstaunlicher geistiger Frische und in recht guter körperlicher Verfassung seinen 92. Geburtstag: Johann Leopold Henriss (rechts, mit Frau Else). Unser Bild entstand am 18. November 2006, als im Hause Henriss in Aulendorf des Festes zweiter Teil mit einem üppigen Mahl gefeiert wurde. Für Schmankerln auch nach Art der Bukowina-Küche sorgte die aus Rumänien stammende Didiana Schudu, eine treue Helferin der alten Leute; es gab Galusti (mit Rauchfleisch-Würfeln und Reis gefüllte Krautwickel), Kümmelfleisch mit Klößen und andere Köstlichkeiten. Zum deftigen Essen wurde Kümmelschnaps gereicht, den der Jubilar selbst angesetzt hatte. Gekommen waren natürlich auch die Söhne Richard (geboren in Polen; links) und Bruno (der „Rumäne") mit ihren Frauen und die Tochter Angelika, die in der neuen Heimat Oberschwaben das Licht der Welt erblickt hatte, mit ihrem Mann sowie Enkel und Urenkel. **Foto: Uli Gresser**

ist Henriss einen Schwellenreißer gefahren. Die Schienen wurden unbrauchbar gemacht, um die nachstoßende Rote Armee zu behindern.

Im Januar 1945 musste seine Frau fliehen. Mit dem Pferdefuhrwerk, zwei Buben an der Hand, hochschwanger, machte sie sich mit ihrem Treck auf den Weg von der Warthe nach Westen. Als Blutungen einsetzten, wurde sie in ein Lazarett in Cottbus gebracht und schließlich in einen Zug gesetzt. Im Februar 1945 kam Else Henriss in Aulendorf an. Als sie von dem halben Jahr zwischen Februar und Oktober 1945 erzählt – allein in der Fremde, mit inzwischen drei Kindern und der Ungewissheit: Wo ist der Mann? – kommen ihr die Tränen.

Im Oktober dann taucht Leopold auf und auch er hat eine Odyssee hinter sich. Auf dem Öltanker „Rudolf Albrecht" war Henriss von Lettland über die Ostsee nach Heiligenhafen in Schleswig-Holstein geschippert und dort in englische Gefangenschaft gegangen. Das Kriegsende hatte er im Kurland-Kessel erlebt, in dem sich relativ starke deutsche und lettische Kräfte (auch SS) bis zuletzt hatten halten können. Russische Kriegsgefangenschaft blieb ihm erspart; er schaffte es nach der Kapitulation auf die „Rudolf Albrecht".

Als die Engländer im Sommer 1945 Leute zum Ernteeinsatz im Braunschweigischen suchen, meldet Leopold Henriss sich. Im Kreis Gifhorn findet er Mutter und Tante wieder, bald weiß er, wo sich seine Frau und seine Kinder befinden. Leopold Henriss füllt den Rucksack mit Konserven – „es hatte geheißen, in der französischen Zone herrsche Hungersnot" – und macht sich auf den Weg. Im Bahnbetriebswerk Ulm – Ulm ist amerikanische Zone – sagt ein Lokführer, der nach Aulendorf (französische Zone) fährt: „Kein Problem, ich nehm' dich als dritten Mann auf die Lok." Die Zonengrenze in Risstissen verschläft der übermüdete Heimkehrer im Zugführerabteil. Als sie in Aulendorf aussteigen, stehen die Franzosen mit Pistolen am Bahnsteig. Leopold Henriss wird abgeführt, in die französische Kommandantur in der Villa Lanz gebracht und erst mal eine Nacht „eingebuchtet". Oft wird das Strandgut des Krieges von den Franzosen kurzerhand zur

Wiedergutmachung über den Rhein verfrachtet, doch in Henriss' Papieren findet sich der Eintrag „Emigrant". Seine Entwurzelung aus der Bukowina gereicht ihm diesmal zum Vorteil.

Doch immer noch ist er nicht in Tannhausen, wo Frau und Kinder untergebracht sind. In Aulendorf herrscht Ausgangssperre, Kinder hatten an einem Wagen herumgezündelt und das böse Wort „Sabotage" ist gefallen. Keiner darf auf die Straße. Da lässt ihn der fürsorgliche französische Hauptmann mit einem Jeep hinfahren. „Drei Marokkaner saßen im Jeep. Die MP lässig in der Hand, am Arm gleich mehrere Uhren – wohl Kriegsbeute." Das ist die Eskorte des Leopold Henriss, als er im Oktober 1945 in Tannhausen ankommt und seine Frau in die Arme schließt.

Die Familie haust in einem einzigen Zimmer, besitzt nur einen Löffel, eine Kachel, hat als Tisch eine Obstkiste, darauf Zeitungspapier. Die Kinder liegen auf erbetteltem Stroh. Doch Else und Leopold Henriss packen an, sie geht nähen, er arbeitet bei der Bahn. Schon 1952 können sie sich ein Haus bauen, 1954 kommt noch Nachzügler Angelika. Als 1977 Tochter Dietlinde mit 32 Jahren stirbt (ihr Zucker war nicht erkannt worden), nehmen sie deren dreiwöchiges Kind zu sich und ziehen es auf.

Mittlerweile haben Leopold und Else Henriss acht Enkel und elf Urenkel. Kurz vor ihrer Eisernen Hochzeit hatten sie ihr großes Haus in der Hillstraße aufgegeben und waren in eine bequeme Einliegerwohnung gezogen. Zufrieden schauen die bis ins hohe Alter vitalen Leute auf ein ereignisreiches und arbeitsames Leben zurück.

Eins muss noch erwähnt werden: Leopold Henriss hat nach 1989 – zusammen mit Familie Greinacher, Gisela Harr, dem Schuhhaus Laub (Altshausen) und anderen – 35 Hilfsfahrten hinab in seine alte Heimat organisiert, ist an die 20 Mal selbst mitgefahren. Seine Hilfe gilt jedem, ohne Ansehen der Person. Sein Heimatort Freudenthal heißt heute Watramoldviza. Es leben noch vier oder fünf deutsche Familien dort. 1939 waren es 113 deutsche Familien gewesen.

Hans Desch
„Hier
bin ich heimisch geworden"

Am 16. Oktober 2005 hat Pfarrer i. R. Hans Desch sein Goldenes Priesterjubiläum gefeiert. „Ich bin richtig gerne in Aulendorf", bekundete der Geistliche am Festtag. 1987 war er als Pensionär in die Gemeinde gekommen und bis zum 79. Lebensjahr hatte er noch in der Seelsorge fest mitgearbeitet. Dann wollten die Beine nicht mehr recht, der Zucker machte ihm gehörig zu schaffen und er zog sich aufs Altenteil im schmucken Häuschen neben dem „Aulendorfer Hof" zurück.

Bilder an der Wand erinnern an die schöne Wanderzeit (im Hintergrund

„Die Leute hier sind so gastfreundlich, sie waren mir immer zugeneigt. Ja, in dieser Gemeinde bin ich richtig heimisch geworden", sagt Pfarrer Desch, der in den Jahrzehnten vor seiner Pensionierung im Schuldienst war und als Oberstudienrat vor allem Religion und Englisch gegeben hatte, bei unserem Besuch zwei Tage vor dem Fest. Dass er nach „Dienstschluss", nach seiner Pensionierung, noch im Herzen einer lebendigen Pfarrgemeinde wirken durfte, das erfülle ihn mit Freude und Dankbarkeit, bekennt Hans Desch, der sich in Aulendorf mit lebensnahen Predigten einen Namen gemacht hat. „Nein, hochgestochen reden ist meine Sache nicht", erklärt der bescheidene Mann, der beim Besuch des Reporters mehrfach betont, man möge bloß nicht allzuviel Aufhebens um ihn machen.

Hans Desch, 1924 in Breslau geboren, fühlte sich schon früh zur Kirche hingezogen. Als Kind habe er Messe gespielt und mit zehn Jahren brachten ihn seine Eltern – der Vater war Postbeamter, die Mutter Hausfrau, Hans war das einzige Kind – in das Missionsseminar der Steyler in Heiligkreuz (bei Neiße in Oberschlesien). Nach dem Abitur 1942 musste er zum Reichsarbeitsdienst, kurz vor Weihnachten 1942 dann zur Wehrmacht. Eingekleidet in Cosel (Schlesien), zum Infanteriepionier ausgebildet in Frankreich, musste er 1943 an die Ostfront; seinen 20. Geburtstag verbrachte er in russischer Kriegsgefangenschaft in einem Lager in Kiew. Danach ging es in den Ural, Bäume fällen, Häuser bauen, zur Fabrikarbeit. Ein Riesenbaum, den die Kriegsgefangenen zu acht schleppen mussten, ist ihm unvergessen. „Wir hatten doch nichts Rechtes im Bauch und dann diese Knochenarbeit."

In der Gefangenschaft fand sich ein Kreis Gleichgesinnter zum Gebet zusammen. Reguläre Gottesdienste zu zelebrieren sei nicht erlaubt gewesen, erinnert sich Hans Desch. Auch sei der Sonntag nicht arbeitsfrei gewesen. In der kargen Freizeit habe man versucht, ein Minimum an religiösem Leben aufrecht zu erhalten. Unvergessen ist ihm der Redemptoristenpater Toni Hoffmann, der eine konsekrierte Hostie aufbewahrt hatte. Bei Pater Hoffmann sei man zusammengekommen, um gemeinsam Anbetung zu halten. Als die Hostie nach einiger Zeit

zu zerfallen drohte, wurde sie Hans Desch zur Kommunion gereicht.

In den 1950er-Jahren – Hans Desch war 1949 nach Hause entlassen worden – erhielt er von Toni Hoffmann eine Karte. „Hans, Dank Dir für Treue und brüderliche Liebe in schwerer Zeit", stand darauf und die Marienbitte: „Mutter von der Erlösung der Gefangenen, bitte für uns." Abgebildet sind auf der Karte in einer Collage alle Teilnehmer des Gebetszirkels. Die Karte bewahrt Hans Desch heute noch neben seinem Primizbildchen auf.

Unvergessen ist ihm natürlich auch die Heimfahrt aus russischer Kriegsgefangenschaft. In Bebra, an der Zonengrenze, schon auf westdeutschem Gebiet, traute er seinen Augen nicht: Dort stand sein Vater. Die Eltern, 1947 aus Schlesien zwangsausgesiedelt, hatten in Frankfurt (Main) wieder Fuß gefasst; am Tag, als Hans Desch in Bebra ankam, war der Vater mit seinem Bahnpostwagen just ebenfalls in Bebra. „Ich bin nichts wie rüber gestürzt über die Gleise zu meinem Vater." Sechs Jahre hatten sich die beiden nicht gesehen, Hans hatte zwischendurch sogar als vermisst gegolten.

Vier Wochen Erholung und Rausfuttern in Frankfurt bei den Eltern, dann ging Hans Desch, nun 25 Jahre alt, daran, seiner Berufung zu folgen. Bei den Steyler Missionaren in St. Augustin im Rheinland studierte er Theologie, 1955 wurde er zum Priester geweiht. Seinen Wahlspruch entnahm er dem ersten Korintherbrief: „Meine Liebe gehört Euch allen in Christus Jesus." Zunächst war Hans Desch Erzieher in St. Arnold in Rheine, dann – nach einem Zweitstudium in Münster – Religions- und Englischlehrer im Missionshaus in Driburg (bei Paderborn) und anschließend 18 Jahre lang im Sophie-Scholl-Gymnasium in Oberhausen. An den Wochenenden half er in der dortigen Kirchengemeinde aus.

Aber zum eigentlichen Gemeindepriester wurde der Schulmann Desch erst in Aulendorf, in einem Alter, in dem andere ihre Hände in den Schoß legen. Vermittelt durch Pater Schneider in Leutkirch-Gebrazhofen, ein Kriegskamerad von Hans Desch, fand er 1987 nach Aulendorf. Nach Süddeutschland hatte es den Pensionär gezogen, um in der Nähe seiner geliebten Berge zu sein. Von Dekan Dr. Utz mit offenen Armen aufgenommen, half Hans Desch in der Gemeinde, wo man ihn brauchte. Bis ins hohe Alter las er Messen, auch draußen in den Kapellen, hörte Beichte, predigte, machte für den Pfarrer die Urlaubsvertretung.

Auch seine Haushälterin Marie-Theres Lindemann – einst Gemeindereferentin in einer Pfarrei in Köln – brachte sich in der neuen Ge-

meinde ein, so als Religionslehrerin oder bei der Kommunionmütter-Vorbereitung. „Wenn sie nicht wäre, wäre ich wohl nicht mehr am Leben", sagt Pfarrer Desch mit Blick auf seine Wirtschafterin. Nicht nur, dass sie dem Zuckerkranken Diät kocht. Bis vor wenigen Jahren gingen sie noch zusammen auf Bergwanderung. Jetzt künden noch Fotos an der Wand von dieser schönen Zeit.

Priester am Gipfelkreuz: Hans Desch 1978 auf der Oberbachernspitze in Südtirol. Foto: Marie-Theres Lindemann

Schwester Augusta Kunz
„Ich bin eine Namibianerin geworden"

Wie wird eine Waldseerin OP-Schwester in Windhuk/Namibia? Die Missionsbenediktinerin Augusta Kunz, die 1936 als Annemarie Kunz neben der Oberamtei in Waldsee geboren wurde, hat bei einem Heimaturlaub im Sommer 2004 über ihr Leben gesprochen.

„Wenn ich einen tropfenden Wasserhahnen sehe, kriege ich Zustände." Namibia, seit mehr als 40 Jahren die Heimat von Schwester Augusta, ist ein Wüstenland. Das einstige Deutsch-Südwestafrika hat lediglich im Ovamboland nach Angola hin ausreichend Niederschläge. „Wenn es mal regnet, dann bleiben viele Arbeitnehmer zu Hause und bestellen ihre Äcker." Dann werde gepflügt und gesät, das habe Vorrang vor allem anderen. Wer aus diesem Grunde von der Arbeit fernbleibe, habe nichts zu befürchten. „Der Regen ist wichtig, das wissen alle", erzählt die Ordensfrau, die seit 1963 in Namibia lebt und arbeitet. Besonders wichtig sei in ihrem Land die Viehwirtschaft. Da aber die Weiden karg sind, seien die Farmen riesig. „5000 bis 7000 Hektar hat so eine Farm", die oft noch von Weißen geführt werde. Es gebe zunehmend aber auch schwarze Farmer, eine Folge der Landreformpolitik der Regierung. Auf 5000 Hektar stünden im Schnitt nur 500 Rinder, zehn Hektar pro Rind. „Dafür haben wir kein Bi-Es-I", sagt sie und fällt ausnahmsweise ins Englische.

Auch die Mundart ihrer Kindheit schlägt in ihrem spannenden Vortrag immer wieder durch, so wenn sie von den „bolzagraden" Straßen erzählt, auf denen leider gerast werde – vor allem von den Deutschen. Straußenzucht, Diamanten-Schürfen, Uran-Bergbau, Fischfang und Tourismus – anschaulich schildert die Auslands-Waldseerin Handel und Wandel in ihrem Land. Als sie von Krokodilfarmen erzählt, ruft eine Freundin aus alten Waldseer Tagen aus: „Hoscht du scho omol ois gessa?" – „Noi, ha-a", antwortet Schwester Augusta und schüttelt sich vor Lachen.

Ganz still wird es im vollbesetzten Raum des Frauenbundes, als Schwester Augusta auf das Thema „Aids" zu sprechen kommt. Etwa 40 Prozent der Bevölkerung zwischen 15 und 45 Jahren sei HIV-positiv, auch viele Kinder und Neugeborene seien betroffen. Die Regierung gehe das Problem mit Aufklärungskampagnen („Geht nicht fremd!") und speziellen Projekten an. So würden HIV-positiven Schwangeren in einem Pilotprojekt spezielle Medikamente gegeben, um das Ansteckungsrisiko für die Babys bei der Geburt zu vermindern. Ein Drittel der von HIV-positiven Müttern geborenen Kinder würden während der Geburt angesteckt, das lasse sich mit solchen Mitteln deutlich reduzieren. Auf die Frage aus der Zuhörerschaft, ob die medizinischen Hilfen aus Europa in Afrika auch ankommen, sagt Schwester Augusta: „Ja, die Hilfen sind spürbar."

Spürbar, aber keineswegs ausreichend. Das wird deutlich, als sie schildert, wie ihre Mitschwester Raphaela sich besonders stark bei der Beschaffung und gerechten Verteilung von Aids-Medikamenten engagiert. Eindringlich warnt Schwester Augusta vor der Ausgrenzung von Infizierten und Aids-Kranken. Mit diesen Mitmenschen könne man und müsse man normal umgehen, appelliert sie.

Ähnlich sparsam wie mit dem Wasser gehe man auch mit Blut um. Die Blutbank sei tadellos, betont sie; aber für eine einfache Hüft-OP, zum Beispiel, sei man nicht bereit, die so kostbaren Konserven einzusetzen, berichtet die Ordensfrau aus Deutschland, die ihr OP-Krankenschwesternexamen 1964 am weltbekannten Groote-Schuur-Hospital in Kapstadt gemacht hatte. „Als ich dort anfing, konnte ich kein Wort Englisch." Am Anfang habe es

„Meine Aufgabe ist in Windhuk." Schwester Augusta, gebürtig aus Bad Waldsee, wirkt seit mehr als 40 Jahren in Afrika.
Foto (2004): Uli Gresser

manche Träne gegeben. Aber die Kollegen und Vorgesetzten, darunter viele Juden, seien hilfsbereit und freundlich gewesen. „Das war keine zwanzig Jahre nach Hitler. Aber sie haben mich nichts spüren lassen."

„Ich gehe einmal in die Missionen." Das sagte Annemarie Kunz, seit sie 16 war. Sie war die Zweitälteste unter den neun Kindern der Familie Kunz, die an der Hochstatt in Bad Waldsee ein Lebensmittelgeschäft betrieb und die zudem den Bahnhofskiosk hatte. Gerne hätte man es gesehen, dass das tüchtige Mädchen, das in der „Becker'schen" eine Lehre als Apothekenhelferin absolviert hatte, daheim im Laden geblieben wäre. Doch während einer Saisonarbeit in Beuron, wo sie häufig in die Klosterkirche ging, spürte sie ihre Berufung. Der örtliche Pfarrer gab ihr den Tipp: „Geh doch nach Tutzing, zu den Missionsbenediktinerinnen." Mit 21 Jahren ist sie dort eingetreten, ließ sich zur Krankenschwester ausbilden und 1963 wurde sie nach Namibia ausgesandt. Noch mit 68 Jahren arbeitete die bemerkenswert vitale Frau als Leitende OP-Schwester. Aus Anlass des 90. Geburtstages ihrer Mutter kam sie 2004 auf Urlaub nach Bad Waldsee – ihr erster Besuch in der Vaterstadt nach zehn Jahren.

„Meine Aufgabe ist in Windhuk." Dort betreiben die Missionsbenediktinerinnen ein 80-Betten-Krankenhaus mit vier OP-Sälen. Zudem unterhält die Kongregation drei Kindergärten – in Windhuk und im Norden des Landes. Wie sie ihre mitunter schwere Aufgabe bewältigt? Mit Gottvertrauen und Humor. „Der Humor ist ein Erbstück meiner Mutter", sagt sie und schmunzelt.

Manfred Langlouis
Da kaufte er
den Hof der Witwe Schütz

34 Jahre lang hatte Manfred Langlouis die Geschicke Tannhausens gelenkt, zunächst als Bürgermeister, später als Ortsvorsteher. Wir haben Langlouis im Oktober 2004, kurz vor der Amtsübergabe an seinen Nachfolger Volker Gorsler, im Dorfgemeinschaftshaus der Aulendorfer Teilgemeinde besucht.

Er sitzt im eigenen Haus. Nein, es gehört ihm nicht. Aber es hat ihm einmal gehört. Und: So wie es dasteht, ist es sein Werk. Sein Lebenswerk. Die Rede ist vom Dorfgemeinschaftshaus Tannhausen.

Es war Mitte der 1980er-Jahre. Der 80-jährigen Josefine Schütz war ihr Hofgebäude, im Herzen Tannhausens gelegen, zur Last geworden; die Witwe wollte ihren Lebensabend im neuen Altersheim St. Vinzenz in Aulendorf verbringen und bot die Hofstelle mit dem schönen Grundstück (2124 Quadratmeter) der Stadt zum Kauf an. Doch die Stadt war auch damals schon knapp bei Kasse, konnte nicht kaufen. Da griff Manfred Langlouis kurzerhand in die Privatschatulle und kaufte den Eindachhof auf eigene Rechnung. „Wenn des nausganga wär', des wär' ewig schad gwesa", sagt er noch heute, fast 20 Jahre nach dem Überraschungscoup, bei dem seine Frau Rita mitunterschrieben hatte. Die Dorfmitte sei einfach zu wertvoll gewesen, die habe man für die Ortschaft sichern müssen, begründet Manfred Langlouis sein außergewöhnliches Engagement. 1988 verkaufte Langlouis das Gebäude an die Stadt – „ohne Gewinn", wie er betont. Heute sind in dem tipptopp hergerichteten Anwesen Kindergarten, Gemeindesaal und das Büro des Ortsvorstehers untergebracht. Der Musikverein, in dem Manfred Langlouis die Große Trommel schlägt, hat sein Probelokal hier und die Narrengruppe verwahrt ihre Sachen im „Dach-Juchhe". 35 Mal haben Tannhausens Fasnetsfans den „Manne" abgesetzt – am „Fasnetssamstig" 2004 hat er die Schlüssel zum letzten Mal herausgerückt.

Manfred Langlouis ist Jahrgang 1936, hat fünf Bypässe, im Sommer 2004 überstand er eine schwere OP an der Bauchschlagader. Es sei an der Zeit, kürzer zu treten, sagt der Mann, der 20 Jahre im Pfarrgemeinderat mitmachte (davon fünf Jahre als Zweiter Vorsitzender), der 15 Jahre lang Stadtrat war, der Mitbegründer der Musikkapelle Tannhausen war, der phasenweise 14 Ehrenämter innehatte („Es gab Wochen, da war ich jeden Abend weg"). Eigentlich wollte er schon fünf Jahre früher zurück ins zweite Glied, wollte den Ortsvorsteher-Posten abgeben. Aber man hatte ihn gebeten: „S Dorfgemeinschaftshaus, des muasch no fertigmacha." Und da hat er sich halt noch einmal in die Pflicht nehmen lassen.

Ja, die Pflicht. Manfred Langlouis war immer einer, der gerufen wurde. Als 1969 Josef Hauser als Bürgermeister aufs Altenteil ging, da sagten die Gemeinderäte und der scheidende Schultes zu Manfred Langlouis: „Du kandidiersch!" Manfred Langlouis, gebürtig aus Aßmannshardt, ein gelernter Kfz-Mechaniker, hatte 1958 nach Tannhausen geheiratet, war 1965 in den Gemeinderat gewählt worden. Er war 33 Jahre alt und ließ sich in die Pflicht nehmen. Ein Gegenkandidat zog noch vor der Wahl zurück, der zweite war zur Kandidatenvorstellung im „Adler" nicht erschienen. Heimspiel für den „Manne"; „die Wahl gewann ich mit Glanz und Gloria", erinnert sich der zurückhaltende Mann schmunzelnd. Als in der Nachbargemeinde Michelwinnaden der Bürgermeister erkrankte, da machte Langlouis auf Bitten des Verwaltungsaktuars den Amtsverweser, führte kommissarisch die Bürgermeistergeschäfte. Wurde gebeten zu kandidieren. Langlouis ließ sich in die

Pflicht nehmen. 20 Stimmen fehlten zum Sieg. Das war 1971.

1972 kam die Gemeindereform. Bei einer Bürgeranhörung sprachen sich 75 Prozent für die Selbstständigkeit Tannhausens aus. Der Gemeinderat stimmte dennoch der Eingemeindung nach Aulendorf zu. „Paragraf 34a!" Manfred Langlouis kennt noch heute die Gesetzesbestimmung. „Paragraf 34a Finanzausgleichsgesetz hat den eingliederungswilligen Gemeinden Sonderzuweisungen in Aussicht gestellt." Die sperrigen Gemeinden aber seien auf 1. 1. 75 zwangseingemeindet worden. „Aus diesem Grund hat der Gemeinderat zugestimmt." Man sei „gut zusammengewachsen" inzwischen, die Zusammenarbeit mit der Stadt sei „sehr gut". „Schulisch und kirchlich gehören wir ohnehin zusammen", ergänzt Langlouis. Nur dass man keine eigene Finanzhoheit mehr habe, das tue mitunter weh.

Als Tannhausen am 1. Februar 1972 zu Aulendorf kam, da hatte das für Manfred Langlouis einschneidende Konsequenzen: Er war nun kein Bürgermeister mehr. Zwar wurde ihm eine Aufgabe im Sozialamt angeboten, aber Manfred Langlouis wählte die Selbstständigkeit. Er verkaufte und wartete Feuerlöschgeräte, hielt in Großbetrieben Unterweisungen. Die Nachfrage sei immer gut gewesen. „Ich habe nie Werbung machen müssen", sagt Langlouis. Als Selbstständiger hat er seine Zeit frei einteilen können – gut für ihn und gut für Tannhausen. Denn als Ortsvorsteher diente er weiter seiner Teilgemeinde, gegen Aufwandsentschädigung.

Die Bilanz der drei Jahrzehnte als Ortsvorsteher liest sich hervorragend: Die noch zu Zeiten der Selbstständigkeit begonnene Ortskanalisation wurde fertiggestellt, 50 Bauplätze wurden ausgewiesen, Wege gebaut, der Sportplatz angelegt, das alte Rathaus renoviert, 1983 wurde ein neues Feuerwehrfahrzeug angeschafft. Die Dorfmitte wurde gestaltet und 2002 war es endlich so weit: Das Dorfgemeinschaftshaus, das ehemalige Anwesen Schütz, war fertig. Ein Schmuckstück, ein wirkliches Haus der Gemeinschaft.

Mit bescheidenem Stolz führt Manfred Langlouis durchs Dorfgemeinschaftshaus, begrüßt unten im Kindergarten seinen Enkel Alexander (sieben hat er insgesamt), führt im Saal die verschiebbare Küchenzeile vor. Oben befindet sich eine kleine Gemeindebücherei; Anita Reisch, die Amtsbotin und Gemeindesekretärin, rechte Hand von Manfred Langlouis über 30 Jahre, führt die Ausleihlisten. Konrad Reisch, ihr Mann, hat fürs Vorzimmer ein gesticktes Gemeindewappen gemacht, Wolfgang Kehrles Gemälde vom Dorfgemeinschaftshaus hängt daneben. Ein Geschenk der Stadt zur Einweihung 2002. Im Büchereiraum hängt auch die Gefallenentafel; auch Langlouis' Schwiegervater Albert Bosch ist darauf abgebildet, gestorben 1945 in russischer Gefangenschaft. Gegenüber steht die alte „Adler", eine mechanische Schreibmaschine. „Mit dera hon i früher gschrieba", erinnert sich Manfred Langlouis. Die „Adler" ist nicht mehr im Gebrauch, aber wegtun wollte er sie nicht.

Manfred Langlouis war immer einer, der gerufen wurde. Als Alois Schütz, der alte Kapellenpfleger, starb, „do hot ma mir dia Sacha brocht". Fortan war er Kapellenpfleger und das wird er – so Gott will – noch eine Weile bleiben. Der Erhalt des kleinen Tannhauser Gotteshauses ist ihm ein Herzensanliegen.

Basteln für die Enkel, Radfahren, als einfacher Bürger am Gemeindeleben teilnehmen – so wird der Ruhestand des Manfred Langlouis aussehen. Und immer wird er ein Lächeln im Gesicht haben. So kennt man ihn, so mag man ihn.

Manfred Langlouis, der letzte Bürgermeister der einst selbstständigen Gemeinde Tannhausen,
vor Porträts von Amtsvorgängern. Foto (2004): Gerhard Reischmann

Maria Ringer

Wirten
war ihr Leben

Abends die Letzte, morgens die Erste – so und nicht anders kannten die Brugger ihre „Rosengarten"-Wirtin Maria Ringer. Am 1. Mai 1997 feierte „Wirts Marie" ihren 90. Geburtstag. Ein letztes Mal hob sie die „Liesel", den Riesen-Seidel. Die kleine alte Frau – sie war die „Wirts-Mamme" meiner Kindheit. Unvergessen sind mir die Bescherungsteller, die sie zu Weihnachten und an Ostern herüberbrachte. Und unvergessen ist mir ihre kleine private Stube, in der sie etwas stehen hatte, was unsere Familie noch nicht hatte: einen Fernseher. An die „Kleinen Strolche" erinnere ich mich und obwohl mein Bruder und ich auch so etwas wie kleine Strolche waren, durften wir oft bei ihr „unterschlupfen". Zu ihrem hohen Geburtstag notierte ich Folgendes.

Arbeit als Lebenselixier, der „Rosengarten" als Lebensziel – das war und ist „Wirts Marie", wie die Jubilarin all die Jahrzehnte geheißen wurde. Ihr „Rosengarten" – das war nicht bloß eine Schankwirtschaft, das war der Mittelpunkt vom „Unterg'richt", wie der Bezirk um Brugg von alters her genannt wird. Hier berieten die Brugger Renovationen an der Kapelle, hier gründeten sie ihre Waaghausgenossenschaft (1930), hier wurde den Bauern das Milchgeld ausgezahlt.

Der letzte „Zahlmeister" war Josef Kunz von der Käserei in Geboldingen, wohin die Unterg'richtler Bauern ihre Milch lieferten (bis 1967). Für Käser Kunz war der Zahltag ein Festtag, fiel doch manch schönes Trinkgeld für den beliebten Mann ab. Und auch die Bauern genossen den Tag in vollen Zügen – „bis d' Polizei komma isch", weiß Simon Ringer, der jetzige Wirt, zu berichten. Seine Mutter habe die kitzlige Lage mit zwei Schnäpsen zu retten versucht. „Ich lasse mich nicht bestechen", raunzte daraufhin der gestrenge der beiden Polizisten. „Grad reat, no sauf i boide", meinte der weniger sittenstrenge Ordnungshüter und griff beherzt zu. Nicht allzu lange nach dem Abgang der beiden Amtspersonen, denen es im Übrigen nicht gelungen war, die Versammlung aufzulösen, ging die Türe wieder auf und Beamter Nummer zwei gesellte sich zu der Runde. Bis morgens um 4 Uhr sei man an jenem Zahltag noch zusammengesessen. Nichtsdestotrotz war die Marie in der Früh die Erste im Stall.

An besagte Anekdote kann sich die 90-Jährige noch erinnern. Ansonsten hapert es schon mit dem Gedächtnis und, seit einem Schlägle, auch mit dem Sprechen. Vor wenigen Jahren noch hat sie gern und viel von früher erzählt. Zum Beispiel vom Bittgang, den die Arnacher alljährlich herab zur Brugger Kapelle machten. Da habe es im Weiler immer geheißen: „Etz kommt go d' Prozessio, etz muass ma d' Gärte aufromma." Auch von Vieh- und Stallsegnungen wusste sie. „Jo, jo, domols war d'r Glauba no warm."

Auch vom Schützenverein Brugg erzählte sie gerne. Jener weit übers Unterg'richt hinaus bekannte Verein hatte sein Schießlokal im Nebenzimmer. Mit den Jahren wurde die Wand zum angrenzenden Stall schier durchlöchert, so eifrig pflegten die Brugger Schützen ihren Sport. Einer der Höhepunkte im Vereinsleben: das Hochzeitsschießen. Wie der Benedikt Schick geheiratet hat (1939), hat ein Nachbarsmädle, als Kaminfeger verkleidet, ein Gedicht aufgesagt und als Geschenk einen Besen überreicht. Wirts „Rose", die Schwester der Marie, stand hinter dem Mädle „und hot eigsait".

Maria Ringers Leben war aber nicht nur Schützenfest und Fasnetsball und Frühschoppen im Gartenpavillon: 1947 starb ihr Ältester an Leukämie, gerade mal neun Jahre alt. Wie der Bub vom Krankenhaus heimkam, zum Sterben, da haben sie zu ihm gesagt: „Josefle, etz derfsch d'r was wünscha." Von der Buttercremetorte, wonach ihn noch gelüstete, brachte er kaum einen Bissen hinunter.

Maria Ringers „Rosengarten" war mehr als ein Gasthaus. Früh hatte man den Fernseher; selbstverständlich war bei der Weltmeisterschaft 1966 oder beim Staatsbegräbnis von Adenauer die Wirtschaft gerammelt voll. Als erste im ganzen Unterg'richt hatte man auch Telefon. Die Wirtsfamilie musste also im weiten Umkreis Anrufe ausrichten. Stand ein freudiges Ereignis ins Haus – undenkbar war es in früheren Zeiten, dass ein werdender Vater im Kreißsaal zugegen war – so erfuhr er die entscheidende Nachricht („ihr hond en Bua/s'isch a Mädle") aus der Wirtschaft.

„Wirts Marie" war in jungen Jahren ein begehrtes Mädchen. Ein eifriger Schütze, der „Mattheis", sah sie besonders gern. „Aber woisch", sagte er mal zu mir, „woisch, sell Ringer vo Ampfelbronn, der hot meh Eisa ghett." Der vermögendere Aspirant wiederum traute seinem Glück anfänglich nicht so ganz. Als er einmal mit dem Rad die lange Steige von Eggmannsried nach Unterschwarzach hinaufkeuchte und er zum Ausschnaufen anhielt, fiel sein Blick auf die Tafel Schokolade, die er seiner Marie mitzubringen gedachte. „Oh, i krieg se jo doch it", habe er für sich gedacht und das Mitbringsel vervespert.

So hat man es am Stammtisch erzählt. Beim Schokoladenvespern dabei gewesen ist keiner. Aber dass der Wirt – er hat seine Marie bekommen – für sein Leben gern aß, das war unübersehbar. Und dass Maries Apfelküchle noch während des Backens in aller Regel einen argen Schwund hatten, das ist verbürgt.

Als der Wirt im Krieg war, half mein Großvater der Marie auf dem Hof. Er mähte, pflügte und säte für sie. „Jed'r kommt hoi, bloß d'r Mei isch no im Englischa", seufzte sie dann und wann. Als Simon Ringer 1947 nach Hause entlassen wurde, da spannte mein Großvater ein und holte ihn am Bahnhof Wurzach ab.

Nachbarschaftshilfe war eine Selbstverständlichkeit. Man schätzte einander, man half sich gegenseitig. Aber wenn man jahrzehntelang nebeneinander haust, kann es auch mal einen Misston geben. Einmal zahlte mein Großvater einen Knecht aus und raunzte dabei hörbar: „Aber it, dass es glei en d' Wirtschaft numtraisch." Da hat die Marie ein bisschen scheel geschaut.

Der Mann im Krieg, die Frauen schaffen zu Hause die Land- und Gastwirtschaft: „Wirts Marie" mit ihrer Mutter Aloisia Brack und ihrer Schwester Rosina Brack (Abele). Das Bild von der „Brugger Weiberwirtschaft" stammt von 1942. Auf dem Arm von Wirtin Maria Ringer ist Klein-Simon. Links Josef, der Bub, der 1947 im Alter von neun Jahren an Leukämie starb. Daneben seine Schwester Aloisia (Luise) Ringer (Gregg).

Foto: bei Reischmann

161

Maria Ringer, geborene Brack, ist das Wirtinnen-Dasein in die Wiege gelegt worden. Auch ihre Eltern und ihre Großeltern Brack waren Gastwirte. Johann Brack kaufte sich anno 1850 in Brugg an; „Rößle" hatte die Schankwirtschaft damals geheißen und sie hatte ihren Platz im Hinterhaus des Anwesens. Sohn Thomas Brack konnte dann 1901 das Vorderhaus, dem Hörensagen nach eine Wagnerei, erwerben und verlegte die Gaststätte nach vorne, „woselbst sie auf die meisten der des Wegs Kommenden eine große Anziehungskraft ausübte", wie Hermann Haiss, der Chronist Arnachs, notierte (ca. 1930). 1981 wurde die alte Wirtschaft abgebrochen und ein Neubau mit Kegelbahn und Gästezimmern errichtet. Unter Simon Ringer jun. und seiner überaus tüchtigen und allzeit freundlichen Frau Agnes erlebte der Brugger „Rosengarten" eine neue Blütezeit.

„Wirts Marie" – Maria Ringer – starb am 25. April 1999, wenige Tage vor ihrem 92. Geburtstag. Auf ihrem Sterbebildchen finden sich folgende Zeilen:

Nun ruhen Deine fleißigen Hände,
die für uns schafften viele Jahr.
Dein Sorgen, Beten hat ein Ende,
was Deines Lebens Inhalt war.
Hab' innigen Dank, Du Mutterherz,
für Deine Lieb' und Mühen.
Ein Trost bleibt uns in diesem Schmerz,
das Wiederseh'n im Jenseits drüben.

So ist sie den „Rosengarten"-Gästen in Erinnerung: Maria Ringer an ihrem 90. Geburtstag (1. Mai 1997). **Foto: Uli Gresser**

Otto Hengler
Kleiner Mann,
in der Dorfmusik ganz groß

Otto Hengler starb 2006 in Bärenweiler, im Pflegeheim. Er wurde 93 Jahre alt. Über ein halbes Jahrhundert hatte er das Musizieren in seinem Heimatdorf Arnach geprägt. Als er im Januar 1998 die Kirchenchorleitung in jüngere Hände gab, notierte ich Folgendes.

Mittlerweile ist er 84. Sicherlich 10 000 Mal ist er die 36 Stufen hinauf zu Orgelbock und Chorempore der Arnacher Ulrichskirche gegangen. Als er angefangen hatte auf der „Borkirch", wie man früher zur Empore sagte, da hatte der 14-Jährige noch nicht einmal den Stimmbruch. Mit Singen war es also vorerst nichts, aber zum Partiturenumblättern oder Registerziehen oder Blasebalgtreten konnte man den anstelligen Schulabgänger gut gebrauchen. 1927 war das und damals hatte die (1890 angeschaffte) Orgel noch keinen Elektromotor; der junge Hengler musste also, wie andere Burschen auch, kräftig in die Pedale treten, damit der Mann an der Orgel genug Wind hatte. „Wenn viel Regischter hussa waret – 's volle Werk – noche hot ma scho g'herig treta müssa." Haltegriff, Pedale und Teile der Transmission sind heute noch vorhanden.

1927 – damals hatte die Arnacher Kirche noch keine Heizung. Die sei erst unter Pfarrer Schmollinger, der von 1927 bis 1942 amtierte, eingebaut worden, erinnert sich Otto Hengler. Klamme Finger habe es also gratis dazugegeben zur schmalen Entlohnung fürs „Registrieren". Aber um das kleine Geldle ging es dem musikalischen jungen Mann gar nicht mal so: Viel wichtiger war es ihm, dem Herrn Lehrer an der Orgel auf die Finger zu schauen und – zu lernen. Hermann Haiss war sein erster Lehrmeister (bis 1932). Dann die Lehrer Lechmann und Döser. In den Zeiten zwischen den Wechseln gab Otto Hengler den Ton an. 1943, wie Döser nach Arnach kam, strafversetzt von den Nazis, was im Nachhinein ein Ehrentitel ist, trat Hengler wieder einmal ins Glied, machte als einfacher Sänger im Chor mit, dem er seit 1930 angehörte. Mit Stolz kramt der 84-Jährige die Dankeswid-

mung von 1943 hervor, in der Pfarrer Segmiller seinem „Hilfsorganisten" hohes Lob zollt.

15 Schulmeister hat er kommen und gehen sehen, alle nahmen mehr oder weniger lange den Kirchenchor, wie es früher auf dem Dorf der Brauch war. Für Otto Hengler hat es trotzdem Gelegenheit genug zum Spielen gegeben: bei der Sonntagsnachmittagsandacht, bei Beerdigungen, beim Herz-Jesu-Freitag, gelegentlich bei der Schülermesse, die auch in der Nazizeit jede Woche gehalten wurde („immer mit Orgel"). Später, wie es dann aus war mit dem Mitwirken der Lehrer, wurde der Mann mit dem Moped vollends unentbehrlich. Jahrzehntelang, bei Wind und Wetter, fuhr er die knapp zwei Kilometer von Schapfen (bei Übendorf), wo die Henglers eine kleine Landwirtschaft betrieben, zum Dienst in der Kirche.

Außer für die musica sacra schlug Henglers Herz auch für die Blasmusik: 30 Jahre lang, bis 1978, dirigierte er die Arnacher Musikkapelle. Ein Höhepunkt in all den Jahren war sicher die Lieferung der neuen Kirchenglocken im Jahre 1958. Als die vier Glocken, mit einem Ziegelwerkslaster aus Passau geholt, am Ortsrand eintrafen, rückte die Musikkapelle unter seiner Leitung aus und begleitete den Transport zum Abladeplatz an der Kirche (nur die älteste Arnacher Glocke, sie stammt von 1650, hatte den Krieg überstanden).

Otto Hengler, der altgediente Kirchenmusiker, kennt die „Arnacher Liturgie" von einst und jetzt aus dem Effeff. Detailliert erinnert der 84-Jährige sich an längst untergegangene Traditionen wie etwa den „Monetssonntig", die allmonatliche Feier der Arnacher Rosenkranzbruderschaft unmittelbar vor dem Hauptgottesdienst: Vor ausgesetzter Monstranz hat man das Bruderschaftsgebet gesprochen und lateinische Lieder gesungen – selbstverständlich unter Orgelbegleitung. Die Arnacher Rosenkranzbruderschaft, deren Stiftungsbrief von 1695 (mit Siegel von Papst Innozenz XII.) noch vorhanden ist, ist irgendwann in den 1960ern, 1970ern eingegangen.

Ungezählte Stimmen sind durch Henglers Schule gegangen. Gerne erinnert er sich an Maria Graf, im Volksmund „Grofa Marie" geheißen. Einen selten klaren, starken Sopran habe sie gehabt „ond ieberhaupt it druckt" (hielt den Ton dauerhaft sauber). Auch „Grofa Marie" stieg ihrer Lebtag die 36 Stufen hinauf, ebenfalls wohl um die 70 Jahre lang, bis ihre Beine nicht mehr wollten. Wie sie dann in den Rollstuhl kam und ihr getreuer Engelbert sie wieder mal zur Kirche schob, da tat sie – mit einem wehmütigen Blick hinauf zur Empore – den denkwürdigen Spruch: „Nauf dät i scho no komme (mit der Stimme) – aber 's Gschtell …"

Der Musikant Gottes quittiert nun seinen Dienst. Es fällt ihm schwer, wie er durchblicken lässt. „Aber 's Alter hon i jo." Die – eigentlich einzige – Plage seines Alters ist seine zunehmende Schwerhörigkeit, für einen Musiker ein hartes Los. Aus dem jubilierenden Lobpreis wird nun das stille Anbeten.

Erwähnt werden sollte noch, dass Otto Hengler mit seiner 1993 verstorbenen Frau Maria ein halbes Dutzend Pflegekinder großgezogen hatte. Und dass er ein passionierter Hausmusiker war. Wenn Freunde aus dem Dorf sich draußen in Schapfen um seine Zither versammelten, dann war er glücklich.

Otto Hengler, heiter … – inmitten von Polterabendmusikanten vor dem Hof Kling in Brugg (Hochzeit von August und Rosmarie Kling 1958).
Foto: bei Bernhard Kling

Otto Hengler, ernst … – als Organist in der Pfarrkirche St. Ulrich in Arnach (Osternacht 1978).   Foto: Bernhard Kling

Xaver und Cilly Gut
Nach jahrzehntelanger Aufbauarbeit ein erster Urlaub im Harz

Im Kreise ihrer Familie und ihrer großen Verwandtschaft, geehrt von Bürgermeister und Ortsvorsteher und vom Arnacher Musikverein, der ein Ständchen darbot, haben Cilly und Xaver Gut im Februar 2004 ihre Diamantene Hochzeit gefeiert.

Als sie im Februar 1944 heirateten, war Krieg. Es war erst die zweite kirchliche Trauung, die von Pfarrer Segmiller, der seit Dezember 1942 amtierte, vorgenommen wurde. Dorfhochzeiten des üblichen Stils gab es damals so gut wie keine mehr. Bei „Jägebecka Vere" aber, seit 1933 im Musikverein, trommelte Dirigent Franz Schellhorn jenes Dutzend älterer Männer, das nicht an der Front war, zusammen, um im „Löwen" Hochzeit zu feiern – nicht im Saal, weil dort seinerzeit eine Weberei untergebracht war, die neben Möbelstoffen auch Textilien für die Wehrmacht fertigte. 50 Jahre später, bei der Goldenen Hochzeit, holten Cilly und Xaver Gut mit der Arnacher Musik den Hochzeitszug durchs Dorf nach. Zum 60-Jahr-Jubiläum ihres Ehebundes wurde zwar aufs Marschieren verzichtet; das zünftige Aufspielen aber zu Ehren von Xaver und Cilly war für den Arnacher Musikverein selbstverständlich. Kein Wunder, war doch Ehrenmitglied Xaver Gut 57 Jahre dabei, als Trompeter und Tenorhornist und 25 Jahre auch als Vizedirigent. „Ja, die Musik war unserem Xaver überaus wichtig", sagte Ortsvorsteher Paul Barensteiner und fügte launig hinzu: „Dabei war er ein untypischer Musikant: In den Proben war er immer, in der Wirtschaft nie!"

Fürs Wirtshaushocken hatte Xaver einfach keine Zeit; dafür war er ein zu harter Arbeiter, daheim auf seinem Hof in der Romey und draußen auf den vielen Baustellen, die er hatte. Jedem seiner vier Söhne hat er eigenhändig ein Haus gebaut, Stein für Stein, ohne Maurer und ohne Zimmermann, und auch seiner Tochter hätte er vermutlich ebenfalls ein selbstgebautes Haus hingestellt, hätte sie nicht bis nach Ramsau im Berchtesgadener Land geheiratet.

Was für „en Nule" Xaver Gut war, zeigt die Geschichte des Baus seines eigenen Hauses im Jahr 1953 (der Wohnteil des Ökonomiegebäudes). Morgens um vier stand er auf und machte sich mit Pickel und Schaufel an das Ausheben der Baugrube. 250 Kubik hat er so ausgegraben, 14 Tage lang hat er geschuftet. Dabei hätte er von Ziegler Schmid für 500 Mark einen Bagger haben können. Doch es ging ihm nicht nur ums Einsparen des Geldes. Es ging um Arbeitswirtschaftlichkeit. „Wenn i de Bagger gnomma hett, dann hett i des Loch ums Numgucka ghett, aber die Erdhäufe hettet geniert

Die Spitzen von Stadt und Ortschaft machten dem Jubel-Paar Cilly und Xaver Gut im Februar 2004 im Brugger „Rosengarten" ihre Aufwartung. Bad Wurzachs Bürgermeister Roland Bürkle überreichte eine Glückwunsch-Urkunde von Ministerpräsident Erwin Teufel und Ortsvorsteher Paul Barensteiner (Bild) würdigte insbesondere das Engagement von Xaver Gut für die Blasmusik. Xaver Gut starb 2005 im Alter von 86 Jahren.
Foto: Christian Gut

(gestört) und i hett d' Schaufel oineweg no in d' Hand nemma müssa." So aber befüllte er die „Trucha" (Kieskisten), spannte die Pferde ein und brachte das Erdreich jedesmal gleich hinaus, um die Felder zu ebnen. Die 32 000 „Waben" und 1600 „Lochmeter" für den Hausbau – die Zahlen hat Xaver Gut nach über 50 Jahren noch parat – holte er mit dem Schlitten aus dem nahen Ziegelwerk; natürlich hat er sie von Hand aufgeladen.

Das mit dem „Nule" bestätigt auch Cilly, seine Frau, und wäre sie nicht ein bisschen aus demselben Holz, wer weiß, ob das mit der Diamantenen …

Man schrieb das Jahr 1937, als der 18-jährige Xaver im Ziegelbacher Greut bei Oberholzmacher Hierlemann wegen eines Stangenteils anfragte („Mir hond Bengel fürs Gschäl braucht"). Da traf er Cilly erstmals. 1940 wurde Xaver eingezogen und als er Jahre später verwundet im Lazarett in Braunlage (Harz) lag, da hielt es seine Cilly nicht mehr. Die Eltern hatten vor der 700-Kilometerfahrt mit dem Zug gewarnt, hatten Angst wegen der Fliegerangriffe. „I hon aber it luck glau. I hon mei oiges Geld ghett und be gfahra." Auf der Rückfahrt musste der Zug auf freier Strecke halten – wegen der Bombardierung einer großen Stadt; Cilly meint, es sei das brennende Köln gewesen. Das Geld für die abenteuerliche Zugfahrt hatte die 24-Jährige bei der Arbeit im Wald verdient. In den 1970er-Jahren haben die zwei dann ihren ersten Urlaub nach Jahrzehnten gemeinsamer Aufbauarbeit dort im Harz verbracht.

Wenn man die Lebensleistung von Xaver und Cilly Gut einordnen will, dann muss man bis ins Jahr 1894 zurückgehen, als Xavers Großvater Josef Anton Gut (Bauer in Trollis) das Anwesen in der Romey (Hofname St. Augustinus) kaufte. Der Hof – damals noch mit Strohdach – sei „vergantet" gewesen, war ohne Vieh und Fahrnis. 1900 gab Josef Anton Gut den Hof an seinen Sohn Karl, der baute auf und übergab 1942 an Xaver. Als der, mehrfach verwundet, 1944 nach Hause entlassen wurde und er seine Cilly zum Traualtar führen konnte, da begann die Erfolgsgeschichte. Heute gilt der Gut-Hof (Hausname „Jägerbeckes"), nun geführt von der nächsten Generation, als einer der Zukunftsbetriebe in der Gegend.

Wolfgang Schmid

Das Glöckchen
ist sein Lebenswerk

Aulendorf ist eine musikalische Stadt. Die 10 000-Einwohner-Gemeinde hat wohl mehr als zwei Dutzend Musikvereinigungen. Vom Aulendorfer Harmonika-Club bis zu den Alphornbläsern, vom Marinechor bis zur Gruppe „Virus", von „Beatclubband" und „Lollypop" bis zur „Mostfestkapelle", von den Schulchören bis zu Musikvereinen in Stadt und Land reicht das Spektrum. Fanfarenzug, Schloss-Schalmeien, Schussentäler Schalmeien, Liederkranz, Sängerbund, Orchester Sedelmayr – die Reihe ließe sich fortsetzen. Ein Chor mit angeschlossenem Orchester, der weit über Aulendorf hinaus einen guten Klang hat, ist die „Campanella". Leiter der Campanella ist Kapellmeister Wolfgang Schmid, der sich nach seiner Pensionierung als Musiklehrer am Studienkolleg St. Johann in Blönried ins Allgäu zurückgezogen hat, nach Arnach, dorthin, wo seine Wurzeln sind. Guter Brauch ist es in Aulendorf, dass die Campanella in der Adventszeit in der Stadtpfarrkirche St. Martin ein großes Weihnachtskonzert gibt. So wurde am 15. Dezember 2002 das Weihnachtsoratorium von Bach aufgeführt.

Da sitzt er in seinem schmucken, neu erbauten Haus oberhalb des Dorfes, in Sichtweite der Lourdes-Kapelle – ein Erbteil von seinem Großvater, der hier im Allgäu einst eine Reihe von Käsereien besessen hatte – und blättert im Album. „Da, schau, das war 1959 in Ospitale", sagt „Lupo", wie er seit jenen schönen Jugendtagen im Belluno und nicht nur dort gerufen wird. „Da, das ist der Hubert Oswald mit seinen Trommeln." Auf dem Foto schart sich junges Volk um die zwei Musikanten aus Schwaben und der kleine runde Fünfzigerjahre-Tisch mit seinen dünnen langen Beinen trägt eine Karaffe mit rotem Wein, wohl eine einfache Kreszenz aus der Nähe, bestenfalls aus dem Veneto. Der 22-jährige Wolfgang greift kräftig in die Tastatur seines Akkordeons und sein Kumpel Hubert macht den Rhythmus dazu. Die beiden werden schon damals die ewigen Italo-Songs drauf gehabt haben, das „O sole mio", das „Bella napoli" und das Lied von der Marina. Was ins Auge fällt: Die Freunde haben dasselbe Outfit, wie man heutzutage sagt; die optische Andeutung einer, ja, einer Chor-Bildung. Der Kittel war aus blaurotem Wollstoff, dazu ein hellblaues Hemd, eine weinrote Fliege, eine dunkle Stoffhose – so ganz nach Art dahergelaufener Straßenmusikanten war das nicht.

Im Herbst 1959 fahren Lupo und Freunde

– nun ist's schon ein Quartett – erneut nach Ospitale. Mit einem gemieteten Opel Olympia und wieder mit viel Musik im Gepäck. Und jetzt tauchen auch die ersten Mädchen-Namen auf, Adriana, die bildhübsche Silvia und Celestina, die „Himmlische". „O Italia, o bel paese", singen die vier und meinen nicht nur die Schönheit des Landes.

Wieder zurück aus dem Lande des Belcanto, beschließen die vier, Tanzmusik zu machen. Auch, um ein bisschen Geld hereinzuholen. Auf einer Autofahrt war es plötzlich da, das Wort, der Begriff, der Name: „Campanella". Wer den melodischen Begriff, diese wohllautende Ansammlung von Vokalen, gefunden hatte – Wolfgang Schmid weiß es nicht mehr. Und dann ging alles recht schnell. Bälle, Weihnachtskonzerte, Hochämter, Kurkonzerte, Konzerte im Bibliothekssaal in Bad Schussenried, zweimal auch in San Marco in Venedig.

Ja, die großen Reisen. „Wemm'r di it ghett hettet, mir wäret nia nach Italien komma", sagen heute die älteren Chormitglieder in Erinnerung an die Sechzigerjahre. Bald zählte das Ensemble 80, 100 Mitglieder, ein Orchester bildete sich, Rundfunkaufnahmen wurden gemacht (der damalige Aulendorfer Kaplan Otto Beck hatte den Kontakt zum Südwestfunk geknüpft).

Im Album findet sich ein Foto von der Ta-

Alle Jahre wieder … Am 14. Dezember 2006 führte die Campanella (Chor und Orchester) in der Pfarrkirche St. Martin in Aulendorf unter Leitung von Wolfgang Schmid ihr traditionelles Weihnachtskonzert auf. Neben Weihnachtsliedern aus Österreich, Polen, Frankreich, vom Balkan und aus Russland waren Werke von Buxtehude, Corelli und Mozart zu hören. Wie es seit vielen Jahren der Brauch ist, schloss das Konzert mit „O du fröhliche" in der Fassung von Joseph Dantonello. Beeindruckend, was Dantonello aus der einfachen Weise gemacht hat, begeisternd, wie die Campanella es „rüberbrachte".

„O Italia, o bel paese": Wolfgang Schmid (Akkordeon) und Hubert Oswald (Trommeln) 1959 im Belluno.
Foto: bei Oswald

gung der CDU-Landtagsfraktion anno 1968 in Aulendorf; neben Ministerpräsident Filbinger steht der 31-jährige Wolfgang Schmid, im dunklen Anzug, ein strahlendes Lächeln, und um ihn herum seine Campanella. Leadership, das Charisma dessen, der Leute um sich schart – das war dem Sohn des Kino-Betreibers Konrad Schmid in die Wiege gelegt. Das Foto atmet den Geist der Sechziger: Die Treppe mit dem kunststoffummantelten Handlauf, das geometrische Muster des Steinbodens im Parksanatorium, die Damen im dunklen Mini-Kleid, die zierliche viereckige Uhr am Arm von Veronika Rautenberg, ihr schmales, schwarzes Uhrband …

Frau Rautenberg (Alt, Cello) ist heute noch dabei. Wie auch Hermann Marquart (Bratsche, Klavier, Bass-Gesang), „ein universaler Musiker, einer der ganz Treuen" (W. Schmid). Oder Sieger Oswald, der Bruder des seinerzeitigen Italienfahrers Hubert. Oder Irmgard Schorer (Alt) und die Violinistinnen Thea Schmid und Gertraut Hasenmaile. Und Peter Jans, der Posaunist. Und Ferdl Huber, der Trompeter und

auch Paul Schädler, einer aus dem Ursprungsquartett.

Mit Hermann Marquart fühlt Wolfgang Schmid sich seelenverwandt. Der „Herme" hatte dasselbe Dilemma aus Pflicht und Neigung wie „Lupo": Was bei Hermann Marquart die väterliche Druckerei war, das war bei Wolfgang Schmid das väterliche Fotogeschäft nebst angeschlossenem Kino. Aber während Hermann Marquart sich in die Pflicht nehmen ließ, als Druckermeister den Betrieb übernahm und Musik „nur" nebenher machte, ging Wolfgang Schmid zum Vater. 1968 war das. „Der Bua isch todunglücklich", hatte Karl Faßnacht gesagt, der Chef des Ziegelwerks Arnach (Schmid-KG), ein älterer Cousin und väterlicher Freund. „Vater, i möcht 's Foto-Gschäft aufhöra und Musik studiera" – das war ein starkes Stück. Und Mutter Rosamunde machte sogar eine Wallfahrt nach Lourdes, dass aus dem Bub was Rechtes wird. Den Kapellmeister hat er dann gemacht und knapp drei Jahrzehnte lang im Studienkolleg in Blönried als Musiklehrer sein Brot verdient.

170

1968 tagte die CDU-Landtagsfraktion mit Ministerpräsident Filbinger (links) an der Spitze in Aulendorf. Die Campanella unter Leitung von Wolfgang Schmid (Mitte) machte den Politikern ihre Aufwartung und erntete viel Anerkennung. Foto: Eugen Oswald

„Ich konnte mich nicht entwickeln", erinnert sich Wolfgang Schmid an seine Fotografen-Zeit. „Den ganzen Tag in der Dunkelkammer und Privatbildchen rausmachen – das war nicht meins." Dabei war er durchaus anerkannt, den Meistertitel hatte er und war sogar Lehrer an der Gewerbeschule. Dass er nicht zum Geschäftsmann geboren war, das war ihm aber bald klar und er warf das Ruder herum.

Am Tag, als wir ihn besuchten, da war er um 5.30 Uhr aufgestanden, hatte stundenlang Partituren studiert, hatte nach CDs dirigiert. Seit Monaten schon bereitete sich die Campanella auf das große Weihnachtskonzert vor. Hier der Arbeitsplan von Chor und Orchester nur in der Woche vor unserem Besuch, wobei man wissen muss: Fast alle der Künstler sind Ehrenamtliche, die zum Teil von weither kommen. Samstag, 7. Dezember 2002: Ganztags Probe in der Kirche von Blönried; Montag und Dienstag Probe in Aulendorf; Mittwoch frei; Donnerstag Probe in Arnach; Freitag von 18 bis 22 Uhr Generalprobe in der Kirche von Arnach; am 14. 12. 2002

Aufführung von drei Kantaten aus Bachs Weihnachtsoratorium in Arnach. Und tags darauf das Konzert in St. Martin in Aulendorf.

Zu diesem Konzert kam auch Professore Bratti, der ehemalige Bürgermeister von Longarone. Wolfgang Schmid freute sich riesig über den Besuch aus Italien. „Das ist mir wichtig: Longarone." Der Ort des Stauseeunglücks von 1963. 2000 Tote hatte es damals gegeben. Wolfgang Schmid und seine Freunde hatten noch in Alt-Longarone musiziert. Zum 20-jährigen Gedenken an die Katastrophe hatte die Campanella in der neuen Kirche zu Longarone Mozarts Requiem aufgeführt.

Ach ja: „Campanella" heißt Glöckchen. Zum 30-jährigen Campanella-Jubiläum hatte Don Renzo, der Pfarrer von Longarone, eine Glocke mitgebracht. Für die Schmid'sche Kapelle in Arnach. Da, wo „Lupo" seine Wurzeln hat. Dort, wohin er zurückgekehrt ist. Und auch dort macht Wolfgang Schmid Musik: als Leiter des Kirchenchores und in der Musikausbildung. „Musik muss man weitergeben."

Religiöses Oberschwaben

Blutfreitag 1964 in Weingarten
Der Heiligblutreiter mit der Reliquie passiert diese Straße, die Gläubigen knien nieder.

Foto: Rupert Leser

Kreuzweg der Jugend
Das Dia an der Stallwand zeigt den verspotteten Jesus

Etwa 200 junge Christen aus dem Dekanat Waldsee sind zu Beginn der Karwoche 2003 in Unterschwarzach zusammengekommen, um gemeinsam den Kreuzweg der Jugend zu gehen und gemeinsam des Leidens Christi zu gedenken.

Schon Tage zuvor waren Egon Wieland, der Dekanatsjugendseelsorger, und Katrin Dobler, damals im Praktikumsjahr bei der Jugendseelsorge in Bad Waldsee, die Wege und Sträßlein um Unterschwarzach herum abgegangen, hatten da und dort an der Haustür geklopft und – um Strom gefragt. Die Leute seien „spitzamäßig" kooperativ gewesen, berichtet Wieland, und hätten mir nichts dir nichts das Kabel „nausgrichtet". Aber gestaunt hätten sie schon.

Und dann sind sie losgezogen, die Jugendlichen, mit Fackeln in der Hand, mit Gitarren und Liedtexten – und mit dem Diaprojektor. Gleich gegenüber der Pfarrkirche wurde der Projektor auf die Motorhaube eines roten Fiats gestellt und an der Hauswand erschien das Gemälde eines alten flämischen Meisters. Die Pilatusszene. Das Unrechtsurteil. Bei der Betrachtung des Bildes stellt ein Mädchen die Frage: „Und heute? Da wird verurteilt durch Vorurteile. Verurteilt wegen der Hautfarbe. Verurteilt in den Köpfen der Menschen." Im gemeinsam gesprochenen Gebet heißt es: „Gott, gib mir den unbedingten Willen, die Wahrheit zu suchen und danach zu handeln."

Mit dem immer wiederkehrenden Vers „Geh mit uns auf unserm Weg" ziehen die jugendlichen Pilger weiter zur nächsten Station, den Berg hinauf Richtung Menhardsweiler. Ein eisiger Wind beißt den jungen Leuten ins Gesicht, ehe sie an einem Transformatorenhäuschen Halt machen. An der Wand der EVS-Station leuchtet das Bild von der Geißelung Jesu auf. „Der moderne Mensch schlägt nicht mit Geißeln. Er schlägt mit Worten."

Die Singgruppe Unterschwarzach unter Leitung von Birgit Menig und Andrea Kraus singt: „Mensch. Allein. Mitten in der Menge. Allein im Gedränge."

Man zieht weiter, vorbei an einem geschmückten Feldkreuz. An einer Stallwand erscheint das Bild des verspotteten Jesus. „Gleichgültigkeit und Spott töten. Gott, wir erbitten von Dir die Kraft, in jedem Menschen Dein Bild zu sehen."

An einem Stadel sieht man den stürzenden Jesus, sieht, wie Simon von Cyrene angehalten wird, das Kreuz zu nehmen. Und heute? „Menschen zerbrechen unter dem Termindruck." „Geh mit uns auf unserem Weg", singt die Gruppe und im Gebet heißt es: „Schenke uns offene Augen für die Nöte unserer Mitmenschen."

An einem Wohnhaus zeigt sich das Bild von den Soldaten, wie sie Jesus ans Kreuz nageln. Folter. Damals wie heute. „Auch Worte können foltern", sagt eine Teilnehmerin. „Gott, bewahre uns vor aller Gewalt, zu der wir Menschen fähig sind. Mach uns stark durch Deine Liebe", beten alle zusammen.

Zurück in der Kirche, deren Wärme und Licht eine Vorahnung der Osterhoffnung signalisieren, hält man Fürbitten, gestaltet vom JuGo-Team von St. Peter in Bad Waldsee. Katrin Dobler dankt den Jugendgruppen aus Hauerz, Bergatreute, Haisterkirch, Blönried, Wolfegg, Unterschwarzach und Dietmanns und den Minis und Pfadis aus Bad Waldsee. Und Ortspfarrer Nagl und seinem Mesner für die Bereitstellung der Kirche. „Und den Leuten draußen für den Strom."

Unser Bild zeigt den Kreuzweg der Jugend in Bergatreute (2005). Im Hintergrund scheint der Turm der Wallfahrtskirche „Jakobus und Philippus" auf. Der vom katholischen Dekanat Waldsee ausgerichtete Kreuzweg ist ökumenisch ausgelegt; immer wieder machen auch evangelische Jugendliche mit – wie 2001 beim in Reute gegangenen Jugendkreuzweg, als Konfirmanden von Pfarrer Hestermann aus Bad Waldsee dabei waren. Foto: Uli Gresser

Farbenfrohes Kirchenjahr
Papst Benedikts Wappen aus Blüten gestaltet

Die Blumenteppiche an Fronleichnam – sie sind Kunstwerke für einen Tag. Wieviel Arbeit dahintersteckt, vermag sich der flüchtige Betrachter kaum vorzustellen. Wir haben der Legio Mariens, eine der Gruppen, die das Aulendorfer Fronleichnamsfest mitgestalten, beim Blütenzupfen über die Schulter geschaut.

25. Mai 2005, 16 Uhr. Es ist der Mittwoch vor Fronleichnam. In der Aulendorfer Pfarrhausgarage sitzen Alfred und Gertrud Sigg, Regina Hänsler und ihre Freunde von der Legio Mariens und zupfen Blüten. Rote Blüten von Pfingstrosen („Dia send heuer knapp"), Blüten vom weißen Flieder, vom Schneeball, blaue von der Kornblume, von der Akelei, von der Glockenblume, gelbe vom Raps. Seit 10 Uhr zupfen sie und die 20 Kartons mit dem nach Farben sortierten Ergebnis ihres Bienenfleißes sind fast schon voll. Die Blüten hatten die „Legionäre" am Dienstag in Gärten und Fluren, auf Feldern und Wiesen gesammelt. Natürlich nicht ungefragt. „Mir kennet it obends Rosakranz beta ond am Morga Bluma stehla", schmunzelt Gertrud Sigg, die – genau wie ihr Mann – heuer zum 38. Mal dabei ist.

Seit 1968, als Alfred Sigg bei der Firma Nußbaumer als Hausmeister anfing, machen die Siggs – auch die Kinder, fünf an der Zahl – bei Fronleichnam aktiv mit. Ununterbrochen. Nie sind sie am „Herrgottstag" verreist und als Alfred Sigg vor fünf Jahren eine Herzoperation hatte, da ließ er es sich nicht nehmen, wenigstens beratend dabei zu sein. Denn mit Sammeln und Zupfen und Legen ist längst noch nicht alles getan.

Am Fronleichnamsmorgen stehen die Siggs um 2.30 Uhr auf und bringen alles auf den Vorplatz vor die Kirche, was für den Blumenteppich und das Drumherum gebraucht wird. So haben sie zum Beispiel neben den Kartons mit den Blüten auch frisch gemähten Rasen dabei – als Unterlage für den Blütenteppich („So bleibt er länger frisch"). Und Hans Eisele, einer der vielen Helfer, bringt frisch geschlagene Birken.

Vor zehn Jahren hat Alfred Sigg, der viele Jahre an St. Martin als Mesner gewirkt hat, einen Fronleichnamsaltar gezimmert. Der Altar mit Marienbildnis, für wenige Stunden vor der Kirche aufgebaut, steht das Jahr über bei Siggs in der Garage. Als Alfred Sigg ein neues Auto kaufte, hat er den Kleinwagen vorher genau abgemessen. „Drei Zentimeter Spiel hon i no in d'r Garage", berichtet er beim Blüten-Zupfen. Und seine Frau witzelt: „Sonscht dätet m'r en Mercedes fahra."

Ein munteres Wort gibt das andere und so geht die eintönige Arbeit des Zupfens gut von der Hand. Zur fröhlichen Stimmung in der Garage trägt auch Pfarrers Most bei. Dann und wann kommt Pfarrer Utz auf einen kurzen Schwatz vorbei und erkundigt sich nach dem Stand der Vorbereitungen fürs Fest. Es ist ein großes Gemeindefest, bei dem viele fleißige Hände gebraucht werden. Auch der Frauenbund, Schönstatt, Kolping, die Kommunionkinder und andere wirken mit.

Alfred Sigg denkt an alles – an die Noten für den Kirchenchor genauso wie an die Arbeitslampen, ohne die Regina Hänsler und ihre vier, fünf Helferinnen den Teppich am Fronleichnamsmorgen nicht legen könnten. Seit mehr als zehn Jahren gestaltet Regina Hänsler das Motiv des Teppichs. Ein Martinusmotiv hat sie schon gezeichnet, ein Auferstehungsbild, ein Abendmahl. Ihr Teppichmotiv des Jahres 2005 ist das Wappen des neuen Papstes.

Das hat sie abgezeichnet und dann im Gemeindehaus vergrößert an die Wand projiziert.

In Alt-Mesners Garage: Auf Palmsonntag des Jahres 2007 basteln Alfred und Gertrud Sigg mit Enkel Moritz einen Palmen. Auch am Samstag vor dem Weißen Sonntag wird in Siggs Garage stets fleißig gewerkelt: Da bekränzt man den Bogen, der vor der Kirche aufgestellt wird. „Vor Johr ond Dag homm'r zum Pfarrer gsagt: Des mach'r halt no so lang, bis d'r letscht Enkel zur Erstkommunion kommt", berichtet Gertrud Sigg. Und dann sind noch zwei Nachzügler-Enkel gekommen. An der Stirnseite der kleinen Garage lagert der das Jahr über zerlegte Fronleichnamsaltar mit dem Marienbildnis. Damit Siggs Kleinwagen nicht mit dem Altar kollidiert, hat Alfred Sigg am Boden Stopper aus Altreifen angebracht.   Foto (2007): Uli Gresser

Das Wappen von Papst Benedikt war das Motiv des drei Meter breiten und fünf Meter langen Fronleichnamsblumenteppichs 2005 an der Aulendorfer Martinskirche.
Foto: Veronika Moser

Dort hatte sie große Papierbahnen aufgehängt und die Konturen des Wappens nachgezeichnet. Die Papierbahnen mit dem vergrößerten Motiv bilden im Blumenteppich (drei auf fünf Meter) das Raster fürs Blütenlegen. Neben Blüten brauchen Regina Hänsler und ihre Helferinnen noch schwarze Erde, getrockneten Kaffeesatz, rote Linsen und anderes für die Motivgestaltung. Und weil beileibe nicht jeder das Wappen von Benedikt XVI. kennt, wurde noch eine Erläuterungstafel gemacht. Da wird deutlich, dass Papst Benedikt sich seiner bayerischen Wurzeln sehr bewusst ist: Der Freisinger Mohr und der Korbiniansbär sind Bestandteil des Papstwappens, gut erkennbar im Blumenteppich der Aulendorfer Legio Mariens. Für das Kraushaar des Mohren hat Regina Hänsler schwarze Schafwolle genommen.

Viel Arbeit steckt in einem Fronleichnamsblumenteppich. Alfred und Gertrud Sigg, beide um die 70, denken trotzdem noch nicht ans Aufhören. Solange es geht, wollen sie an Fronleichnam mitarbeiten. „Das sind wir dem Glauben schuldig."

In vielen Kirchen des Oberlandes sieht man an Mariä Himmelfahrt Kräutersäulen – wie hier in der Verena-Kirche von Bad Wurzach. Das Relief im Hintergrund – Moses darstellend – steht für das Alte, das Erste Testament. Das Kruzifix – das Kreuz als Hoffnungszeichen des Neuen, des Zweiten Testaments – hat Stadtpfarrer Norbert Wahl bei der Kirchenrenovation 1998/1999 auf dem Dachboden gefunden und an der Chorbank anbringen lassen. Den Anstoß hierzu hatte Lektor Hans Gindele gegeben, der wiederholt auf das Fehlen eines solch markanten Kreuzes im Chor hingewiesen hatte.   Foto (2005): Uli Gresser

77 Kräuter müssen in einen großen Kräuter-Boschen – mancherorts sagt man auch Weihwisch – hinein. Kräuterbüschel werden alljährlich in katholischen Pfarreien zu Mariä Himmelfahrt (15. August) gebunden. In Aulendorf und Bad Waldsee ist es Brauch, dass die Gottesdienstbesucher vom Frauenbund kleine Kräutersträuße bekommen. Fleißige Hände – wie hier an der Pfarrhausgarage in Aulendorf – sorgen für die duftenden Gaben. Foto (2003): Gerlinde Keser

Das Kräuterbrauchtum um Mariä Himmelfahrt führt zum Erntedank hin. In Aulendorf wird die Kräutersäule im Oktober an den Hochaltar gebracht, neben die Erntekrone. Unser Bild zeigt Mitglieder des von Christa Nässler (links) geführten Katholischen Frauenbundes Aulendorf mit soeben fertiggebundener Erntekrone (im Hintergrund das Missionshaus der Steyler in Blönried).

Foto (2003): Gerlinde Keser

Weltjugendtagsbewegung
Ein kleines Pflänzchen und die große weite Welt

Weltjugendtag: Das war Paris mit 1,2 Millionen, das war Manila mit vier Millionen und das war Rom mit mehr als zwei Millionen Jugendlichen. Das war Toronto und das war Köln. Weltjugendtag: Das ist nicht nur Massenevent mit JP Superstar und nun mit „Benedetto". Weltjugendtag – das kann auch ganz klein sein. Wie die „Jugend 2000 Oberschwaben", die aus einer Kapellengebetsgemeinschaft hervorgegangen ist. Anfang 2001 haben wir eine Zusammenkunft von „Jugend 2000" in Hasenweiler (Gemeinde Horgenzell) besucht.

Pfarrsaal Hasenweiler. Auf dem Tischchen unter dem hölzernen Heiland ist ein Bildnis von Papst Johannes Paul II. aufgestellt. Davor brennt eine Kerze. Links daneben ist eine kleine Fotografie der Theresia von Lisieux an die Wand geheftet und ein großes Marien-Poster. Thomas Sauter, Kaplan aus Lustenau, hält Katechese. Es ist Samstagnachmittag und etwa 80 Leute jüngeren, auch mittleren Alters sind gekommen, um zu hören, was der junge Priester über die heilige Thérèse sagen wird. Theresia, die Ordensfrau aus dem 19. Jahrhundert, die nie eine akademisch-theologische Schulung genossen hatte, die bereits mit 24 Jahren starb und die dennoch in den Rang einer Kirchenlehrerin erhoben worden ist, fasziniert die Leute.

Es ist das familiär-persönliche Gottesbild der Thérèse („Bruder Jesus"), das die Leute elektrisiert. Häufig schlägt der Referent den Bogen zum Hier und Heute. „Ganz konkret", das sagt er immer wieder, „ganz konkret: Was bedeutet das für uns?" Und bei der konkreten Anfrage fängt er bei sich selber an, schildert, wie er einen schnöslingen und fahrlässig am Handy hantierenden Autofahrer innerlich mit Verachtung gestraft habe, statt für ihn zu beten. Schon der böse Gedanke sei von Übel, mahnt der junge Priester und stellt die demütige Gläubigkeit der französischen Nonne dagegen.

Das Rosenkranzgebet am Abend in der schmucken Barockkirche von Hasenweiler atmet den internationalen Geist von Lourdes. Die Vorbeterinnen wechseln beim Ave Maria die Sprachen, es berührt, wenn man das „Gegrüßet seist Du, Maria" in Hebräisch hört. Zwischen den Gesätzchen klingt das Große Lourdeslied an, für nicht wenige der Anwesenden eine altbekannte ewig junge Weise. Nach der Eucharistiefeier, die von einer kleinen Schola mit Gitarre und Querflöte musikalisch umrahmt wird, hält Ortspfarrer Franz Xaver Weber „Holy hour", Anbetung des ausgesetzten Allerheiligsten. Meditative Texte, einfühlsame Songs. Weber (38), der zusammen mit einem Seelsorgeteam nicht weniger als elf Landgemeinden zu versorgen hat, findet nichtsdestotrotz Zeit und Kraft, das kleine Pflänzchen „Jugend 2000" geistlich zu nähren.

Frank, ein angehender Automechaniker, ist zum zweiten Mal in Hasenweiler. Bernhard Kordeuter, sein Berufsschullehrer, hatte ihn angesprochen: „Komm doch mal zu uns in die Kapelle nach Basenberg. Wir beten dort und singen schöne Lieder." Gerade der Lobpreis mit den eingängigen Weltjugendtagsliedern hat es dem jungen Mann angetan. Die private Kapelle in Basenberg (westlich von Ravensburg) ist so etwas wie die Keimzelle von Jugend 2000 Oberschwaben. Anfang der Neunzigerjahre waren es einige wenige, die dort „in Seinem Namen" zusammenkamen, 1997 war man schon mit einem Bus in Paris.

Nach der „Holy hour" trifft man sich noch im Pfarrheim. Aus der Küche kommt der Duft von Käseseelen. An der Tür hängt ein Plakat; es wirbt für den bevorstehenden regionalen WJT-Tag im Kloster Untermarchtal (8. April 2001).

Anderntags zogen die Jugendlichen unter dem Motto „Walk of Life" nach Ravensburg, wo sie am Untertor von Jugendpfarrer Bernd Hillebrand begrüßt wurden. Nach einem spirituellen Impuls in der Jodokskirche wurde das Kreuz weiter ins Dekanat Friedrichshafen getragen. Unser Bild zeigt die Gruppe um Pfarrer Weber am Ravensburger Obertor auf dem Weg Richtung Tettnang.
Foto: Simeon Renz

Das Weltjugendtagskreuz war in Toronto und in Manila. In Paris und in Rom. Und in Zogenweiler. Auf dem Weg nach Köln machten die WJT-Kreuzträger am 1. Oktober 2005 in dem kleinen Pfarrdorf im Kreis Ravensburg Station. Viele junge und jung gebliebene Christen aus dem Jugend-2000-Kreis um Pfarrer Weber beteten an dem schlichten Kreuz. Die ganze Nacht.
Foto: Simeon Renz

Was wird zuerst fertig:
die Kirche oder das Gesangbuch?

Zweimal hatten Inflation und Währungsreform das angesparte Geld aufgefressen, doch 1953 war es geschafft: Die Evangelische Kirchengemeinde Aulendorf konnte ihre Kirche einweihen. Am Ersten Advent 1953 zog der Festzug der Evangelischen Gemeinde mit Stadtkapelle und Gästen aus nah und fern vom alten Gemeindehaus in der Zollenreuter Straße hinauf zum neuen Gotteshaus an der Schulstraße. Kirchengemeinderäte trugen die Altarbibel und die Tauf- und Abendmahlsgeräte.

Hans-Martin Zimmermann, der Sohn des Lehrers Hans Zimmermann, Heinz Hennige, Ernst Haase, Christian Pfäffle, Hildegard Kehrle, wohl die meisten der älteren Mitglieder der Evangelischen Gemeinde, haben noch Zimmermanns Kuh vor Augen, wie sie zusammen mit ihrem Kalb auf der Kirchbauwiese grast. 1929 hatte die Gemeinde das Grundstück von der gräflichen Herrschaft erworben, doch noch 1952 weidete Lehrers Vieh dort, da, wo heute die Kirche steht. Wenn Schulmeister Zimmermann Heu machen wollte, dann lieh er sich

vom alten Pfäffle Kuhgespann und Heuwagen aus. „Mir waret dia oinzige evangelische Baura z' Auladorf", erinnert sich Christian Pfäffle, das sei manchmal schon hart gewesen. Man habe es die konfessionelle Minderheit spüren lassen, dass sie „andersch ischt".

Dass in der Zeit ihrer Kindheit und Jugend, in den Zwanziger- und Dreißigerjahren, aber auch bis weit über die Mitte des 20. Jahrhunderts hinaus die konfessionellen Trennlinien in der kleinen Residenz an der Schussen fühlbar waren, das machen alle Zeitzeugen deutlich, die

im November 2003 zu einer Kirchbau-Erinnerungshoschtube zusammengekommen sind: „Du kasch it en Himmel komme, du kasch jo it beichta", hatte ein katholischer Klassenkamerad einmal zu Heinz Hennige gesagt, als ab 1936 Schüler beider Konfessionen in der Deutschen Gemeinschaftsschule zusammen unterrichtet wurden. 1929 noch, als Christian Pfäffle eingeschult wurde, wurden Evangelische und Katholische getrennt unterrichtet – und zwar nicht nur in Religion, sondern auch in Rechnen und Schreiben. Der kleine Christian lernte das bei Hans Zimmermann im alten Evangelischen Gemeindehaus in der Zollenreuter Straße. Hans-Martin Zimmermann, des Lehrers Filius, kam dort in der Lehrerwohnung zur Welt, getauft wurde er im gleichen Haus, im Betsaal. Ob der Vater dem Kirchenchor auch bei jenem Anlass den Takt angab und die Mutter die Orgel spielte, ist nicht verbürgt – dass die beiden aber ansonsten über Jahrzehnte für die musica sacra Verantwortung trugen, daran erinnern sich alle heute noch mit Dankbarkeit.

Als Christian Pfäffle zu Hans Zimmermann in die Schule kam, da waren es außer ihm noch sieben weitere evangelische ABC-Schützen – vier Buben und drei Mädchen. Diese Zahlen machen die Minderheitensituation deutlich, in der die evangelische Gemeinde damals – vor dem Krieg – war. Heute (2003) zählt die Gemeinde 2300 Seelen und ist damit deutlich größer als die meisten katholischen Landpfarreien in Oberschwaben.

Der junge Pfäffle engagierte sich ungeachtet aller Konfessionsrangelei schon früh „ökumenisch": Er machte in der Stadtkapelle mit (seit 1933) und war dort lange Zeit der einzige Evangelische. Selbstverständlich war er somit auch bei der Fronleichnamsprozession dabei. „S Vaterunser isch gleich und 's Glaubensbekenntnis au", sagt er mit großer Selbstverständlichkeit. Doch so selbstverständlich war es anno 1953 nicht, dass die „katholische" Stadtkapelle bei der evangelischen Kirchweih aufspielte. Dass seinerzeit der „ökumenische" Einfluss des Christian Pfäffle eine entscheidende Rolle gespielt haben mag, will der „einzige evangelische Stadtkapellen-Bauer" nicht verhehlen.

Ganz deutlich wird in der Zeitzeugen-Hoschtube im November 2003 jene Aufbruchstim-

Die evangelische Jugend packt kräftig mit an.
Fotos: Sammlung
Haase, Bad Schussenried

mung erkennbar, die Anfang der Fünfzigerjahre in der Evangelischen Gemeinde Aulendorfs geherrscht hat. Immer wieder fällt das Stichwort „Jugendkreis". „Der Jugendkreis, das war unsere Heimat, unser Leben", sagt Heinz Hennige. Und Ernst Haase, der ein Mädchen aus dem Jugendkreis geheiratet hat, nickt. Wandern, Tischtennis spielen, Theater spielen (Regie: Lehrer Zimmermann) und beim Kirchbau anpacken – das alles habe einfach Spaß gemacht. Die Kanzel in der Kirche ist eine Spende der Jugend. „Wir hatten uns verpflichtet, mindestens einen Stundenlohn pro Monat hierfür zu geben", erinnert sich Ernst Haase. Er hatte damals als 18-jähriger Polsterer und Innendekorateur 73 Pfennig in der Stunde. „Unser Krösus war der Ernst Förster – der hatte als Zimmermann 1,18."

Überhaupt die Stiftungen, das ehrenamtliche Engagement, der Gemeinschaftsgeist!

Heinz Hennige, dessen Familie eine Bäckerei betrieb, brachte jeden Morgen einen großen Korb Wecken und Brezeln zur Baustelle. Und Brauerei-Direktor Buck ließ Bier schicken. Die Sakristeitüre wurde gestiftet, der Taufstein, die Gebetsglocke …

Groß und Klein half zusammen, im Rückblick sei es faszinierend zu sehen, wie eine ganze Gemeinde Hand anlegte, stellten Elke Windberg und Regina Pedrotti, die heute im Kirchengemeinderat Verantwortung tragen, unisono fest. Insbesondere der Feuereifer der Jugend von damals beeindruckt die beiden Kirchengemeinderätinnen. „Mit Schaufel und Pickel wurden die Baugruben ausgehoben, es hat weder Kran noch Bagger gegeben", erinnert sich Ernst Haase. Direktor Buck sorgte für eine gewisse Erleichterung, als er Torf-Loren mitsamt Schienen besorgte. Die Loren mussten

Hoschtube 50 Jahre nach dem Kirchbau (von links nach rechts, sitzend: Hans-Martin Zimmermann, Heinz Hennige, Ernst Haase, Adolf Laternser, Hildegard Kehrle, Paul Matzke, Gotthilf Aisenbrey; stehend: Christian Pfäffle, Elke Windberg, Regina Pedrotti).   Foto: Gerlinde Keser

Erster Advent 1953: der Tag des Umzugs vom alten Bethaus in die neue Kirche. Der Kirchengemeinderat trägt Fahne, Bibel und Kultgeräte.

Foto: Sammlung Haase, Bad Schussenried

zwar von Hand geschoben werden, aber leichter ging's allemal. Als Christian Pfäffle einmal mit seinem 14er-Lanz, hintendran ein schwer bepackter Einachser, den Berg hochwollte, ist das leichte Traktorle „vorna gschtiega". Pfarrer Zuberer, ein beleibter Mann, brachte dann sein ganzes Gewicht zur Geltung, hängte sich vorne an den Schlepper und die Fuhre packte den Buckel.

Überhaupt Eugen Zuberer: „Er war der Motor des Kirchbaus", sagen die Zeitzeugen anerkennend. In jeder Baugrube sei er zu finden gewesen, stets habe er die Wasserwaage zur Hand gehabt. Mit Landesbischof Martin Haug hatte Pfarrer Zuberer eine Wette laufen: Was wird zuerst fertig: Die Aulendorfer Kirche oder das neue Gesangbuch der Landeskirche? Bei der Einweihung am 29. November 1953 hatte Prälat Dr. Eichele als Vertreter des Landesbischofs das druckfrische allererste Exemplar dabei, das heute noch existiert. Die Wette gilt wohl als unentschieden.

Wer hat nicht alles an der Kirche gebaut? Die Kassettendecke wurde von Anton Sigg und Adolf Laternser bemalt. Malermeister Laternser weiß noch, was damals ein Lehrling wie er (zweites Lehrjahr) bekommen hat: Zehn Mark – in der Woche. An Heiligabend 1953 hat er den letzten Lack an den Trennwänden im Gemeindesaal angebracht. „I bin extra friaher komma, dass i zum Hoiligobend dohoim bin." Lehrer Zimmermann hat genau aufgeschrieben, welche Firmen am Bau beteiligt waren. Gekostet hat die Kirche samt Nebengebäuden 183 000 Mark (ohne Innenausstattung).

Vier Glocken tun im Turm Dienst. Im Zuge des Baus kam die Frage auf, wie man die Glocken läuten wolle: manuell oder elektrisch. Man entschied sich für den Druckknopf und gegen das Läuteseil. Trotzdem konnte Paul Matzke, der 25 Jahre lang das Gotteshaus als Mesner umsorgte, über Mangel an Arbeit nicht klagen. Die ganze Familie war eingespannt, um den Gebäudekomplex in Schuss zu halten. Wenn Pfarrer von auswärts in Aulendorf Vertretung machten, konnte es schon einmal vorkommen, dass sich die Theologen verspäteten. Dann hat Mesner Matzke singen lassen und so lange überbrückt, bis der Pfarrer da war.

Nach 50 Jahren hat der Zahn der Zeit nun doch schon gehörig an dem Gotteshaus genagt. Der heute amtierende Kirchengemeinderat mit Pfarrer Gebhardt Gauß ist sich seiner Pflicht, zu erhalten und weiterzuentwickeln, bewusst. Kirchenbau – das ist eine immerwährende Aufgabe. Nicht nur im baulichen Sinne.

Blutreiter
Als die „Huiza"
Schnee-Hauben hatten

Michelwinnadens Blutreitergruppe, gegründet nach dem Zweiten Weltkrieg, zählt zu den jüngsten derartigen Vereinigungen in Oberschwaben.
Am 10. Juni 2001 hat die Gruppe ihr 50-jähriges Bestehen gefeiert. Den
Festgottesdienst zelebrierten Weihbischof Thomas Maria Renz, einst Vikar in Michelwinnaden, und Pater Martin Rieger von den Benedikti-
nern in Weingarten. In der Michelwinnader „Burg" war eine liebevoll
gemachte Fotoausstellung zu besichtigen, die wir wenige Tage zuvor besucht hatten.

**Die zweite große Reiterprozession Oberschwabens – das Heiligblutfest in Bad Wurzach – fin-
det immer am zweiten Freitag im Juli statt (der Weingartener Blutritt ist immer am Freitag nach
Christi Himmelfahrt). Im Hintergrund ist der Wurzacher Gottesberg zu sehen.**

Foto (undatiert): Rupert Leser

Noch drei Tage bis zum Fest: Karl Keller legt letzte Hand an; die Blutreiterausstellung ist so gut wie fertig. Gerade kommt noch Maria Laux, die Schwiegertochter des Gründungsgruppenführers Josef Laux, und bringt die auf Gilbpapier („Elefantenhaut") gezogene Kopie des Gründungsprotokolls (das sorgfältig gehütete Original des Gründungsbeschlusses vom Frühjahr 1951 will man nun doch nicht an der Ausstellungswand anbringen). Auf einem Dutzend Stellwänden dokumentieren Karl Keller, Lehrer in Bad Saulgau und kein Pferdehalter („mein Gaul isch bloß geleast"), Markus Brauchle, Kassier des rührigen Vereins, Hermann Lemmle, Gruppenführer seit 1992, und andere Helfer das 50-jährige Vereinsleben. Gekommen sind auch zwei Gründungsmitglieder: Josef Laux aus Lippertsweiler und Karl Maucher vom Allgaierhof. Es habe damals, kurz nach dem Krieg, eine spürbare Aufbruchstimmung geherrscht, auch eine religiöse Aufbruchstimmung, berichtet der 79-jährige Josef Laux. „D' Leit hond kolossal mitgmacht", in Weingarten seien damals 80 000 Zuschauer gewesen und in der Basilika hätten Pilger sogar übernachtet. Mit 20 Pferden – die handschriftliche Teilnehmerliste ist noch vorhanden (dank Paul Schmid, dem langjährigen Schriftführer) – haben die Reiter aus Michelwinnaden und Lippertsweiler damals mitgemacht und das Problem war seinerzeit keineswegs die Beschaffung der Rösser, vielmehr mangelte es an Zaumzeug und Sätteln. Denn die Pferde waren, anders als heutzutage, allesamt Ackergäule und Pferdesport ein Luxus, den man noch nicht kannte. Eine Standarte, gefertigt von der Kunststickerei Ostermeier in Aulendorf, konnte mittels Haussammlung finanziert werden, die so reichhaltig ausgefallen war, dass noch Schärpen und Schabracken beschafft werden konnten. Die schön gedrechselte Stange der Standarte stamme vom längst nicht mehr existierenden Radfahrerverein, wissen die stolzen alten Reiter zu berichten.

Karl Maucher, der 2001 in Weingarten zum 48. Mal mitgeritten ist, zeigt auf ein Foto, auf dem eine Chaise zu sehen ist mit zwei Pferden im Geschirr (die „Lisl" und der „Hans"): Es ist der junge Karl Maucher, wie er am Vortag des Blutfreitags nach Weingarten fährt – mit Pferd und Kutsch', wie es damals allgemein üblich war (wenn man nicht gleich hoch zu Ross in die Welfenstadt ritt). Neben ihm auf dem fliedergeschmückten Kutschbock sitzt Hermann Sigg, der mit 80 noch aktiver Reiter ist. Karl Maucher hat in all den Jahren nur drei Blutritte versäumt: Einmal hatte er den Fuß im Gips, ein anderes Mal lag er mit einer Blutvergiftung danieder; Josef Leins, der damalige Gruppenführer, sei zu ihm gekommen und habe gefragt: „Karle, goht's it doch?" Beim dritten Mal – und das kam den Maucher Karl besonders bitter an – war kein Pferd aufzutreiben.

Was wissen die Gründungsblutreiter nicht alles zu berichten! Von „Schnee-Häuble" auf den Heu-Heinzen, die beim Blutritt anno 1962 zu bestaunen waren (im Juni!), von den Quartieren bei den Familien Bleher und Berger, vom Schlafen bei den Pferden und vom Herrichten von Ross und Reiter in aller Herrgottsfrühe; von der Musikkapelle Michelwinnaden, die 50-mal mitgemacht hat, schwärmen sie, von der Fronleichnamsprozession ist die Rede und von all den großen und kleineren Dorffesten, bei denen die fein gewandete Gruppe – Frack und Zylinder, weiße Handschuhe, blaurote Schärpen – dabei war; von Reiter-Hochzeiten erzählen sie, bei denen sogar vierspännig gefahren wurde, und von der Glockenweihe im Jahre 1973, als die Blutreitergruppe die Kirchenglocken von St. Johannes mit Pferd und Wagen zum Gotteshaus zog; Pfarrer Baur sei damals arg in Sorge um die funkelnagelneuen Klangkörper gewesen und man habe eigens um gutmütige Kaltblüter geschaut, damit die Glocken garantiert unbeschadet zur Kirche kämen. Gruppenführer Leins sei mit seinem Wort dafür eingestanden, dass nichts passiert.

Vom Probereiten erzählen die alten Blutreiter, das man einst in Grünvogels Hof abgehalten habe – unter der strengen Regie von Josef Laux, der im Krieg als Offiziersanwärter bei einer bespannten Abteilung gedient hatte. Bis in die Sechzigerjahre hinein wurde das Probereiten eisern durchgeführt, bis dann die Krise kam: Die Bauern schafften Zugpferde ab und Zugmaschinen an und 1972 war dann der Tiefpunkt erreicht: Gerade mal zwölf Pferde aus Michelwinnaden, Lippertsweiler und Umgebung wurden in die Viehtransporter verladen und nach Weingarten gebracht. Heutzutage, nach dem Aufkommen des Pferdesports, leiht man sich sein Blutrittpferd kurzerhand aus, wenn man nicht gerade – wie etwa die Familie Laux – Rösser mehr oder weniger allein wegen des Blutritts hält; 2001 haben vier Laux-Söhne und zwei Enkel beim Blutritt in Weingarten mitgemacht.

Anno 1971 hätten ein paar kecke Studentlein in Weingarten ernsthaft eine Demo gegen den Blutritt erwogen, dann aber doch von ihrem Vorhaben abgelassen. „I glaub, dia hond scho a bizzle Angst ghett vor dene Gäul", erinnert sich Karl Maucher. „Blutreiter demonstrieren für Gott", hat die „Schwäbische Zeitung" damals getitelt, ein Artikel, der selbstverständlich Bestandteil der Ausstellung ist.

„Hond ihr koin Pfarrer dabei?", habe in den Fünfzigerjahren einmal ein Zuschauer der Michelwinnader Gruppe zugerufen. „Mir kennet de Rosekranz alloi", habe damals Josef Laux „nausgeba". Seit 20 Jahren ist Diakon Klaus Maier, ein gebürtiger Waldseer, geistlicher Begleiter der Gruppe. „Durch Sein Blut haben wir die Erlösung", schreibt der Diakon im Grußwort. Und das zu bezeugen ist letztlich das Anliegen der Gruppe.

Regen kann Blutreiter nicht schrecken: Die Standartenreiter der Blutreitergruppe Michelwinnaden hüllen Frack und Banner unter schützende Folie. Gesehen beim verregneten Weingartener Blutritt 2005. **Foto: Uli Gresser**

Schönstatt

„Unsere Zeit
braucht Orte der Stille"

Im Herzen Oberschwabens leuchtet das Aulendorfer Schönstatt-Zentrum. Von 1999 bis 2003 hatte Schwester Ursula Miller die Leitung inne.

Nein, als Leiterin oder gar Chefin wollte sie nie bezeichnet werden; „Wallfahrtsschwester" sei der richtige Ausdruck und als solche habe sie dafür Sorge getragen, dass „Heimat" entsteht, blickt Schwester Ursula bescheiden auf ihre Aulendorfer Zeit zurück. „Beheimatung" ist einer ihrer Zentralbegriffe und sie versteht darunter mehr als Kost und Logis. Es gebe auch die übernatürliche Heimat und den Weg dahin zu ebnen, sei das Anliegen von Pater Josef Kentenich gewesen, dem Gründer der Schönstatt-Bewegung. „Der Mensch lebt nicht vom Brot allein", sagt Schwester Ursula und: „Es muss jemand da sein, wenn einer anklopft."

In Aulendorf haben viele angeklopft in den vier Jahren, da Schwester Ursula hier Heimat schuf, zusammen mit ihrer Mitschwester Annjetta und Monsignore Waldraff, Pfarrer Wieland und den anderen Schönstatt-Seelsorgern und Schönstatt-Mitarbeitern. Jugendliche, Frauen, Mütter, die Schönstatt-Männer – alle kamen und kommen, um im Schönstatt-Zentrum mehr zu erhalten als Brot allein. Und mehr zu sehen als den atemberaubenden Alpenblick.

Die Aulendorfer Pater-Kentenich-Begegnungsstätte sei „eine Oase der Stille, der Harmonie, der Freude", sagt Schwester Ursula. „Unsere Zeit braucht solche Orte der Stille." Orte der Stille, Orte der Gemeinschaft, der erspürten, unausgesprochenen Gemeinschaft. Wie in der Kommunion Gemeinschaft mit Gott und mit den Menschen erfahren werde, so lebe die Schönstatt-Familie Gemeinschaft in der Anbetung und im alltäglichen Miteinander. „Wir sind geeint im Liebesbündnis", sagt sie und gebraucht dabei einen zentralen Begriff der Schönstatt-Spiritualität. Das Liebesbündnis, „die Verlebendigung des Taufbündnisses", sei

mehr als eine Gebetsgemeinschaft. „Wir legen unsere Sorgen und Freuden, unser Leben der Gottesmutter in der Gnadenkapelle zu Füßen und gehen beschenkt zurück in den Alltag." In diesem Alltag lebe nicht jeder vereinzelt für sich, sondern getragen von Freunden im Glauben. Und von Freude am Glauben. „Wir wollen vom Glauben erzählen, den Glauben teilen. Der apostolische Aspekt ist uns wichtig", sagt die Schönstatt-Schwester. „Der Christ lebt nicht für sich allein, sondern für andere. Aus Liebe zu Gott und den Menschen."

Dieses Glauben-Teilen trägt reiche Früchte. Die Schönstatt-Bewegung, 1914 von dem Pallotiner-Pater Josef Kentenich in Vallendar-Schönstatt (Rheinland-Pfalz) gegründet, ist inzwischen in 30 Ländern vertreten. Es ist kein Orden im herkömmlichen Sinne, sondern ein so genanntes Säkularinstitut, erläutert Schwester Ursula. „Eine marianische Erneuerungsbewegung, die das christliche Erbe neu in unsere Zeit und Welt tragen möchte. Gerade auch durch Laien, die mitten in der Welt stehen und den Glauben bewusst leben wollen." Die Aulendorfer Schönstatt-Kapelle, Zentrum der oberschwäbischen Schönstatt-Familie, ist eines von weltweit 170 identischen kleinen Gotteshäusern (Stand: 2003).

„Meine Berufung ging wie im D-Zug", sagt Schwester Ursula im Rückblick auf die entscheidende Weichenstellung ihres Lebens. Aufgewachsen in einem gutkatholischen Elternhaus in Oberschwaben und beeindruckt von der örtlichen Schönstattgruppe, hat sie immer am Glauben festgehalten, die Nähe Gottes gesucht. Auch in der Fremde, als sie Kinderpflegerin in einem privaten, weltanschaulich neutralen Kinderheim im Allgäu war. „Wenn ich sonntags

Herzensanliegen Gemeindearbeit: Die Schönstatt-Schwester M. Ursula arbeitet seit 2003 in der Pfarrei-Seelsorge in der Seelsorgeeinheit Dietingen (bei Rottweil). Mit derselben Fröhlichkeit wie in Aulendorf wirbt sie dort für die Sache Gottes, macht Bibelfrühstücke, bereitet die Kommunionkinder vor, begleitet Jugendliche, umsorgt Senioren. Und betet für die ihr Anvertrauten. Fromm sein und froh sein sind für sie zwei Seiten einer Medaille. „Kommen Sie doch mit Ihrer Familie auf die Rottweiler Fasnet", sagte sie bei unserem Gespräch Anfang Februar 2007.   Foto (2007): Stefan Török

Die Aulendorfer Schönstatt-Kapelle (links am Bildrand) ist eines von weltweit 180 identischen kleinen Gotteshäusern. Wallfahrtsschwester ist seit 2006 M. Annjetta Hirscher (Nachfolgerin von Schwester Ursula war Susanna-Maria Zeh, die nun auf der Liebfrauenhöhe bei Rottenburg wirkt). **Foto (2007): Veronika Moser**

nach Hindelang zur Kirche geradelt bin, wurde ich belächelt." Bald kündigte sie und schloss sich mit 20 Jahren den Schönstätter Marien-Schwestern an. „Berufung ist ein großes Geheimnis", sagt sie und hat ihren Schritt nie bereut. Mit 21 Jahren folgte die Einkleidung, dann die Weiterbildung zur Gemeindereferentin. 17 Jahre lang wirkte sie in den Pfarrgemeinden Herbertingen, Hundersingen und Marbach. Dort war sie auf dem Fußballplatz als Fan genauso anzutreffen wie in der Reli-Stunde oder als Lektorin in der Kirche.

Dass sie für die Gemeindearbeit wie geschaffen ist, liegt auch an ihrer Herkunft: Ursula Miller stammt von einer Gastwirtschaft in Bellamont. „Als Kind bin ich um den Stammtisch getanzt." Sie sei ein geliebtes Kind gewesen, unbekümmert und fröhlich, auch wenn man daheim fest mit anpacken musste. Fröhliche Fasnet und unfrommes Geraufe – das Leben in

seinem breiten Spektrum stellte sich im Wirtshaus dar und machte sie stark für ihren Weg. „Die Konzentration auf Menschen" sei ein Erbteil ihrer Herkunft – genauso wie die Verankerung im Glauben.

Die Einkleidung als Schönstätter Marienschwester geht einher mit dem Versprechen, arm, jungfräulich und gehorsam zu leben – wie beim klassischen Ordensgelübde. Die neue Form des Versprechens – mit der Freiheit, auch zu kündigen – sei keine leichtere Form der Bindung an Gott. Es bedeute, jeden Tag aufs Neue Ja zu sagen zur Berufung. Ja sagen zu Gott und zur Gemeinschaft.

In dem Vierteljahrhundert, seit die Schönstätter in Aulendorf sind, haben sage und schreibe sechs junge Frauen aus Aulendorf in dieser Weise Ja zu Gott gesagt und sind bei den Schönstätter Marienschwestern eingetreten.

Professjubiläum im Kloster Reute

„Ich bringe Dir meine Jahre"

Am 22. Mai 2006 gedachten 27 Ordensfrauen im Kloster Reute ihrer Profess vor 25, vor 40, 50, vor 70 und in einem Fall vor 75 Jahren. Sieben Zelebranten standen am Altar, zumeist Priester aus den früheren Wirkungsorten der Schwestern. Gekommen waren auch viele Angehörige.

„Siehe, wir kommen, wir kommen mit Jauchzen, unsere Gaben zu bringen" singt der Chor im Wechsel mit der Gemeinde und zu diesen Worten schreiten vier Jubilarinnen, stellvertretend für die Gruppe der 27 und ergänzt um Generaloberin Schwester Paulin, den Mittelgang der Klausurkapelle hinauf und bringen Brot und Wein zum Altar. Dann sagt die 25-Jahr-Jubilarin: „Ich bringe meine 25 Jahre vor Deinen Altar, o Herr. Nimm meine Gabe gnädig an." Und die Vertreterin der sieben 40er sagt: „Wir bringen unsere 40 Jahre vor Deinen Altar, o Herr. Aus Deiner Hand haben wir empfangen Gnade um Gnade. Nimm unsere Gaben gnädig an." Und die Schwester, die für die 16 Klosterfrauen spricht, die vor 50 Jahren ihre ewigen Gelübde abgelegt hatten, sagt: „Wir bringen unsere 50 Jahre vor Deinen Altar, o Herr. Übervoll ist unser Becher, denn Du schenkst die Fülle. Nimm unsere Gaben gnädig an."

Zwei Schwestern, Wendelina Behler, Jahrgang 1912, und Thomasella Osterberger, Jahrgang 1909, haben ihre Profess vor 70 Jahren abgelegt. Und die 96-jährige Schwester Rota hat sich vor 75 Jahren entschieden, Gott und den Menschen in der klösterlichen Lebensform zu dienen. Schwester Rota Heckenberger, gebürtig aus Mettenberg (Kreis Biberach), war in ihrem langen Ordensleben unter anderem OP-Schwester in Ulm gewesen. Sie verbringt ihr Alter nun im Mutterhaus. Während Schwester Rota dem Festgottesdienst aus gesundheitlichen Gründen nicht beiwohnen kann, sind die 97-jährige Thomasella – einst Erzieherin in Oberkochen – und die 94-jährige Wendelina, 44 Jahre lang, von 1943 bis 1987, Altenpflegerin im Spital in Tettnang, anwesend. Stellvertretend für die drei über Neunzigjährige sagt Schwester Reparata, die selbst die goldene Rose der 50-Jahr-Jubilarinnen am Ordensgewand trägt: „Ich bringe die 70 Jahre von Schwester Wendelina und Schwester Thomasella und die 75 Jahre von Schwester Rota vor Dich, o Herr. Wandle die reife Frucht dieser Jahre in den überfließenden Reichtum Deiner Liebe. Nimm ihre Gaben gnädig an."

Generaloberin Paulin Link beschließt die berührenden Danksagungen mit den Worten: „Wir bringen vor Dich alle Freuden und allen Schmerz. Wir bringen vor Dich alle, die einmal mit angefangen und dann ihren Weg geändert haben. Nimm das, was geworden ist und vollende, was wir nicht vermögen."

22. Mai 2006, kurz nach 9 Uhr in Reute. Der Parkplatz ist voll, man sieht Kennzeichen aus ganz Oberschwaben. Viele Leute – nicht selten im Schlepptau einer Klosterfrau – streben dem Klosterberg zu und wer in der Klausurkapelle keinen Platz mehr findet, kann den Festgottesdienst per Leinwandübertragung in der Marienkapelle mitfeiern. Schlag 9.30 Uhr ziehen 26 der 27 Ordensfrauen, silberne, rote oder goldene Rosen am Ordensgewand, die 50-, 60- und 70-Jahr-Jubilarinnen mit einem goldfarbenen Stab in der Hand, in die Kapelle. „Unser Leben sei ein Fest", zitiert Schwester Paulin ein bekanntes Kirchenlied. Ein Lebensfest in den Fußspuren des Heiligen Franziskus, in Begleitung der guten Beth, in der Nachfolge des Evangeliums – das sieht sie in den Leben der 27. „Der Herr ist mein Licht und mein Heil, der Herr ist die Kraft meines Lebens", sprechen die 26 gemeinsam. In der Predigt geht Superior Martin Sayer auf das Weinstock-Gleichnis im Johannes-Evangelium („Ich bin der Weinstock,

Bis etwa 1990 wurde den Profess-Jubilarinnen ein goldenes Kränzchen aufgesetzt. Unser Bild zeigt eine Ehrung in den 1980er-Jahren (die Klosterfrauen haben noch die alte Tracht). Links neben dem damaligen Superior Ludwig Jung steht die damalige Generaloberin M. Coletta Baumann. Im Hintergrund sind sechs Novizinnen zu sehen, erkennbar am weißen Schleier.

Foto (1983): Rupert Leser

ihr seid die Reben") und auf den Epheserbrief (1,17 – 19) ein. „Wer nicht in Verbindung zu Jesus bleibt, der stirbt ab. Heute feiern wir Eure Verbindungszeit."

Dann erneuern die Jubilarinnen ihr Versprechen von damals. Sie stehen auf und sprechen gemeinsam: „Getreu meiner Profess verspreche ich Gott und unserer Gemeinschaft, in ganzer Hingabe Christus nachzufolgen und Regel und Leben der Brüder und Schwestern vom Regulierten Dritten Orden des heiligen Franziskus zu beachten. Ich will leben in Gehorsam, in Armut und in jungfräulicher Keuschheit gemäß dem Evangelium und der Lebensform der Franziskanerinnen von Reute."

Es folgt die Handauflegung bei den eisernen und goldenen Jubilarinnen. Superior Martin Sayer spricht jede der Jubilarinnen mit Namen an und sagt: „Gott segne dich und schenke dir die Krone des Lebens." Die Handauflegung sei ein Zeichen der Antwort Gottes auf die Treue des Menschen. „Gott belohnt alle Mühe reichlich." In der Präfation betet er: „Gedenke Deiner Schwestern, die um Deinetwillen alles verlassen haben, um Dir und den Menschen zu dienen." Vor der Kommunion zitiert der Superior den Heiligen Augustinus: „Empfangt, was ihr seid: den Leib Christi. Seid, was ihr empfangt: der Leib Christi." Zur Kommunion singt der Schwesternchor den Psalm „Der Herr ist mein Hirte. Er erquickt meine Seele." Der bewegende Gottesdienst – einige Schwestern haben Tränen in den Augen – schließt mit dem „Großer Gott, wir loben Dich."

1931 hat Klara Heckenberger, gebürtig aus Mettenberg im Kreis Biberach, die ewigen Gelübde abgelegt. Fortan hieß sie Schwester Maria Rota. In Ulm wirkte sie als OP-Schwester. Im Krieg war sie Lazarettschwester im EK in Ravensburg. Zuletzt arbeitete sie in der Wäscherei des Elisabethen-Krankenhauses. Am 22. Mai 2006 feierte Schwester Rota das seltene Jubiläum einer 75-jährigen Profess. Neben vielen anderen gratulierten ihr auch zwei Nichten, auch sie Franziskanerinnen von Reute: Schwester Balda Heckenberger und Schwester Lucina Heckenberger. Im Oktober 2006 ging Schwester Rota heim; sie wurde 96 Jahre alt. Foto: Armgard Meyer OSF

Religionsverbindendes Gebet von Christen und Muslimen
„Wir sollten weltweit zusammenstehen"

Aus dem ganzen Kreis Ravensburg und darüber hinaus sind am 13. April 2002 muslimische Gläubige nach Bad Waldsee gekommen, um gemeinsam mit den Katholiken von St. Peter und den örtlichen Muslimen im katholischen Gemeindehaus einen religionsverbindenden Gebetsabend zu feiern. Der Besuch übertraf die Erwartungen von Pfarrer Schitterer, dem Hausherrn, und Egon Wieland, dem Initiator, sowie von Akdeniz Selcuk, dem Mitveranstalter von muslimischer Seite, bei weitem.

Rechts von der Bühne ein grüner Zettel: „Baytaraftar" steht darauf, „Männerseite". Auf der Bühne eine Projektionsleinwand. Das goldglänzende Innere einer Moschee erscheint auf der Leinwand. An den Ecken des Bühnenraums zwei große Leuchter mit brennenden Kerzen. Daneben eine weiße Waschschüssel. Egon Wieland huscht vorbei, weist an, gibt Zeichen. Bis zuletzt ist es spannend: Klappt alles, ziehen alle mit? Wieland hat in letzter Minute noch improvisieren müssen. Schon deutlich vor 20 Uhr sind alle Plätze besetzt. Immer noch strömen Leute herbei, eine Frau mit buntem Kopftuch und Baby in der Tragetasche betritt soeben den Saal. Markus Württemberger, der Azubi in der Dekanatsjugendseelsorge, holt weitere Stühle herbei. Dann fremde Flötenklänge vom Band. Pfarrer Richard Schitterer, ganz traditionell gewandet, mit schwarzer Soutane, der alten Amtstracht katholischer Geistlicher, begrüßt die Versammlung mit dem Friedensgruß „as salam aleikum". „Wir sind hier versammelt im Namen Gottes." Egon Wieland stellt acht kleine Topfpflanzen auf die Bühne, acht Pflänzchen, die für den aufkeimenden christlich-islamischen Dialog stehen und wie dieser Licht und Nahrung brauchen. „Wir, die wir an Gott glauben", sagt er, „sollten weltweit zusammenstehen." Jedes Wort, Satz für Satz, wird übersetzt. Dann wird der Kanon „Wo zwei oder drei zusammen sind, da bin ich mitten unter ihnen" angestimmt. Klappt gut.

Die muslimischen Teilnehmer erläutern die rituelle Waschung, die vor jedem Gebet notwendig ist. Hände, Mund, Nase, Gesicht, Stirn („zur Reinigung des Denkens", erläutert der Überset-

zer), Ohren, Füße – alles wird mit Wasser symbolisch gewaschen, aber nicht im körperlichen Sinne, sondern mit begleitenden Gebeten, die die Seele einstimmen auf die Hinwendung zu Gott. Wenn kein Wasser da ist, wie etwa in der Wüste, dann könne die rituelle Reinigung auch mit Sand erfolgen. Auf die innere Läuterung komme es an, sagt Cemalettin Özdemir, der von muslimischer Seite durch den Abend führt. Özdemir, eigens aus Nürnberg angereist, arbeitet dort in der Begegnungsstätte „Medina", deren Verdiens-

Der Vorbeter aus Alttann (sitzend) rezitiert eine Koran-Sure, in der es (sinngemäß) heißt: „Alle Menschen sind verloren außer denen, die glauben und Gutes tun, die Gerechtigkeit leben und geduldig sind." Links Übersetzer Cemalettin Özdemir, der von muslimischer Seite her durch den Abend führte; daneben Dekanatsjugendseelsorger Egon Wieland und Bad Waldsees katholischer Stadtpfarrer Richard Schitterer.

Foto (2002): Gottfried Brauchle

te um den christlich-islamischen Dialog, wie er sagt, von Bayerns Innenminister Beckstein ausdrücklich gelobt würden. Später sprechen die Muslime im Wechsel Vorbeter/Gemeinde noch ein besonderes Reue-Gebet. Die christlichen Teilnehmer sprechen das Allgemeine Schuldbekenntnis („Ich bekenne Gott dem Allmächtigen und allen Brüdern und Schwestern …"), wobei nicht wenige sich in traditioneller Weise dreimal vor die Brust schlagen.

Maria Hirte singt den Psalm „Lobe den Herrn, meine Seele" (Ps 146), in dem es heißt: „Der Herr beschützt die Fremden." Eine CD wird eingetastet („Wir können nicht so gut singen", scherzt der muslimische Moderator); es erklingt eine Koran-Sure: „Allah ist der Größte, es gibt keinen Gott außer ihm. Er ist barmherzig." Egon Wieland liest aus der Bergpredigt (Matthäus-Evangelium): „Selig, die Frieden stiften …" Pfarrer Schitterer nennt die Bergpredigt die Kernbotschaft Jesu: In den Seligpreisungen gehe es um eine neue Gottesbeziehung. Die Nachfolge Jesu erfordere eine vollständige Wandlung des Menschen. Ursula Hirsch und Anneliese Lehn tragen das Friedensgebet des heiligen Franz von

Assisi vor („Mache mich zu einem Werkzeug des Friedens"), bevor Pfarrer Schitterer den Abrahamssegen spricht, jene Stelle im Buch Genesis, in der es heißt: „Ich werde dich zu einem großen Volk machen." Auch der Islam leitet sich von Stammvater Abraham ab, erläutert Cemalettin Özdemir.

Dann werden Geschenke ausgetauscht: Der Hausherr, Pfarrer Schitterer, erhält von der muslimischen Gemeinde eine schöne Koran-Ausgabe, Egon Wieland einen Gebetsteppich. Akdeniz Selcuk, der Vorsitzende der muslimischen Gemeinde, und andere bekommen die Pflanzen überreicht.

Im anschließenden Informationsteil stellt sich Moderator Özdemir den Fragen beider Seiten (Stellung der Frau, Gewalt, Religionsgesetz „Scharia"), wobei deutlich wird, wie sehr muslimische Frauen unter der Verständnislosigkeit der westlichen Welt leiden, was das Tragen des Kopftuches anbelangt. Der Abend schließt mit einem Imbiss, zu dem beide Seiten typische Spezialitäten beigesteuert haben. Man hockt noch lange beieinander, wenngleich gewisse Berührungsängste schon noch da sind.

Der Stolz einer selbstbewussten Bürgerstadt: das unter Ulrich Kuderer 1426 erbaute Rathaus von Bad Waldsee. Die oberschwäbische Stadt war bis Anfang des 19. Jahrhunderts österreichisch. 1806 kam Waldsee an das Königreich Württemberg, in dem es den Rang und die Funktion einer Oberamtsstadt hatte. Das Prädikat „Bad" wurde dem an zwei Seen gelegenen Kurort 1956 verliehen. Die Aufnahme entstand vor 1996 (wohl 1980er-Jahre; rechts der „Hirsch").

Foto: Rupert Leser

Eine vom Herrgott geadelte Landschaft

Seit 1886 kommen CV-Studenten am Dreikönigstag am Eisenbahnknotenpunkt Aulendorf zusammen, um hier ihren farbenfrohen und traditionsbewussten Kommers abzuhalten. Am 6. Januar 2003 sprach Ravensburgs Alt-Landrat Dr. Guntram Blaser vor mehr als 150 Mitgliedern der katholischen Akademikervereinigung CV im Saal des Aulendorfer Hofgartens zum Thema „Oberschwaben – nur eine geografische Steigerungsform?"

„Erinnerung schafft Identität." Das Wort von Karl Jaspers war Ausgangspunkt des Blaser-Vortrages. In einem furiosen Parforceritt durchmaß Guntram Blaser – er sieht die Geburtsstunde Oberschwabens in der Errichtung der Reichslandvogtei gleichen Namens im Jahre 1274 – mehr als 700 Jahre oberschwäbischer Geschichte; in einem Feuerwerk von Apercus und Analysen wurde alles zitiert, was Rang und Namen hat: Carlo Schmid etwa mit seinem berühmten „Lob Oberschwabens" anlässlich der Gründung der „Gesellschaft Oberschwaben" in Aulendorf 1946. Und Walter Münch, Blasers Vor-Vorgänger (im Landratsamt zu Wangen),

der sich mit all seiner Eloquenz gegen die Verkitschung Oberschwabens unter den Etiketten „Land der Putten und Moorbäder", „Grasgrüne Käseküche" oder auch „Himmelreich des Barocks" gewandt hatte. Von Guntram Blaser selbst stammt das treffliche Wort von einer „vom Herrgott geadelten Landschaft".

Ausgehend von Sebastian Sailer wagte Blaser eine tragfähige Gebietsabgrenzung: „Oberschwaben ist all das, was man von seinem heiligen Berg, dem Bussen, aus sehen kann." Auch der Tübinger Politikwissenschaftler Hans-Georg Wehling, auf den sich Blaser in seinem Vortrag wiederholt bezog, sieht den Bussen als eine ent-

Über die Identität Oberschwabens sprach Ravensburgs Alt-Landrat Dr. Guntram Blaser beim Dreikönigskommers des Jahres 2003 im Aulendorfer Hofgarten. Foto: Georg Eble

scheidende Koordinate. Für Wehling ist Oberschwaben eingespannt in die Pole Bussen als Synonym für Katholizität sowie Waldburg als Zeugnis der Adelsmacht, der durchaus selbstbewusste Bauern und Städte gegenüberstanden. Die Unterländer hätten dieses Spannungsverhältnis auf die Sottise zugespitzt: „Wo hoch die Kanzel und tief der Verstand, da ist das schwarze Oberland."

Und hier – als durch Napoleons Federstrich aus Oberschwaben Neuwürttemberg wurde – kam Blaser auf ein entscheidendes historisches Paradoxon zu sprechen. Hatte es im Flickerlteppich des Alten Reiches kaum ein oberschwäbisches Wir-Gefühl gegeben, so entstand es gerade jetzt, als Oberschwaben zur von Stuttgart gegängelten Provinz degradiert wurde. Blaser belegte die Geringschätzung Oberschwabens durch die neuen Herren vom Unterland mit einigen deftigen Beispielen. 1862 etwa habe ein württembergischer Regierungsrat in einem Rapport gegen die „Plag des Blutfreitags" gewettert und das oberschwäbische Hochamt als „Orgie des Aberglaubens" abqualifiziert. Wieviel Missverständnis zwischen Ober- und Unterland einst geherrscht hatte, scheint im Schülervers der Maria Müller-Gögler auf, der da lautete: „Ich bin vom Oberlande und das ist keine Schande."

2003 reaktiviert, präsidierte die Weingartner CV-Verbindung Welfia am 6. Januar 2007 nach mehr als zwei Jahrzehnten Unterbrechung erstmals wieder bei einem Aulendorfer Dreikönigskommers. Ihres Amtes walten (stehend, von links): Florian May, Senior Tobias Kieninger als Präside des Kommerses sowie Philistersenior Markus Blatt. Am Rednerpult Dr. Bernhard Bueb. Foto: Georg Eble

Auch die „historische Katastrophe von 1803" (Blaser) mit der Auflösung der Klöster sei paradoxerweise identitätsstiftend gewesen. Die Betroffenheit über den Klostersturm, über die Zweckentfremdung oberschwäbischer Fixpunkte zu Irrenanstalten und Manufakturen, habe die „katholische Klammer" im Oberland nur verstärkt.

Als ernsthaften Versuch zur institutionalisierten Identitätsstiftung wertete Blaser den 1961 auf Initiative Walter Münchs zustandegekommenen Planungsverband Oberschwaben (mit eigener Landschaftsversammlung!), der aber alsbald der „dritten oberschwäbischen Teilung" zum Opfer gefallen ist – als nämlich Oberschwaben halbiert wurde und die Regionen „Bodensee-Oberschwaben" und „Donau-Iller" gebildet wurden, was zum vielzitierten „Graben durch den Altdorfer Wald" führte (die erste oberschwäbische Teilung sieht Blaser im Untergang des mittelalterlichen Herzogtums Schwaben, die zweite in der napoleonischen Flurbereinigung, als Oberschwaben geviertelt wurde – in württembergische, bayerische, badische und hohenzollerische Stücke).

Hohes Lob fand bei Guntram Blaser die jüngste „Identitäts-Stiftung", nämlich die Gründung der neuen „Gesellschaft Oberschwaben für Geschichte und Kultur" im Jahre 1996. Hier zögen Wissenschaft und Wirtschaft zu Nutz und Frommen Oberschwabens an einem Strang, sagte der Alt-Landrat, der neben dem Gründungsvorsitzenden Prof. Blickle (Blaser: „Ein Glücksfall") auch die zweite Speerspitze – den Unternehmer Siegfried Weishaupt – würdigte. So kamen im Jahre 2003 die Erträgnisse aus dem Stiftungskapital der großen Landesausstellung „Alte Klöster – neue Herren" in Bad Schussenried zugute.

Guntram Blaser, der in seiner aktiven Zeit als Landrat wohl auch so manchen Strauß mit Stuttgart ausgefochten haben dürfte, nutzte die Gelegenheit des Dreikönigskommerses, um für eine Entkrampfung des Verhältnisses zum Unterland zu werben – was ihn nicht abhielt, mit dem alten „Glaubenssatz" zu schließen: „Schwabe zu sein ist ein Verdienst, Oberschwabe zu sein ist eine Gnade."

Barock
war mehr

Es gibt viele Bücher über Oberschwaben. Es gibt gute Bücher über Oberschwaben. Zum Besten, was über Oberschwaben veröffentlicht wurde, zählen Rupert Lesers „Alltag in Oberschwaben" (Texte von Michael Schnieber) und „Kontraste in Oberschwaben" (mit Peter Renz). Herausragend ist auch „Lust auf Barock", herausgegeben von Manfred Thierer.

Noch'n Buch über den oberschwäbischen Barock, fragt keck der Herausgeber und liefert die Antwort gleich mit: Ja, aber eines, das andere Wege geht. Und wir fügen hinzu: Ja – und was für eines!

Barock ist mehr als überbordende Architektur, ist mehr als opulentes Theater, ist mehr als blut- und glutvolles Malen. Barock ist ein Lebenskonzept – für die da oben wie für die da unten, ein großer Entwurf, in dem alles gottgegeben und gottergeben ist, in dem das Diesseits so unverrückbar ist wie das Jenseits, so unverrückbar wie der Zunftzwang und der Zehnte und so festgefügt wie die Mauern der Basilika in Weingarten.

Barock war ein ganzheitliches Lebenskonzept, das allesdurchdringend war, das die Welt tatsächlich zusammenhielt (und sei es auch nur für 150 Jahre); Essen und Trinken, Denken und Handeln, Singen und Sagen, Glauben und Hoffen, Leben und Sterben, alles hatte seine Ordnung, alles war geprägt von diesem letzten gesamteuropäischen Paradigma, einem abendländischen Lebensmuster, das in einem abseitigen Landstrich am Rande der Alpen Wirkung entfaltete, die einfach staunen macht.

Warum explodierte der Barock geradezu in Oberschwaben? Dieser Frage stellen sich die Autoren um Professor Thierer und sie reduzieren die Antwort nicht auf die ökonomischen Grundlagen. Gewiss, die guten Ackerböden Oberschwabens brachten reichen Ertrag, der

Manfred Thierer vor der Basilika in Weingarten. Das von ihm herausgegebene Buch „Lust auf Barock" ist nun schon in der zweiten Auflage auf dem Markt (die dritte ist in Vorbereitung). Es kostet ca. 24 Euro.
Foto (2007): Rupert Leser

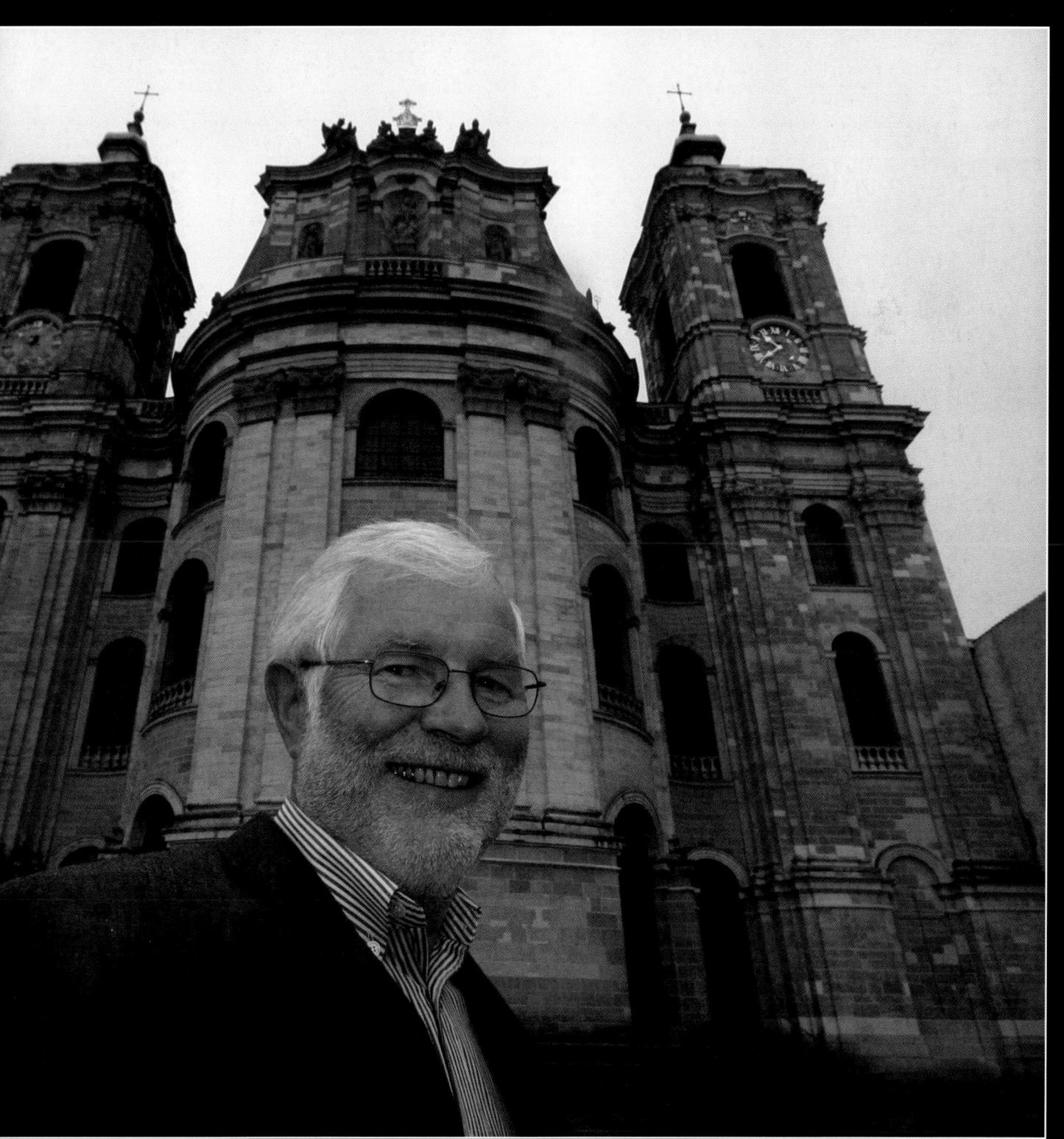

Getreideexport in die Schweiz spülte Geld ins Land. Aber da war ein Zweites, Entscheidendes: Es war das absolut unangefochtene klerikal-feudale Machtgefüge Oberschwabens, das den Barock in dieser fast exzessiven Form möglich machte. Im Barock manifestierte sich die Staatsdoktrin kleiner Sonnenkönige wie etwa der Grafen von Waldburg-Wurzach, die sich neben das Ried ein imposantes Schloss setzen ließen, sowie der wiedergewonnene Machtanspruch der Kirche, der Ecclesia triumphans, die sich im Gefolge der Gegenreformation die Künste und die Menschen untertan machte. Und zur höheren Ehre Gottes und der Äbte diente eben nicht nur die Baukunst, sondern auch geistliches Theater und geistliche Musik, beide im barocken Oberschwaben in Hochblüte stehend, wie unter anderem Berthold Büchele herausarbeitet.

Doch war es – um mit Brecht zu fragen – Abt Hyller allein, der die Basilika auf dem Martinsberg baute? Nein, und das machen die Autoren, allen voran Jan Koppmann in seinem brillanten Einführungsessay „Das Zeitalter des Barock", immer wieder deutlich: Es war der Schweiß der Untertanen, der die Sache möglich machte. „Geschichte von unten", Geschichte derer, die buckeln mussten, wird in dem Buch oft geschrieben; etwa wenn der Speisezettel von Bauern und kleinen Leuten („Nichts als Knöpflein, von morgens bis abends nichts als Müslein und Süpplein") dem der Großkopferten gegenübergestellt wird. Feinschmecker Michael Barczyk tischt auf, was im Reichsstift Ochsenhausen so alles kredenzt wurde – an der Herrentafel und beim gemeinen Mann, wo Schmalhans Küchenmeister war.

Geschichte von unten wird auch geschrieben, wenn der Kampf der Ravensburger Schneiderin Maria Anna Eglin um wirtschaftliche Selbstständigkeit als Frau geschildert wird. Oder wenn die Räuberromantik decouvriert wird als soziales Elend oder schlicht als kriminelles Treiben. Schmunzeln macht in diesem Zusammenhang die Bemerkung Barczyks zu den Grenzen der Strafverfolgung: „Wenn sich jemand in der österreichischen Stadt Waldsee etwas zuschulden kommen ließ, brauchte er nur wenige Schritte zu gehen, nur bis zum Frauenberg, schon war er auf waldburgischem Territorium, und der städtische Büttel durfte ihn nicht mehr fangen."

Geschichte von unten – fehlgeleiteter Volksglaube – spiegelt sich auch wider im Beitrag „Die Taufe totgeborener Kinder in Bergatreute" (Barczyk) oder bei Thierers „Die Glashüttenbesitzer von Schmidsfeld", wo das soziale Oben und Unten im Dunstkreis einer frühindustriellen Manufaktur deutlich wird.

Dass auch „oben" wahrlich nicht alles gold war, wird in dem Beitrag von Karl Volk über das schmähliche Ende des Chorherrenstifts Waldsee im Jahre 1788 deutlich.

Oberschwäbischer Barock ist Weltklasse. Klar, dass das Buch dem auch optisch Rechnung trägt. Die großartige Schaufassade, der blendende Bibliothekssaal, der überwältigende Hochaltar – alles findet sich in dem prächtig aufgemachten 200-Seiten-Buch hervorragend wiedergegeben. Genauso wie Bauernschrank und Schützenscheibe und Bildstöckle. Der Illustration, insbesondere dem Layout, gilt ein Sonderlob. Als Beispiel sei die Bild-Kombination auf Seite 15 angeführt, wo unter der Rubrik Symmetrie die Gabler-Orgel in Ochsenhausen, die Fassade von Kloster Salem und dazwischen der 50-Mark-Schein mit dem perückengeschmückten Balthasar Neumann abgebildet ist – eine Anordnung mit Pfiff.

„Lust auf Barock" macht Lust zum Lesen. Und zum Hinfahren: Mal (wieder) die Barockschätze, die vor der Haustüre liegen, in Augenschein nehmen. Das Hauptverdienst dieses Buches aber ist: Es macht Lust, sich in das Leben unserer Altvordern hineinzudenken.

Adel in Oberschwaben: zum Beispiel Königsegg
Die Stadt, der Graf
und das Buch

Königsegg und Aulendorf – das ist ein halbes Jahrtausend gemeinsamer Geschichte. Wo also wäre ein Buch, das dieses halbe Jahrtausend beschreibt, besser zu präsentieren als im Marmorsaal zu Aulendorf, im ehemaligen Schloss derer von Königsegg-Aulendorf? Hier hat Dr. Horst Boxler am 9. April 2005 sein grundlegendes Werk über die Königsegger vorgestellt.

Es war ein Familientreffen der besonderen Art. Sie waren aus allen Richtungen der Windrose gekommen, aus Norddeutschland, aus dem Badischen, vom nahen Wolfegg her und bis von Ungarn. Den magyarischen Zweig begrüßte S. E. Johannes Graf zu Königsegg-Aulendorf auf Ungarisch – eine besondere Verbeugung vor der Verwandtschaft. Ins kleine Aulendorf gekommen waren Königliche Hoheiten, Durchlauchten und Erlauchten und Bürgerliche von Rang. Der Markgraf und die Markgräfin von Baden hatten sich die Ehre gegeben genauso wie der Fürst und die Fürstin zu Waldburg-Wolfegg-Waldsee, die „sozusagen auf Familienbesuch" waren, wie Aulendorfs Bürgermeister Dr. Georg Eickhoff bei der Begrüßung formulierte, durch die Lektüre des Boxler-Opus um die verwandtschaftlichen Bande zwischen Wolfegg und Königsegg wissend. Gekommen war auch Paula Fürstin zu Fürstenberg, die im Aulendorfer Schloss geboren ist (sie ist eine Schwester von Graf Johannes zu Königsegg) und viele andere. Insgesamt etwa 80 Personen. Man labte sich an Königsegger Wein – ein schwerer Zweigelt vom Neusiedler See wurde gereicht sowie ein rassiger Chardonnay derselben Provenienz – oder an Bier aus Königseggwald und man wandelte in den schönen Räumen des klassizistischen Teils des Schlosses, die Porträts der Ahnen betrachtend, mit lang nicht gesehenen Verwandten Konversation pflegend, die eben gehörten Elogen auf Dr. Horst Boxler rekapitulierend.

Eine enorme, eine schier unglaubliche Leistung sei das, was der promovierte Arzt und reputierte Historiker da erbracht habe, war in den Wandelhallen zu hören. Zwölf Jahre hatte der praktizierende Neurologe an der „Geschichte der Reichsgrafen zu Königsegg seit dem 15. Jahrhundert" (910 Seiten) und einem Anhangband (250 Seiten) gearbeitet. „Disziplin ist alles", sagt Horst Boxler, der all die Jahre eine Stunde früher aufgestanden war, um neben der beruflichen Pflicht seiner Leidenschaft frönen zu können. Schon das Recherchieren, das Suchen in Archiven sei eine wahre Lust gewesen. Dabei sei er mit vielen interessanten Persönlichkeiten in Kontakt gekommen.

Wie er zu seinem Thema gekommen ist? Boxlers Großmutter entstammte dem Geschlecht von Entringen und das wiederum hängt eng mit den Königseggern zusammen. 1993 legte Dr. Boxler sein Entringen-Buch vor und da hatte es nahegelegen, im weit verzweigten Geäst der zusammengewachsenen Stammbäume weiterzuklettern.

Wie sehr die Familie Königsegg am Werden des Werkes Anteil genommen hat, machte Dr. Boxler wiederholt deutlich. So erinnerte er an den Grafen Maximilian in Budapest aus der Linie Rothenfels, dem es, „Krankheit und Tod vor Augen, ein Herzensbedürfnis war, sein Wissen um die Geschichte jenes Zweiges bewahrt und weitergegeben zu wissen." In einem dreitägigen Gesprächsmarathon haben der kranke Graf und der penible Protokollist Erinnerung konserviert, „vom Morgen bis zur Abenddämmerung", „kopierend, notierend, redend und qualmend". Graf Max hat die Veröffentlichung des Buches nicht mehr erleben können, er erlag seinem Leiden schon 1997. An seiner statt war sein Enkel János Graf von Königsegg-Rottenfels nach Aulendorf gekommen.

Mündliche Überlieferung im Sinne der „oral history" zu sichern war Boxler neben all der Archivarbeit ein besonderes Anliegen. So hat er Katharina Olbrisch, eine geborene Freiin von Königsegg, besucht, die den ostpreußischen Zweig repräsentiert. Ihr hat er viel Erinnerung an die untergegangene Adelskultur Ostpreußens zu verdanken. „Die radikale damnatio memoriae der sowjetischen Sieger in Ostpreußen", das Auslöschen der Erinnerung an das Deutschtum, habe auch vom Erbe der Königsegger im Osten kaum einen Stein, kein Grabmal, kaum Dokumente übrig gelassen. Was in Erfahrung zu bringen war, hat Dr. Boxler aufgeschrieben.

Ein knappes Jahrtausend Königsegg: Da scheint nahezu das ganze Spektrum menschlicher Existenz auf. „Es hat in der Familie alles an Schicksalen und Charakteren gegeben: genutzte Aufstiegschancen, brillante Königsministerialen und unbelehrbare Raufbolde, Prunksüchtige und Protagonisten bei der Rettung des Abendlandes, ketzerische Kirchenfürsten und Fromme, Berechnende und Samariter, Grausame und Kunstsinnige, Schwache und Starke", resümierte Dr. Boxler in seiner Rede im Marmorsaal. Die Königsegg'schen Frauen seien im Buch ein wenig unterrepräsentiert, räumte der Autor ein. Das liege schlicht an dem Umstand, dass Frauenleben einst schriftlich deutlich weniger dokumentiert worden seien. In seinem Vortrag erinnerte Boxler an die „zierliche Gräfin Breuner, die es als Witwe verstand, das bedrohte Haus Aulendorf zusammenzuhalten". Und er erinnerte an Bertha zu Königsegg-Aulendorf, eine mutige Kämpferin gegen die Euthanasie.

Mit persönlichen Worten dankte Dr. Boxler dem Chef des Hauses Königsegg-Aulendorf, Graf Johannes. Er habe ihm, „keine Selbstverständlichkeit", schon 1989 das gräfliche Archiv zur Verfügung gestellt und sei, nachdem er die Leitung der wirtschaftlichen Angelegenheiten an den Erbgrafen übergeben hatte, „zu einem unentbehrlichen Zulieferer" geworden. „Für sein großes Vertrauen habe ich meinen tiefen Dank abzustatten", sagte Horst Boxler im Marmorsaal zu Aulendorf mit Blick auf Graf Johannes.

„Es ist das erste Mal, dass von jedem Zweig Vertreter in Aulendorf da sind", freute sich Johannes zu Königsegg-Aulendorf. Den Anlass zu

diesem Familientreffen habe Dr. Horst Boxler geliefert, dem er herzlich für seine enorme Leistung danke. Graf Johannes nutzte die Vorstellung des historischen Werkes, um Grundsätzliches zu sagen: Wenn eine Gesellschaft ihre christlichen Grundlagen vergesse, dann münde das in die „Fahrt ins Chaos". Der Caritas gebühre zu allen Zeiten der Vorrang vor dem Egoismus. Man könne aus dem Buch wie überhaupt aus der Geschichte viel lernen. Konservativ zu sein, etwas zu bewahren, heiße zum Beispiel alles andere als engstirnig zu sein.

„Lieber Herr Boxler, im Namen der Stadt Aulendorf gratuliere ich Ihnen zu diesem Buch und danke Ihnen für die sorgfältige Arbeit, die Sie geleistet haben. Ich gratuliere auch der Familie der Königsegger zu diesem persönlichen Familienbuch, das zugleich eine Tour d'horizon durch 500 Jahre europäischer Geschichte ist." Bürgermeister Dr. Georg Eickhoff bekundete in seiner Laudatio seine Freude über das fundierte Werk, bei dem, wie er sagte, „zum Wohlklang des Wortes die Exaktheit der quellenmäßig belegten Fakten tritt". Beides zu vereinen – wie dem Autor trotz bisweilen spröden Stoffes gelungen – sei zweifellos eine

große und seltene Leistung in der Geschichtswissenschaft. Eickhoff, ein gebürtiger Kölner und promovierter Historiker, schlug in seiner Laudatio auch einen Bogen zu einem der größten Königsegger, zu Kurfürst Maximilian Friedrich, der Erzbischof in Köln und Fürstbischof von Münster gewesen ist und der die Universitäten Bonn und Münster gegründet hat. Besonders freute sich Bürgermeister Dr. Eickhoff, dass Boxlers Buch in Aulendorf, im Marmorsaal, das Licht der Welt erblickt hat. „Es gibt keinen besseren Platz für diese Buchpräsentation, es gibt keinen besseren Rahmen für diesen Abend", rief er aus. Schloss Aulendorf sei eine summa genealogica derer von Königsegg und deshalb der ideale Ort für die Vorstellung eines Buches, das zeige, „wie das kleine Aulendorf durch seine Grafen hineinverwoben ist in die große Politik und die europäische Kultur". Dass Horst Boxler den Baubericht von Rudolf Brändle, dem Architekten der Schloss-Renovierung, am Ende seines imposanten Werkes eingefügt habe, sei ein in jeder Hinsicht passender Schluss-Stein.

„Disziplin ist alles." Dr. Horst Boxler, ein praktizierender Arzt, ist jahrelang eine Stunde früher aufgestanden, um an der „Geschichte der Reichsgrafen zu Königsegg seit dem 15. Jahrhundert" zu arbeiten. Entstanden sind zwei Bände mit insgesamt 1166 Seiten, mit 300 meist farbigen Abbildungen. Das Werk kann, sofern noch nicht vergriffen, an der Bürger- und Gäste-Information im Aulendorfer Schloss (Tel. 07525/93 42 03) oder in der Buchhandlung Rieck zum Preis von 75 Euro erworben werden. Insgesamt wurden 750 Exemplare gedruckt. Das Buch enthält zu speziellen Aspekten des immensen Themas noch Beiträge von Rudolf Brändle („Baubericht über die Renovierungsarbeiten am Schloss Aulendorf"), Bernd Wucherer („Der Stauf-ner Fasnatziestag") und von Wolfgang Killinger („Die Entringer in Tübingen"). Unser Bild, entstanden bei der Buchpräsentation am 9. April 2005 im Aulendorfer Marmorsaal, zeigt Dr. Horst Boxler (links) im Gespräch mit S. E. Johannes Graf zu Königsegg-Aulendorf.
Foto: Veronika Moser

Da, wo Oberschwaben ins Allgäu übergeht, in Arnach, bewirtschaftet die Familie Vetter den Schlesishof. Der alte Schlesishof ist Anfang der 1780er-Jahre im Zuge der Vereinödung von Arnach hinaus ins Greutfeld gebaut worden. An der Haustüre des alten Hofes kann man heute noch die Initialen AK lesen; sie stehen für Alois Kiechle, der den Hof ab 1911 bewirtschaftet hatte. Schwer nur hatte sich Alois Kiechle, dem der Krieg seine beiden Söhne genommen hatte, von seiner Scholle trennen können. Zunächst verpachtete er, ehe er – schon über 80 – verkaufte (an die aus Heimenkirch stammende Familie Vetter; 1966).

Fotos (2006): Uli Gresser

Lebenswelt Bauernhof

Ruprecht und Rosi Vetter mit „Birke", der „Miss Allgäu" des Jahres 2004 (Auszeichnung auf dem Museumsfest in Wolfegg am 3. Oktober 2004). „Birke" ist eine der letzten Vertreterinnen des echten Allgäuer Braunviehs, dessen Weiterzüchtung sich Ruprecht Vetter (Jahrgang 1961) und der Arbeitskreis „Allgäuer Braunvieh" e. V. zur Aufgabe gemacht haben. Das Allgäuer Braunvieh war bekannt für seinen Dreifach-Nutzen: Es lieferte neben Milch und Fleisch auch Zugkraft. Was bei jenem Braunvieh-Fest im Bauernhausmuseum für Aufsehen sorgte – nämlich dass Ruprecht Vetter zwei Kühe eingespannt hatte („Des Fahra mit de Küah honne gherig üba müssa") – war früher im Allgäu und in Oberschwaben gang und gäbe. Natürlich haben Vetters Kühe Hörner – heutzutage eine Seltenheit. „Birke", geboren am 26. 3. 2000, kalbte im Februar 2007 zum fünften Mal (von „Maxul"-Sohn „Mark", selbstverständlich im Natursprung). Ohne jeglichen Kraftfutterzusatz liefert „Birke" pro Jahr 5000 Kilo Milch. Eine andere „Allgäuerin" aus Vetters Stall, die Kuh „Moni", wurde sage und schreibe 18 Jahre alt. Landesweit wird heutzutage nur jede hundertste Kuh älter als zwölf Jahre; 70 Prozent der Milchkühe (MLP) sind unter sechs Jahre alt (Quelle: LKV 2005, S. 53; MLP = Milchleistungsprüfung). Braunvieh hatte einst auch im Stall von Herdbuchzüchter Franz Reischmann (Jahrgang 1925) in Arnach-Brugg gestanden.

D' Hoimet
Woisch
no

Erinnerungen an eine Kindheit auf einem
oberschwäbischen Bauernhof in den 1960ern

Woisch no, Babbe,
wia de noch Geboldinga gfahra bisch
mit em Traktor,
dia Milch-Kannta hinda doba auf d'r Bruck
ond mi auf'm Schoß
– i war no en ganz kleina Bua –
ond wia de mi abgfroget hosch:
„Guck mol,
do dieba,
do fahrt en Laschtzug noch Wurzach.
Wiaviel Räder siehscht?“
„Vier“, hone gsait.
„Ond wiaviel hot'r em Ganza?“
„Acht“, hone gwisst
ond a dicks Lob krieagt.

Des war dei Pädagogik,
so hosch du gfördret
ond erzoga.
Des hosch
guat gmacht.

Woisch no, Mamme,
wia de Babbe
en Schnee-Ma baut hot
mit eis Kind
hintr'em Brennholz-Schopf.
Do hot's
no koin Maschina-Schopf gäa
ond scho gar koi nuis Haus,
bloß d' Schumpa-Wies.

Ond woisch no, Babbe,
wia du ond d' Mamme
mit eis Buba
an d' Felderhalde gfahra send,
damit mir
au amol liftla kennet,

Unsere ersten Ski. Gemacht hat sie der Opa.
Geduldig hatte er selbstgehobelte Bretter unter Druck und Dampf gebogen. Die Bindun-
gen bestehen aus selbstgeschnittenen Leder-
riemen, die Skistöcke sind schlichte Stecken.
Winter 1962/63.   Foto: bei Reischmann

„D'r Babbe baut en Schnee-Ma!“
Foto (Mitte der 1960er-Jahre):
bei Reischmann

Volksschüler: Als Gerhard Reischmann an Ostern 1965 eingeschult wurde, kam er in die Volksschule Arnach. Das erste Schuljahr war noch ein volles und endete am 31. März 1966. Dann kam die Schulreform, kamen zwei Kurzschuljahre, kam die Verlegung des Schuljahrbeginns auf den Herbst und aus der „Volksschule" wurde die „Grund- und Hauptschule". Damals, in den Sechzigerjahren, war sein zweieinhalb Kilometer langer Schulweg noch beidseits von großen Obstbäumen gesäumt. Wegen des Ausbaus der Landesstraße und auch um Bahn zu schaffen für effizientere Mähtechniken mussten die Bäume weichen. Der Schulweg zur Zeit der Maienblüte bleibt dem Radler von damals unvergesslich.
Foto (1965 oder 1966): bei Reischmann

ond wia ihr gschtaunt hond,
wia mir de Berg rabkommet.
Normalerweis
semm'r jo bloß
auf Längschts Halde
oder an Stampfers Buckel gfahra
ond hond
dia Pischta
selber tramplet
ond imm'r homm'r
voma oigena
kleina Lift traimt.
Wia wenn's gescht gwäa wär,
siah i ui unda schtau
an d'r Talstatio vom Kreuzthal-Lift,
wia ihr geduldig wartet
de liabe langa Dag,
bloß dass mir a Fraid hond.

Woisch no, Mamme,
wia mir nach Arnach nauf
en d' Schul gradlet send,
bei Wind und Wett'r,
bei Schnee ond Matsch.
En de Schneeloisa
homm'r eis naufploget
noch A'na,
aber viel ausgmacht
hot eis des eigentlich
it.
Wenn's grengat hot,
noche homm'r an graua Rega-Cape
ibergworfa krieagt
ond wemm'r doba waret z' A'na,
noche war en richtiga „See"
im Iberwurf über d'r Lenkstang.

Beim Mädle
war ma denn scho a bizzle woicher,
dia hot ma denn
heifiger
mit em Auto en d' Schul dau.

Woisch no, Babbe,
wia i en d' Oberschul komma be,
en dia gleich,
en dia du seinerzeit ganga bisch.
Oimol bene voll Stolz
vo d'r Bushaltestell hergrennt

ond ho gruafa:
„Babbe, Babbe,
i hon en Oiser krieagt.“
Ond des hon i aber
it zur Dür neigschriea
od'r zu'ma Fenscht'r nei,
noi, zu'ma riesiga Loch
in der Stubawand nei.
Do hond'r grad
d' Öffnung
für Mammes Blumafenscht'r rausbrocha.

Iberhaupt: Deine Umbauta!
Woisch no,
wia du 's Bad eibaut hoscht
ond
– fascht a Sensatio für a Baurahaus –
d' Zentralhoizung!
Für dia Öltänk
hond d' Moschtfässer weicha müssa,
aber de Moscht
hosch du
it gmanglet.

Woisch no,
wia d'r Fuchs ond d' Fanny
's Gnadabrot krieagt hond?
Immer wied'r mol
hot de Opa
ois vo dene Rösser
eigspannt
ond isch mit seim Milchkannta-Sulky
noch Geboldinga
en d' Käserei zocklet.
A baar Däg,
bevor ma dia alte Gäul
gholet hot,
hot d' Mamme no a Foto gmacht
vom Opa mit seim Wägele.

Am sella Dag,
wo de Rosshändler Wassermann
vo Memminga komme isch,
do isch d'r Opa
it gsää worra.
Beim Baurahanser doba
isch'r abtaucht gwää
de ganz Dag
ond wia'r auf d' Nacht

„Schwobes“ Hof mit dem neuen Wohnzimmerfenster. Das große Fenster galt damals als etwas Besonderes, später hat man es als unpassend für die Bauernhausoptik empfunden. Im Inneren verwandelte sich die alte Bauernstube nach und nach in ein Wohnzimmer, wie es die Stadtleute hatten: mit Polstergarnitur da, wo einst der Kachelofen gestanden hatte, mit Musikschrank, Fernseher, mit Schrankwand Eiche-Furnier, mit Heizkörper und mit Tapeten statt Täfer. Die neue Zeit zeigte sich auch auf der anderen Seite des Hofes: Dort prangte eines Tages auf dem Saustall-Anbau eine Veranda mit hellblauen, asbesthaltigen Geländerplatten. Und der Schindelanschlag am Hofgiebel wurde durch eine wetterfeste Beplankung aus modernem Baustoff ersetzt. Im Hintergrund ist die neuerbaute Maschinenhalle zu sehen. Die zwei Garagentore am Hof sind auch recht neu.

Foto (1970): bei Reischmann

Josef Kling mit seinem Milchwägele (mit auf dem Bild sein Enkel Winfried Reischmann, geb. 1959). Auf dem Rückweg brachte man Käswasser für die Schweine mit. Links im Bild das Waaghaus (rechts Wirts Werkstatt, später zur Kegelbahn verlängert).
Foto (1964): bei Reischmann

Das erste Auto auf dem Hof (gekauft 1957). Am Steuer: Klein-Gerhard, unterstützt von Mama. Auf den Käfer folgte ein gebrauchter Opel Rekord und dann das wohl schickste Auto, das Franz und Theresia Reischmann je hatten: ein tiefseegrüner K70.
Foto (1958 oder 1959): bei Reischmann

wiead'r hoimkomma isch,
waret dia Gäul
weg.

Des war Mitte der Sechzgerjohr.
Bald drauf
hot ma d' Geboldinger Käserei
zuagmacht.
Aus em Ross-Stall
isch denn d' Garage worra
ond statt em Milgeldzahla en d'r Wirtschaft
hot ma a Iberweisung krieagt.
Ond dein blaua Käfer
hot vom Rote Schopf
ins Haus umzieha kenna.

Jo, der blaue Käfer!
„WG – irgendwas" hot'r ghett
ond eis übrall nabrocht.
Woisch no,
wia m'r zur Weihnachtszeit
emm'r zum Onkel Paul nach Hedrazhofa
tuckret send,
mir Kind ganz hinda dinna
in dera Käferhöhl'
ond alle voller Vorfraid
auf Tante Reginas Breetla.

Oimol hot sich Klein-Gerhard
– des bin i –
im Käfer eigschlossa;
d'r Schlüssel isch gschtecket
und die verzweifelt Mamme
hot immer ins Auto neigruafa:
„Komm, Gerhädle, zieah 's Knöpfle."

Woisch no, Mamme,
wia Di Göppels Paul gfroget hot,
des war vor meiner Zeit,
1956 war des,
ob du it beim Führerschei'kurs im „Le'a"
mitmacha wettescht?
„Des wär doch au ebbes für di",
hot'r gsait,
weil'r de Kurs noit ganz voll ghett hot.
„I komm doch meiner Lebdag it zum Autofahra",
hosch'em zur Antwort gäa
und dann doch mitgmacht.
Sechs Fahrstunden, 120 Mark,

213

und scho 1957
bischt mit em blaua Käfer rumkurvt.

Oimol
hot ui d'r blaue Käfer
aber doch im Stich glau.
Do send'r morgens
ins Gründla-Moos
zum Wasa-Stecha gfahra.
Ond obends,
wia'r hoim hond wella
en de Stall,
hot däa Käfer nemme wella.
Koi Wunder,
wemma 's Liacht
hot brenna lau.

Au i ka mi no erinnra,
wia ma im Gründla-Moos
's Torf gholet hot.
Bis en d' Siebzgerjohr nei
hond'r Gründla-Torf zum Eischtraia gnomma.
Mit'ra riemabetriebena Mühle
auf'm Boda üb'rem Torfmullhaus,
an dia ma en tragbara
Elektromotor naghengt hot,
hond'r d' Wasa faserklei gmacht –
damit's d' Küah schee trucka hond.

S Wasa-Stecha in de Gründla,
's Raufwerfa ond Wegschieba auf Bohlaweg,
's Aufbocka –
es war a nasse, schwere Arbet.
Im Spätherbscht war au oft 's Weatt'r derno.
Koi Wunder, Mamme,
dass Dei Vat'r ui Mädla
aufgmuntrat hot:
„Mädla", häb'r gsait,
„wenn'r schee mitschaffet,
no krieaget'r nuia Stiefela."
Des war no im Krieag
ond es war für ihn it leicht,
des Kalbsleder zum bsorga,
aus dem sell Schuhmacher z' Dietmanns
denn die beige Stiefela gmacht hot.

D'r Opa hot au no a oigena Wasa-Parzell
im Wurzacher Ried ghett.
Dia ischt irgendwann

**Vor der Auto-Zeit: Theresia Kling (Reisch-
mann) mit „Schwobes" Roller.
Foto (1950er-Jahre): bei Reischmann**

in Vergessahoit grota.
Erscht, wia d'r Landrat Blaser
im Wurzacher Ried
Flächa aufkauft hot zur Renaturierung,
isch es aufkomma,
dass dett no a bizzle was Oiges do isch.

Woisch no, Mamme,
wia ma en d'r Brugger Viehwoog
no gwoga hot?
D'r Opa war lang no d'r Wiegemoischt'r
ond d'r Konrad Klöckler vom Metzgerhof
lang no d'r wichtigscht Kunde.
Manchmol,
wenn grad koi Vieh zum Wäga war,
hot d'r Opa
halt eis Kind gwoga,
mit emma echta Wiegeschei –
wenn scho, denn scho.

Am Brugger Wooghaus
war bis zum letschta A'mola
en Zinka,
so a Geheimzoicha,
des d' Leit vo d'r Schtroß,
d' Hamburger,
gern irgendwo nagmacht hond.
„Hier wohnt eine gute Frau",
muass der Zinka wohl bedeitet hau,
denn es sind auffällig viel Vagabunda
ans Fenscht'r komma
ond hond umma Suppa
oder a Nachtlager gfroget.
Ond alle hond was krieagt.

Jo, Du warscht und bischt
gaschtfreundlich.
U'vergessa
isch Dei Hausfasnet.
D' Polonäs
isch durchs
ganze Baurahaus ganga.
Ond du warscht und bischt
a guate Köchin.
Du hoscht au dia alte Küche pfleget,
hosch Griesschnitta gmacht
und au amol a Häberlesmus
auf de Tisch gschtellt,
hoscht Holdersekt gmacht,

In den 1960ern noch hoch im Kurs: die Hausfasnet (hier bei Schicks in Gensen).
Fotos (1963): bei Reischmann

Lindablütatee,
hoscht en Rumtopf agsetzt.
Was mir aber
doch a bizzle
zu ruschtikal war,
war –
dein Schlotter.

Aber du warscht au aufgschlossa für Nuis:
Unübertrefflich
war dein Italienischa Salat,
himmlisch
deine Rindsroulada.
Wia d' Pommes frites aufkomma send,
hond mir Kind
dir bei Frau Hübner im Lädele
en Pommesfritesschneider kauft.
Ond noch hosch Pommes frites
für eis gmacht.

Zu Deiner Zeit
hot ma no im Haus gmetzget.
U'vergessa isch mir,
wia luschtvoll
d'r Max Höflinger
nach getaner Arbeit
dene frischa Bluat- und Leb'rwürscht
zuagschprocha hot.

Ganz früher
ischt en andra Metzger komma,
oiner vo Wuza,
der hot denn gern
neba d'r Arbeit her
a bizzle
oin zwitschret.
Mit Moscht ond emma Schnäpsle
isch es em besser
vo de Hand ganga.
Wenn'en
zwischadurch
wied'r an Gluschta
überkomma isch,
denn häb'r zu Deiner Schwester gsait:
„Klärle,
bring m'r nomol so a Garnitürle."

Natürlich, Mamme,
hoscht auf'm Hof fescht mitschaffa müssa.

216

1943, mit 17 Jahren, erwarb Theresia Kling (Reischmann) den Führerschein der Klasse vier – fürs Traktorfahren, auch für das Fahren von Kleinkrafträdern. An diese Szene erinnert sie sich ungern: Da fährt sie mit dem Lanz aus der Tenne raus und nicht in die Tenne rein. Das Futter war nicht einwandfrei gewittert gewesen und musste noch einmal in die Sonne.　　　　Foto: bei Reischmann

Theresia Reischmann, gut 20 Jahre später: Aus dem Lanz ist nun ein Schlüter geworden und statt des traditionellen Heuwagens hängt ein moderner Ladewagen am Traktor.
Foto (ca. 1965): bei Reischmann

Ond oimal – da waret mir no kleine Kind –
do hot's de gherig am Wickel ghett:
D'r Opa hat en Unfall ghett
und isch noch Leikirch
ins Krankahaus komma.
Ond weil im sella Zimmer
lauter Josef gleaga send,
hot ma's 's Josefszimmer ghoißa.

Ond denn hot sich
d'r Babbe
im Wald
in de Oberschenkel
neigsäget
und ischt au ins Krankahaus komma,
ins selbe Zimmer
wia de Opa.
Noche hot des Zimmer
's Franz-Josefs-Zimmer ghoißa.
Heut lachet ma drüber,
aber ihr zwoi,
du und d' Oma,
send domals sauber dogschtanda.
Öfters hosch dankbar v'rzehlt,
dass amma Sonntig
zmol Klinga Marzell
im Stall gschtande isch
ond sei Hilf atraga hot.

Woisch no, Babbe,
wia du d' Traktor agschafft hosch,
den rota Schlüter,
den mir heit no hond?
Des war 1965
ond des war d' dritt Traktor auf 'em Hof
noch Opas Lanz vo 1939
ond em erschta Schlüter.
Ond denn ischt d'r Kipper komma,
en Wolfangel vo Waldsee,
ond de Ladewaga
ond de Kreisler
ond später 's Kreiselmähwerk …
Ond ganz zum Schluss erscht –
de Fernseher.

S Staatsbegräbnis für de Adenauer
homm'r no bei Längsts in Geboldinga agucket.
Ab'r d' Olympiade z' Mexiko,
dia hond ihr denn

217

in der oigena Flimmerkischta gsäha.
Mir Kind hond moischt ins Bett müssa,
weil dia Übertragunga
oft nachts komma send.

Wia heit wois i no,
wia d'r Kipper komma isch:
D'r Winni ond i
hond glei d' Ladefläche schräg gschtellt
ond send drauf rumturnet.

Apropos Sport:
Woisch no, Babbe,
wia mir en Sportplatz baut hond?
Z'mol
ischt auf Deiner Schumpa-Wies
a Tor gschtanda
ond denn au bald a zwoits –
do hot d'r Opa
seine Händ im Spiel ghett.
Du hosch glei gute Miene
zum Fußballspiel gmacht
ond dia Schumpa
woandersch na dau.

Manchmol
hoscht des Wiesle
aber doch braucht
ond denn homm'r halt
um dia Kuahpflädd'r
rumtricksa missa.

Oimol,
Mamme, i glaub, des woischt it,
bene zur Oma ganga
ond ho zu'ra gsait:
„Du, Oma,
kenna mir dia schee Vas'
mol ausleiha?"
D' Oma hot des Schtückle
au hergäa,
hot ab'r it gwisst,
dass mir Lausbuba
des als Pokal aussetzet
fürs Lokalderby FC Brugg gega SV Geboldinga.
I moi, domols hot au
d' Isolde mitgschpielt.
Weil m'r a bizzle
zwenig Leit waret.

218

**Der Mittelpunkt unserer Kindheit: der Brug-
ger „Sportplatz".**
Foto (um 1970): bei Reischmann

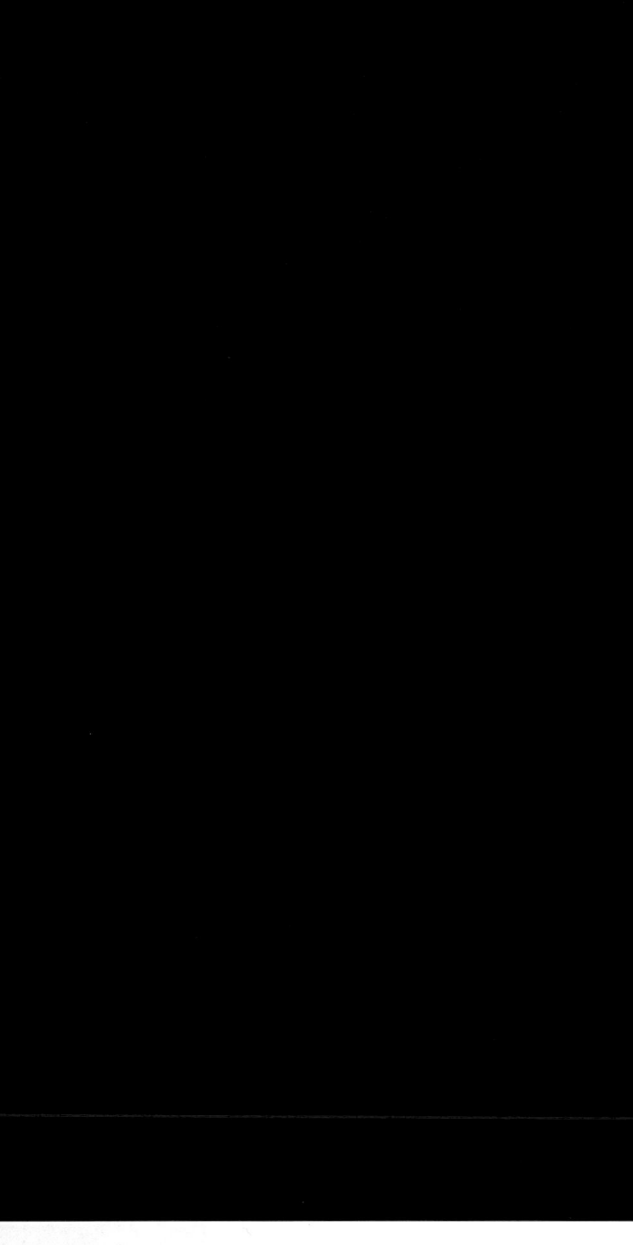

Als die Brugger Kiesgrube ein Badesee war: Franz Reischmann mit Isolde und Gerhard (links) und Winfried.
Foto (1966): bei Reischmann

S ischt denn au verdammt knapp herganga,
's hot wirklich alls braucht,
dass mir des Spiel gwonna hond
ond mir dia Vas'
d'r Oma hond zruckbringa kenna.

Au wemm'r
beim Kicka
's weiß Sonntigshemad
verschwitzt
ond verdreckt hond,
nia hosch gschumpfa, Mamme.
Oder 's Dress vo d'r Fußballjugend –
oft hosch 's gwäscha,
nia hosch klaget
ond a Geld hoscht au kaum gsäha.
Heit no
isch dir so mancher Kicker
's Dressgeld schuldig.
Aber des isch verjährt
und des wirsch nemme eiklaga.

D'r Winni und i
– mir waret schicke Kicker.
Rote Stutza, schwarze Hosa
ond rote Pulli –
des hot was gleigsähe.
Dass dia Pulli aus Kunschtfaser waret
und Rollkräge ghett hond
und mir gschwitzt hond
wia'n ra Sauna –
's hot eis nix ausgmacht.
Mir waret fit wia Turnschuah
und außerdem
homm'r jo
en Badesee vor d'r Haustür ghett.

Woisch no, Mamme,
wia in d'r Kiesgrub
's Wasser hochkomma ischt.
Für de Thiedmann,
de Kiespächter,
war's a Desaster,
für eis Kind
a Paradies.
Au du ond de Babbe
send ab und zu
nausganga
zum Bada.

Wa d' it woisch:
I hon amol
oin rauszoga.
Der hot gherig gschtreblet
und i hon doch au
kaum schwimma kenna.
So ganz ugfährlich war des it.

Was i au nia vergiss:
Amol homm'r
a Monopoly-Spiel krieagt.
Vielleicht hond Ihr des neimodische Spiel
it v'rschtanda
oder Ihr hond
oifach koi Zeit ghett,
eis des schwierige Regelwerk zum erklära:
Jedafalls hond'r d' Tochter vom Thiedmann
komma lassa,
dass dia eis
des Spiel zoigt.
Ond denn homm'r Schtund um Schtund
Monopoly gschpielt,
dägweis.
Ihr hond sogar akzeptiert,
dass mir des Spiel
über Nacht
auf em Esstisch
hond liega lassa kenna.
I woiß it,
wo ihr noch em Stall
gfrühstückt hond.

Mamme,
erinnersch de no
an d' Weltmeischterschaft?
Noi,
it an dia vo de Klinsmänner.
An dia in England 1966.
S war an deim 40. Geburtstag.
Du hosch Göckerler im Rohr ghett
und alle waret do:
d'r Diether und d' Klara,
d'r Heinz und d' Hedwig,
d' Hilde und de Karle.
Allmählich
werret dia Mannsbilder
a bizzle unruhig,
rutschet hin und her,
druckset rum,

gucket auf d' Uhr
und rucket denn
raus mit d'r Sproch:
S goht
ums WM-Spiel Deutschland gega Russland
ond d'r Karle hot doch en Fernseher.
Raus isch es und weg send se,
dia Mannsbilder.
Wia se zwei Stunda später
wied'r do send,
noch em deutscha Sieg,
waret dia Göckerle
reat trocka
und dia Jubilarin
doch a bizzle agsäuret.
So send se halt,
dia Mannsbilder,
wenn WM isch.

Mamme, erinnersch de no
an de Moibaum 1974,
aus dem a baar Witzbold
an Galga gmacht hond
mit emma Schild am Strick,
auf dem „Holland" gschtanda isch?
Däa Galga
isch bis ins Friahjohr 1975
an d'r Bundesschtroß blieba,
it grad a Zierde für Brugg.

Woisch no, Babbe,
wia ihr no mit d'r Heuzanga gschaffet hond
ond wia denn 's Gebläse komma isch?
Woisch no,
wia de verlitte hosch,
wenn's Gebläse naus hot missa
ans Silo
ond denn wied'r rei in de Denna?
Woisch no,
wia du dia Rohr
unterm Dachfirscht hosch zsammageschraubet,
schtickig war's
ond schtaubig –
fascht so schlimm
wia beim Drescha im Denna
mit d'r große Dreschmaschie.

Woisch no, Mamme,
wia de Babbe

Kinderwagen ade: „Gerhädles" erste Gehversuche (im Hintergrund der Brennholzschopf und das Stüble).
Foto (März 1959): bei Reischmann

221

im Heuet
in Hochform war?
Mit Karacho
isch'r naus ins Feld gfahra
und ums Numgucka
isch'r mit emma volla Ladewaga zruckkomma.
Den hot ma vo Hand ins Gebläse neigablet
und scho war wied'r fut.
Zeh, zwölf, vierzeh Mol am Dag.
Mir, du ond au mir Buaba,
send zwischadurch
auf'm kleina Silo gsessa
ond hond gseifzt: „Etz kommt'r scho wied'r.“

Woisch no, Babbe,
wia'r ghuizet hond?
En de Stellhuiza
homm mir V'rschlupferles spiela kenna.
S Pfahlhuiza
– drei Schläg, drei Sprüssel, sieba Wisch –
war a gherige Arbeit.
Do hot ma denn
jeden Wisch Heu
gschätzt.
Ab'r 's war a guats Heu,
des im Stock it v'rdorba isch.

Wa de vielleicht it woisch:
Wia de Winni ond i
Höhla baut hond
em Heustock.
A ganze Wohnung homm'r ghett
ond im Nachhinei
muass ma saga:
So ugfährlich
war des fei it.

Woisch no, Mamme,
wia i aus em Kinderwaga rausglachet hon?
Wia du de Winni
mol zur Tante Hilde dau hoscht,
zum Rausfuttra
und au,
dass'r sauber wird?
U'vergessa isch dir,
wia's ersehnte Mädele komma isch.
Au i ka mi no erinnra,
wia ma se brocht hot.
Später war se a reats Babbe-Kindle

und u'vergessa ischt ihr Ausspruch:
„Babbe, du bischt au im Stallhäs no schee."

Woisch no, Babbe,
wia'r en d' Kübel gmolka hond
ond wia du d' Absauga'lag
agschafft hosch?
Woisch no,
wia penibel du warsch
mit em Sauberhalta
vo de Loitunga –
do hot's denn selta
Aschtänd ghett.
Konsequent
hosch noch em Melka mit d'r A'lag
alle Küah no vo Hand ausgmolka –
damit se jo koi Euterentzündung krieaget.
Genauso
wia de se sorgsam
vor em Anhängge vom Melkgschirr
„a'grüschtet" hosch –
also massiert noch d'r „Allgäuer Melkmethode".
Woisch no,
wia sorgfältig du deine Küah
gschtrieglet hosch?
Alldag om dreiviertelfünfe morgens,
no vor em Melka,
hosch se durchputzet.
Und d' Kuah-Schwänz
waret akkrat
hochbunda
amma Gummizug an d'r Stall-Decke.
Jo, du hoscht a saubere Hab beianand ghett
ond a gsunde.
Regelmäßig hosch de Klauaputzer Baumann do ghett,
weil de gwisst hosch,
wia wichtig Klauagsundheit isch:
Damit's de Küah guat goht
und se schee Mil gäbet.

Woisch no,
wia du mit d'r langa Forka
des schwere Silofuatt'r
aus drei Meter Tiefe
rausgwuchtet hoscht?
Heit no
hon i
den Silogschmack
en d'r Nas.

Ond woisch no,
was für a Disziplin du ghett hosch:
S hot no so schee sei kenna
beim Kaffeeklatsch im Stüble,
spätestens um halb fünfe
bischt aufgschtanda
ond zu deine Viecher ganga.

Woisch no,
wia de mit de Bschüttrohr
gschaffet hosch?
Heut no
hon i vor Auga,
wia de im Feld dussa schtohscht,
en gheriga Schuuz am Leib
und die Bschüttespritza
en d'r Hand.
Des war
koi so a scheene Arbet.
Ab'r au des
hoscht mit A'stand gmacht.
Immer no
homm'r 's notarielle Recht
„zur Verlegung einer fliegenden Gülleleitung".
S isch halt so gschrieba,
au wemma
bei koim Baura meh
a Bschüttrohr sieht.
Afang d'r Siebzgerjohr hosch denn
a moderns Bschüttfass mit 3000 Liter agschafft.
Dia Rohr-Pumpa aber,
dia d'r Steinhauser Clemens gmacht ghett hot,
isch no lang am Gschäl gschtanda.

Oi oinzigs Mol
in all dene Johr
hoscht en Hund neighaua.
Ond des war beim Sportlerfescht 1968.
Der viela Cognac
häb d'r gar it guat dau.
Sellmol
seiescht nächtens
zum Schlofzimmerfenscht'r nausghanget
ond häbescht noch em Rechta gucket
ond am Morga seiescht em Stall
bloß auf'm Stühle ghocket
ond d' Mamme häb alloi gmolka,
saget se.

Am 17. September 1957 heirateten Franz
Reischmann und Theresia Kling. Es war ein
Dienstag. Am Mittwoch wurde Mist geladen.
Von Hand. Flitterwochen? Auf einem ober-
schwäbischen Bauernhof in den späten Fünf-
zigern? Undenkbar. Natürlich gibt es von
jenem Mistfahren kein Foto. Wie überhaupt
Bilder von der Arbeit selten sind. Eine ech-
te Rarität ist diese Aufnahme: Sie zeigt Franz
Reischmann beim Mistladen im Spitalhof in
Kempten, wo er Versuchstechniker war. Der
Mist wurde in eine neuartige Zerkleinerungs-
maschine gegeben.
Foto (1951 oder 1952): bei Reischmann

Woisch no,
wia ma de Stall
Tb-frei gmacht hot?
Des war bald,
nochdem du de Hof übernomma ghett hosch,
so Afang d'r Sechzgerjohr.
Etliche Küah,
schtuckra sechs bis acht,
hot ma separiera müssa,
hot ma numgschtellt in de Ross-Stall.
Noch einiger Zeit
hosch denn des Schild „Tuberkulosefreier Bestand"
an d' Stalltür nanagla kenna.

Woisch überhaupt no,
wia deine Küah ghoißa hond?
Kasch de no erinnra
an d' Fritzi
ond an d' Florette,
an d' Minka
ond an d' Meta?

D' Minka,
geboren im März 1968,
hot im August 1979
ihr zehnts Kälble krieagt.
Woher i des woiß?
Dia Stalltäfela,
auf dene du alles
sorgfältig
aufgschrieba hosch –
Geburt, Abstammung,
wenn se „rindrig" send,
wenn se kälbret hond –
send heit no do.
Do send se alle vermerkt,
d' Fuge, d' Oboe, d' Trojka,
d' Trense, d' Oper, d' Mella ond d' Mekka,
d' Tanne ond d' Fichte,
d' Traube, d' Tränke ond d' Trense,
d' Trave ond d' Trasse,
d' Forelle ond d' Felge,
d' Trespe ond d' Trixi.

Woisch no,
wieviel Mil
du ghett hosch anno '80,
wia de aufghört hosch
mit Baura?

225

98 544 Kilogramm
vo im Schnitt 25 Küah.

Heitzedag treibet se dia Küah
auf dia dopplet Leischtung,
ab'r heitzedag
hond dia Küah
au koi so scheene Name meh.
Bloß no Nummra.
Des hot d' Mamme imm'r gsait:
„Mir gfallet halt dia Nema
ond mir gfallt,
dass'r koine
Mädlaname nimmt."

Seinerzeit
warsch du en Topbauer –
des hot erscht kürzlich d' Helene Schick gsait –
mit Portionsweide und Rucksackhägel
ond au mit a bizzle Kraftfutter.
Aber en Stallcomputer
hosch du it ghett,
den hosch du em Kopf ghett
ond em Herdbuch.
Du hosch ganz genau gwisst,
welle Zitze wieviel Mil geit
ond de Melkbecher
entsprechend lang aghengt.

Wemm'r grad
bei d'r Portionswoid send:
S war amma Sonntig.
I be nausganga en d' Eischläg
zum Nochehaga.
D'r Onkel Paul
hot gfroget,
ob'r mitgau ka.
„Klar", hone gsait.
Z'mol dreht'r sich um ond sait:
„Guck mol, dea scheene Hof!"
Aber i war
daub auf dem Ohr.

Bis 1978 – bis zum Tunnelbau –
homm'r eisre Küah
über d' Bundesschtroß
numtrieba und bloß oimal
ischt ebbes bassiert:
En Lieferwaga vo Leikirch her

isch nemme zum Halta komma
und hot a Kalbl
30, 40 Meter mitgschloift.
Ma hot se an Ort und Schtelle
notschlachta müsse.
A anders Mol hond'r
a notgschlachtete Kuah
z' Ana doba
en d'r Gmoindsgfriera ghett –
ond no isch d'r Strom ausgfalla
ond des Floisch war hi.

Babbe,
du hosch fescht schaffa missa
auf deim Hof,
aber du woischt au,
dass es schee war.
It umsonscht
hoscht immer
a Liedle auf de Lippe ghett.

Woisch, Babbe,
wenn du mi
gherig
en d' Pflicht
gnomma hettescht,
wenn de gsait hettsch:
Bua,
bleib dahoi.
Noche,
i glaub,
i hett gfolget
ond wär dahoi blieba.

Aber
i will dir
gwiass
koin Vorwurf macha.
S ischt auch so reat,
wia's komma isch.
D'r Bua
hot halt naus wella
en d' Welt –
ond du
hosch des gschpürt.
Wer woiß,
ob 'r dahoi
zfrieda
gwesa wär.

Seit 1978 gibt es den Viehdurchlass unter der Bundestraße. Franz Reischmann probiert schon mal mit „Trense" die bereitliegende Röhre aus. Altbauer Josef Kling, damals 87, beobachtet's mit Interesse.
Foto: Robert Dengler

227

W er ist nicht schon alles an unserem Hof vorbeigekommen? Panzer, Pilger und Pendler. Problemtransporte, polizeieskortiert. Salzhändler und Rosstäuscher. Franzosen und Schweden. Oma hat mal ein Hufeisen gefunden, das angeblich von Schwedenpferdchen stammte. Räuber, Ritter und Raser kamen (und kommen) vorbei, Bauern und Bauernleger. RAB-Busse und Willi Räth mit seinem Ziegelwerkslaster. Und Blutreiter. Hunderte, viele hundert. Immer am zweiten Freitag im Juli. Die ganze Nacht hörten wir das gleichmäßige Trappeln. Heutzutage werden die Pferde im Hänger nach Bad Wurzach gebracht. Am 28. April 1945 kamen die französischen Panzer; sie fuhren zwischen Hof und Kapelle durch nach Leutkirch. Oma erlitt eine Schwäche aus Sorge um ihre Töchter, die Älteste war knapp 19, doch es ist gutgegangen. Im Mai 45 sah man Wehrmachtssoldaten, die sich nach Westen schleppten, in die Gefangenschaft nach Frankreich. „Hamburger" kamen, Zigeuner, Handwerksburschen auf der Walz. Auf einem Foto aus den Dreißigerjahren sieht man einen „Hafa-Waga" hinten am Anhängschopf stehen. Bis in die 1980er hinein kamen auch immer wieder Sinti und Roma mit ihren Wohnwägen und nicht selten einem weißen Mercedes vorne dran. Sie campierten ein paar Tage auf dem Kapellenwiesle und zogen dann weiter. Man erlaubte es großzügig, hatte aber auch gehörigen Respekt vor den Fremden. Wenn sie an der Haustüre unter allerlei Segensgemurmel ihre Waren feilboten, Tischdecken, Handtücher, Tand, dann nahm man immer irgendetwas ab und war froh, wenn der Handel vorbei war.

Wie der „Hafawaga" auf den Hof gekommen ist, weiß man heute nicht mehr. Nomaden der Straße hatten ihn hinterlassen. Das Foto entstand 1935 oder 1936. Für die Brugger Kinder war der Wohnwagen natürlich ein Paradies. Mit auf dem Bild Josef und Kreszentia Kling (Zachäushof) und ihr Nachbar Gebhard Kling vom Andreashof (auf dem Arm Sohn August, geboren 1934).   Foto: bei Reischmann

Unsere an der Straße gelegene Kapelle, geweiht dem Pestheiligen Rochus, war in alter Zeit das Ziel von Wallfahrern. Bis noch in die 1930er-Jahre hinein haben die Arnacher alljährlich an Pfingstmittwoch einen Bittgang zur Brugger Kapelle gemacht. Heutzutage wäre so etwas wegen des Verkehrs undenkbar.

Vieles noch könnte man erzählen über unseren Hof, der im Dorf einst „Schwobes" Hof genannt wurde. Von den Filmleuten aus Rottenburg etwa, die für den Streifen „Die Reiter vom heiligen Blut" „Schwoba Resle", die älteste Tochter, als Hauptdarstellerin holten (1949). Der mit Arnacher Laiendarstellern besetzte Streifen wurde einige Male in Wurzach und Umgebung gezeigt und dann offenbar von der Kirchenleitung diskret aus dem Verkehr gezogen. Es heißt, Rottenburg habe die Spielhandlung als zu süßlich empfunden. Leider ist das heimatgeschichtlich sehr interessante Filmdokument bis auf ein Reststück, das auf dem Wurzacher Gottesberg Jahrzehnte später aufgefunden wurde, verschollen.

Filmleute aus Rottenburg, die 1949 in Arnach und Umgebung den Streifen „Die Reiter vom heiligen Blut drehten". Der Mann an der Kamera, ein Herr Bader, war im Hauptberuf Buchhändler in Rottenburg.

Foto: Vermutlich Noll oder Nold

Filmszene: Der Blutreiter (Josef Krug) verabschiedet sich zur Wallfahrt.

Foto: bei Reischmann

Keine Filmszene: Ein Blutreiter mit zwei Pferden. Franz Reischmann bringt „Schwobes Gäul" heim, während sein Schwiegervater Josef Kling dem Pontifikalamt auf dem Gottesberg beiwohnt.

Foto (1964): bei Reischmann

Von der „Seerosl" wäre zu berichten, einer aus dem bombenbedrohten Friedrichshafen evaku-ierten Kuh, und von der „V2", einer Ausbrecher-Kuh in den späten (!) 1940ern; von Hansens und Foxes, von André, dem Kriegsgefangenen auf dem Hof, und von Onkel Philipp, der im September 1939 mit dem Motorrad den Hof reingefahren ist und jubilierend gerufen habe: „I hon de Stellungs-befehl. In sechs Wocha ben e wied'r do." Dann waren es mehr als sechs Jahre und er ist zum Skelett abgemagert heimgekommen. Aus Russland.

Alois Fox, ein Flüchtling aus Ostpreußen, der in Brugg mit Sohn, Schwiegertochter und Enkelin einquartiert wurde, hatte auf der Flucht seine Frau und das älteste Enkelkind sterben sehen und oft und oft habe er Pläne gezeichnet, Pläne vom Hof im ostpreußischen Ermland, den er nach der Rück-kehr in die Heimat wieder aufbauen wollte; das und die Schilderung der Flucht über das zugefrorene Frische Haff hat meine Mutter (Jahrgang 1926) immer wieder erzählt. Alois Fox war in Straubendorf (Kreis Braunsberg) auch Bürgermeister gewesen und hatte deshalb ein Telefon im Haus – als einziger im ganzen Ort. Der Heimwehkranke starb 1950 und wurde in Arnach bestattet. Seine Schwieger-tochter konnte außergewöhnlich gut handmelken. Fürs Mitschaffen hat sie natürlich Milch, Kartof-feln und im Herbst „a Schlachtete" bekommen, was sie auch dringend gebraucht hat.

Hansens waren Ausgebombte aus Friedrichshafen. Sie waren im Ausgedinghaus unseres Hofes untergebracht, wo der Großvater meiner Mutter wohnte. Eine rasch eingezogene Bretterwand mach-te aus der Stube zwei Kammern. Herr Hansen war Tanzlehrer und sein Grammophon war natürlich für meine Mutter und ihre Schwestern eine Sensation. Deren Mutter hat die Mädchen öfters hinaus ins Stüble geschickt, „bsuchet doch mol de Nene". Aber statt Großvaters Kammer anzusteuern, gin-gen die Mädchen eine Tür weiter zum Tanzlehrer.

Franz und Theresia Reischmann, geborene Kling, bewirtschafteten „Schwobes" Hof in Brugg bei Arnach – an der Straße von Bad Wurzach nach Leutkirch – bis 1980, als man verpachtete. Landwirt-schaftsmeister Franz Reischmann, geboren 1925, hatte 1957 auf den 60-Morgen-Hof geheiratet, der

seit 1777 von der Familie Kling betrie-ben wurde. 1777 – das war das Jahr, als die Wurzacher St. Verena-Kirche fertiggestellt wurde – heiratete Josef Kling von Obermittelried her (Ma-ria Anna Guth, 1756 – 1822). Josef Kling (1754 – 1815) kannte Brugg

**Die Grünlandwirtschaft hatte im württembergischen Allgäu in der Nachkriegszeit nach und nach den Ackerbau verdrängt; der alte Korn-speicher ist „übrig" geworden und wird deshalb abgebrochen. Auf dem Bild Großvater Josef Kling und die Enkel Gerhard (links) und Winfried. Die Inschrift am Tür-sturz lautet: MG 1753 RODI und erinnert an Matthias Guth und vermutlich an seine Frau Rosalia, geborene Thüringer (Diringer?), die Ur-ur-ur-ur-ur-Großeltern von Gerhard und Winfried.
Foto (wohl 1964): bei Reischmann**

womöglich von Kindesbeinen an, denn sein Vater Anton war beim „Hintra Kling", dem Nachbarhof, daheim gewesen. Während Johann Baptist Kling (1788 – 1850), der Sohn von Josef und Maria Anna, der den Hof 1817 übernahm, fürstlich-wolfeggscher Lehensbauer war, konnte dessen Sohn Josef Anton den Hof im Gefolge der Revolution von 1848 ablösen. Dieser Josef Anton Kling (1823 – 1896) muss gut gewirtschaftet haben, denn er konnte sich ein Altenteilerhaus („Stüble") neben den Hof bauen. Ein Fenster im Stüble ist heute noch vergittert; in jenem Raum habe Josef Anton Kling, der auch Gemeindepfleger war, die Arnacher Gemeindekasse verwahrt, heißt es in der Familienüberlie-

ferung. Josef Anton Kling und seine Frau Kreszentia hatten neun Kinder, acht Töchter und einen Sohn, selbstverständlich mit Namen Josef. Von diesem Josef Kling (1854 – 1920) ist der Spruch überliefert: „I hon acht Schwestra ond jede hot oin Bruder." Auch er hatte eine Kreszentia zur Frau und auch diese beiden nannten ihren Ältesten Josef. Als dieser Josef Kling (1891 – 1981) nach dem Ersten Weltkrieg den Hof übernahm, dominierte noch der Ackerbau. 1935 erweiterten er und seine tüchtige

Der Kern des Kornspeichers wurde auf Rollen hinter den Hof gezogen und diente fortan als Hühnerhaus (ab Mitte der 1960er-Jahre). Nun war es aus mit der großen Hühnerfreiheit; aber der Auslauf um das Hühnerhaus war immer noch sehr komfortabel. Jetzt gab es keinen „Hennadreck" mehr im Vorderhaus, keinen Hühnerkot in der Stallgasse und keine „illegalen" Eiergelege im Heustock. Das Bild zeigt Isolde (geboren 1962) mit „Schwobes" noch frei herumlaufender Hühnerschar (deren Nachtquartier damals in einem Kar neben dem Kuhstall war).   Foto: bei Reischmann

Frau Kreszentia (die dritte Hofbäuerin dieses Namens hintereinander!) den Kuhstall erheblich und Schwiegersohn Franz Reischmann setzte ab Mitte der 1960er-Jahre vollends auf Grünlandwirtschaft. Noch einmal wurde der Stall vergrößert. Mitte der 1960er wurde der 1753 erbaute Kornspeicher abgebrochen.

Franz Reischmann, mein Vater, war fleißig und sparsam, mechanisierte und modernisierte den Hof mit Maß und Ziel und schaffte es binnen 20 Jahren, ein neues Haus neben den alten Hof zu stellen, das bald schuldenfrei war. Es waren die guten Jahre in der Landwirtschaft, der Milchpreis war auskömmlich, die Bauernarbeit wurde von der Gesellschaft anerkannt und angemessen honoriert. Meine Eltern hatten viel zu tun; aber sie hatten auch ihren Feierabend. Spätestens um 19 Uhr – zu den Nachrichten – war Schluss und Abendtermine wahrzunehmen war kein Problem. Mein Vater brachte sich in die Gemeinde ein, war Gemeinderat, Ortschaftsrat, stellvertretender Ortsvorsteher, Kirchenpfleger, Mesner, gründete einen Männerchor, machte im Kirchenchor mit, ist in der Soldaten- und Schützenkameradschaft Arnach eines der letzten Mitglieder mit der leidvollen Erfahrung des Krieges (Heimkehr 1948, aus Frankreich).

Als stellvertretender Ortsvorsteher von Arnach verabschiedet Franz Reischmann (rechts) Eugen Vogt in den Ruhestand (1978). Eugen Vogt, 1945 von den Franzosen kommissarisch als Bürgermeister eingesetzt und dann stets mit überwältigenden Mehrheiten im Amt bestätigt, war der letzte Bürgermeister der einst selbstständigen Gemeinde Arnach. Nach der Eingemeindung Arnachs nach Bad Wurzach (1973) amtierte er noch bis 1978 als Ortsvorsteher. Bei seinem Ausscheiden war er 79 Jahre alt. Sein jugendlicher Nachfolger Paul Barensteiner (rechts neben Vogt) steht der 1400-Einwohner-Ortschaft bis heute (2007) vor. Links Georg Hirth, der 26 Jahre lang die Geschicke Bad Wurzachs als Bürgermeister gelenkt hat (bis 1981). Eugen Vogt, der auch Ehrenbürger Bad Wurzachs war, starb 1987. Georg Hirth, auch er Ehrenbürger, starb 2006 im Alter von 92 Jahren.   Foto: bei Reischmann

Der Männerchor Arnach-Immenried bringt Ziegelwerkschef Karl Faßnacht im November 1969 zu dessen 60. Geburtstag ein Ständchen. Vorstand Franz Reischmann richtet einige Worte an den Jubilar. Links von Franz Reischmann der Dirigent des Chores, Willi Ziesel.

Foto (Ausschnitt): Schmid, Aulendorf

Auch mein Großvater Josef Kling engagierte sich für das örtliche Gemeinwesen: Er war Kirchenstiftungsrat, „Anwalt" der Teilgemeinde Brugg, Gemeinderat, Feuerwehrkommandant, Blutreitergruppenführer, Fähnrich im Musikverein („Des isch halt a Sach, wenn d' Musik hint'r oim eisetzt"), war im Schützenverein Brugg und als Überlebender des Ersten Weltkrieges selbstverständlich in der Kriegerkameradschaft. 1919 war Josef Kling Mitbegründer der Spar- und Darlehenskasse Arnach, später amtierte er im ehrenamtlichen Vorstand. Eine beschränkte Haftung gab es in der Gründerzeit nicht. Die Genossen standen mit ihrem Hab und Gut für die Kasse ein und prüften sorgsam, wem sie Kredit gaben. Sonntags nach der Kirche trafen sie sich zu Beratungen. Es sei selten ein Darlehen notleidend geworden.

1935 erwarteten Josef und Kreszentia Kling in Brugg ihr viertes Kind und sie hofften – nach drei Mädchen – sehr auf einen Buben. Ja, sie „versprachen" sogar ein Feldkreuz, wenn ihr Wunsch wahr würde. Als dann „'s Hildele" das Licht der Welt erblickte, setzten die Eheleute das Feldkreuz „oinaweag". Der Stammhalter blieb aus und 1957 heiratete Franz Reischmann auf den Kling-Hof (Hausname: „Schwobes"). Der „alt' Schwob" und sein Schwiegersohn „gschirrten" gut miteinander, der junge Bauer sagte „Vater" zum Altbauern und der Hof war sichtlich in guten Händen. Doch der Name hatte – nach 180 Jahren – gewechselt. Klage führte Josef Kling (1891 – 1981) darüber nie; es war halt so. Als er mit 89 Jahren ins Krankenhaus kam, wurde er nach seinem nächsten Angehörigen gefragt. Noch ein bisschen durcheinander wegen der überstürzten Einlieferung (Leistenbruch), sagte er: „Gerhard Kling" (gemeint war sein Enkel Gerhard Reischmann). Im Sommer schmückte Kreszentia Kling (1899 – 1984) das Kreuz jeden Samstag mit einem Blumenstrauß. Auf Fronleichnam wurde „Schwobes" Feldkreuz stets bekränzt. Es hatte ursprünglich draußen im Brugger Gewann „St. Zachäus" gestanden, am rechten Rain der Straße Richtung Leutkirch. Beim Bundesstraßenbau 1957 musste es erstmals verlegt werden, blieb aber draußen in der Flur. Als die B 465 im Jahre 1978 ausgebaut wurde, musste es weichen; Franz Reischmann nahm es herein und errichtete es neben der Brugger Rochuskapelle neu. Bis zu diesem Umsetzen hatte der Sockel die Jahreszahl „1935" getragen. Das Kreuz ist nach Aussage von Theresia Reischmann (geb. 1926), der Tochter von Josef und Kreszentia Kling, ein „ausrangiertes" Grabkreuz, das man 1935 wiederverwendete. Das Bild zeigt das Feldkreuz an seinem zweiten Standort (mit auf dem Bild Enkelin Isolde, geboren 1962). Als es bei Kreszentia Kling, meiner Großmutter, die all die Jahre das Kreuz so liebevoll geschmückt hatte, aufs Ende zuging, fragte ich sie: „Oma, hosch koi Angscht vor em Sterba?" Sie antwortete: „Noi, i hon koine Böller."   Foto: bei Reischmann

Erntedank im Dritten Reich: Im Oktober 1935 ist in Brugg und Geboldingen und den umliegenden Wohnplätzen ein bekränzter Erntedankwagen von Haus zu Haus gefahren. Hier hält der Wagen gerade vor der alten Brugger Wirtschaft (links im Bild „Wirts Marie" vor dem Garten-Pavillon). Auf dem Wagen macht „Baurahansers Marie" Apfelküchle für die Leute am Weg und auch „Schwobes" Fohlen kommt nicht zu kurz; dem „Huischele" steht der Sinn nach Muttermilch. Erntedank war im Dritten Reich ein staatlich propagiertes Fest; der Brugger Erntedank von 1935 steht wohl im Zusammenhang mit dem neuen Kult um die Ernte.

Foto: bei Reischmann

Tags darauf feierten die Brugger Mädchen ihren Erntedank. Im Hintergrund ist „Schwobes" Kornspeicher zu sehen. Im Bild rechts (mit Puppe) Resle Kling (Reischmann), vorne rechts Lydia Steinhauser. Lydias Mutter erkrankte später psychisch und kam in eine Anstalt. Irgendwann kam einer der grauen Busse. Euthanasie.   Foto: bei Reischmann

Josef und Kreszentia Kling genießen das schöne Pfingsten 1948 vor ihrem Hof in Arnach-Brugg (Hausname „Schwobes"). Arnach liegt am Übergang vom Allgäu ins Oberschwäbische. Es gibt im Dorf noch ein altes Hofgebäude mit der allgäutypischen 30-Grad-Dachneigung, das einst sicherlich landernbedeckt war (vgl. Oberamtsbeschreibung Waldsee, 1834, S. 135). „Schwobes" Hof aber hatte laut Familienüberlieferung ein Strohdach, was oberschwabentypisch war. Der letzte Hof in der unmittelbaren Nachbarschaft, der ein Strohdach hatte, war „Jägerbeckes" (heute Franz und Anita Gut). Beim Kauf durch Josef Anton Gut im Jahre 1894 sei das alte Dach noch vorhanden gewesen, berichtete mir Altbauer Xaver Gut 2004, ein Jahr vor seinem Tod.   **Foto: bei Reischmann**

Auch heute noch bringen sich viele Bauern in die Gesellschaft ein – trotz des Globalisierungsdrucks, trotz einer Arbeitsverdichtung, die manche zu Sklaven ihres Betriebes macht. Wenn aber eine Bauersfamilie sich gut organisiert und mit dem Überschaubaren zufrieden ist, dann kann sie außerordentlich viel Lebensqualität für sich gewinnen. Arbeit und Familienleben unter einem Dach – das ist ein hohes Gut. Der im Hamsterrad der Hochleistungsgesellschaft hastende Angestellte hat oft nur ein paar Minuten am Tag für Frau und Kinder – das ist ein zu hoher Preis.

Es war im Sommer 1980. Mein Großvater Josef Kling, damals 89, wollte mit mir in den leeren Stall gehen. Ich geleitete ihn hin und er fragte: „Send koine Küah meh do?" Ohne ein weiteres Wort ging er weg.

Nein, Opa, es sind keine Kühe mehr da. Aber der Hof ist immer noch der Mittelpunkt der Familie. Er ist – „d' Hoimet".

Als Josef und Kreszentia Kling 1925 heirateten, stiftete ihnen der Schützenverein Brugg diese Schützenscheibe. Sie zeigt ihr Anwesen mit dem alten Kornspeicher (links) und dem Ausgedinghaus („Stüble") rechts, dazwischen, etwas versteckt, den Brennholzschopf und ganz rechts die Brugger Kapelle. Gemalt hat die Schützenscheibe Georg Sonntag aus Wurzach. Was man in der Familie immer gern erzählte: Der Bräutigam hatte den Bestschuss. Er hätte also die ihm gestiftete Scheibe auch bei einem regulären Wettschießen gewonnen.

Foto (2007): Uli Gresser

Quellenangaben, Anmerkungen
Nachweis der in der „Schwäbischen Zeitung" erschienenen Artikel und weitere Informationen

Ach, die Kasematten vor Verdun (unter dem Titel „Spiel's noch einmal, Hannes" erschienen in der SZ-Ausgabe Leutkirch am 1. 10. 2004; in den Ausgaben Bad Waldsee und Ravensburg abgedruckt am 2. 10. 2004).

„Wann wird man je verstehen?", SZ-Ausgabe Bad Waldsee, 21. 3. 2003.

Heimisch in der Fremde, fremd in der Heimat, Gesamtausgabe der „Schwäbischen Zeitung", 6. 5. 1995.
   Diese Schilderung beruht auf Gesprächen mit meiner Mutter Theresia Reischmann, Bad Wurzach-Brugg, und mit meiner Tante Hedwig Hierlemann, Mengen, und stützt sich auf Notizen, die Hedwig Hierlemann ums Jahr 1993 angefertigt hat. Hedwig Hierlemann, geb. Kling, starb 1994 mit 66 Jahren.
   Zu Olga: Was aus der jungen Ukrainerin, die im Krieg nach Nazi-Deutschland verbracht wurde, nach 1945 geworden ist, weiß man nicht. Luise Gregg (geboren 1936 in Brugg) erinnert sich an ein Detail aus der Zeit unmittelbar nach dem „Umsturz" (die Nazi-Zeit endete in Brugg am 28. April 1945 mit dem Durchmarsch französischen Militärs): Aus einer alten Hitlerfahne habe sich die junge Frau ein rotes Kleid gemacht. Olga Schwez (geb. am 1. 6. 1923) war gerade 18 geworden, als die Hitlerarmeen in ihr Land einfielen. Viele Ukrainer hatten die Wehrmacht zunächst als Befreier von den Sowjets begrüßt, hatten nicht selten Brot und Salz als Willkommensgabe überreicht. Einem Zeitzeugenbericht zufolge, abgedruckt bei Bruni Adler (Bevor es zu spät ist, S. 429), hatten sich ukrainische Männer und Frauen „scharenweise" zum freiwilligen Arbeitseinsatz in Deutschland gemeldet – „weg von der bedrückenden Armut um sie herum". Ob auch Olga zu den Freiwilligen gehört hat oder ob sie verschleppt wurde, ist nicht bekannt. Fremdarbeiter, die – wie Olga und André – in der Land- und Hauswirtschaft beschäftigt waren, hatten es im Allgemeinen wohl besser als jene, die in der Industrie rackern mussten. Nach dem Krieg sind Russen, Weißrussen und Ukrainer, die in Nazi-Deutschland geschuftet hatten, bei der Rückkehr in die Sowjetunion oft einem Fraternisierungsverdacht ausgesetzt gewesen. Olga Schwez könnte noch am Leben sein: Recherchen bei der Zwangsarbeiterstiftung in Berlin ergaben, dass fünf ukrainische Frauen mit dem Vornamen Olga, alle geboren am 1. 6. 1923, einen Antrag auf Entschädigung gestellt haben; alle sind laut Stiftung eingestuft in Kategorie IV (hauswirtschaftliche Arbeit). Auskunft vom 18. 6. 2007.

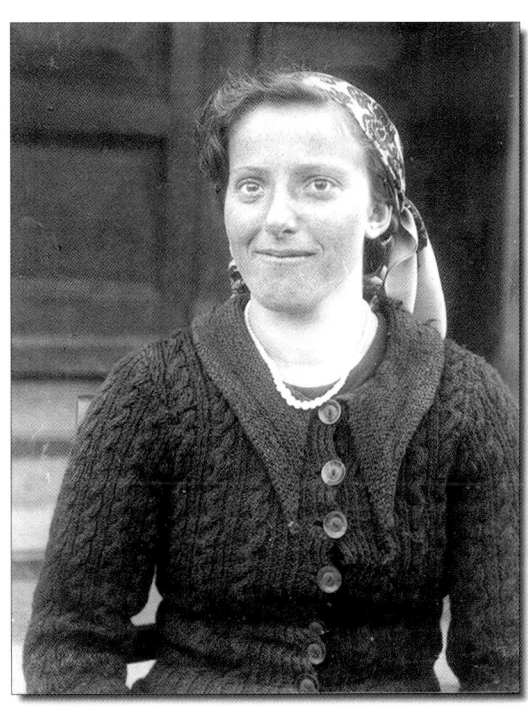

Olga Schwez, geboren 1923 in der Ukraine, von zirka 1941 bis 1945 Fremdarbeiterin in Oberschwaben.
Foto: Ortsarchiv Arnach

   Zur „Herbergssuche": Der Luftangriff auf Ulm am 17. Dezember 1944 dauerte von 19.23 bis 19.50 Uhr. Alt-Ulm sank in Schutt und Asche, der historische Kern wurde zu 80 Prozent zerstört. Es gab 707 Tote. Hans Willbold schreibt in seinem 2002 herausgekommenen Buch hierzu: „Die Helligkeit des *brennenden* (Hervorhebung durch GR) Ulms war in einem Umkreis von mindestens 80 Kilometern deutlich zu sehen." (Willbold, Hans: Der Luftkrieg zwischen Donau und Bodensee, Bad Buchau 2002, S. 240). Die 18-jährige Theresia Kling (Reischmann) hatte bei der Herbergssuche im 60 Kilometer entfernten Brugg (Luftlinie) nach ihrer Erinnerung (mehrfach befragt in den 1990er-Jahren) bereits „um halb acht" Lichtblitze im Norden gesehen – es dürfte sich zu diesem Zeitpunkt um die „Christbäume" (weiße und rote Leuchtkugeln zur Zielmarkierung) gehandelt haben. Bei jener Herbergssuche war auch ihre Schwester Hedwig Kling (Hierlemann) dabei. Herbergssuche (auch „Frautragen" genannt) war ein Adventsbrauch: Jugendliche zogen mit einer Muttergottesfigur von einem Haus zum Nachbarhaus. Dort hielt man eine Andacht und ließ die Figur im Haus. Anderntags wurde sie abgeholt und man zog zum nächsten Haus. In Brugg und den Nachbarorten wurde bei der Herbergssuche unter anderem das Lied „Wenn die Augen schlafen und die Seele wacht, geht die Muttergottes durch die Winternacht …" gesungen, berichteten Teilnehmerinnen von damals (Hilde Hummel, Theresia Reischmann und andere).

„Wieso? Ich bin doch Deutsche. Von Geburt an." („Wir sind Heimkehrer, nicht Aussiedler"), SZ Bad Waldsee, 24. 12. 2002.

Der von Ella Merkel und Ida Bauer erwähnte „Pelzamärtel" steht wohl im Zusammenhang mit dem „Nussmärtel", der hierzulande noch vereinzelt als Gabenbringer im Schwange ist, etwa im Nördlinger Ries und auf der Ostalb (Gespräch mit dem Volkskundler Dr. Otto Beck, Wangen-Primisweiler, am 29. 11. 2006). In allen Gesprächen (Dezember 2002, 20. 11. 2006, 28. 11. 2006) bezog Ella Merkel das schwarzmeerdeutsche „Pelzamärtel"-Brauchtum konsequent auf den Heiligen Abend, der im evangelischen Marienheim am 24. 12. gefeiert wurde (im Unterschied zu russisch-orthodox geprägten Nachbardörfern, wo der Heilige Abend am 6. Januar war). Das „Märtel"-Brauchtum im Ries dagegen ist mit dem 6. Dezember verbunden, offenbar zusammengeschmolzen mit dem Nikolaus-Brauchtum. Laut Dr. Beck hat Nikolaus ungefähr im 11./12. Jahrhundert den heiligen Martin („Märtel") hierzulande als Gabenbringer abgelöst, was dazu führte, dass der Tag des Kinderbeschenkens vom 11. November auf den 6. Dezember wanderte. Noch in der ersten Hälfte des 20. Jahrhunderts war – zumindest im Allgäu – der Nikolaustag als Tag des Kinderbeschenkens bedeutender als Weihnachten, wie Hans Weixler (geb. 1934) in seinem feinen, den ländlichen Jahreskreis beschreibenden Buch „Alls im Leabe hot sei Zeit" darlegt (S. 150). In manchen Ecken des Allgäus spricht man vom „Ausklosa", wenn die Paten ihre inzwischen heraufgewachsenen „Gette"-Kinder an Weihnachten letztmals beschenken.

Warum das Bildstöckle entstand (Wie das Bildstöckle an der Reutener Straße entstand), SZ Bad Waldsee, 19. 3. 2005.

„Man ist ja verantwortlich" („Ihre Begeisterung bewegt mich"), verschiedene SZ-Ausgaben, zum Beispiel Ravensburg, 24. 3. 2004.

Wie Georg Halder in Hopfenweiler seine Kuh verkauft (Wie Georg H. in Hopfenweiler seine Kuh verkauft), verschiedene SZ-Ausgaben, zum Beispiel SZ Bad Waldsee am 10. 2. 2001.

Der Braunviehzuchtverband Baden-Württemberg e. V. ist inzwischen in der Rinderunion Baden-Württemberg aufgegangen. Seitdem werden am traditionsreichen Braunviehmarktort Bad Waldsee auch Holsteinrinder und Fleckvieh vermarktet. Immer am zweiten Mittwoch eines Monats ist in Bad Waldsee-Hopfenweiler Auktion für Großvieh (ab zirka 10 Uhr).

Laut der privaten BSE-Statistik von Roland Heynkes, veröffentlicht im Internet, hat es im Jahre 2006 deutschlandweit 16 bestätigte BSE-Fälle gegeben. Die meisten BSE-Fälle gab es 2001: Damals wurden bundesweit 125 BSE-Fälle registriert (Stand: 16. 1. 2007). Dieselben Zahlen nennt auch das Bayerische Staatsministerium für Umwelt, Gesundheit und Verbraucherschutz.

Von Wiesbaum und Windachs': Ein Wagner erzählt, verschiedene SZ-Ausgaben, zum Beispiel Markdorf, 24. 10. 1997.

Angefangen hat alles in einem Keller (Angefangen hat alles in einem Keller in Reute), SZ Bad Waldsee, 28. 8. 2004.

Die Schere von 1957 hat sie noch heute, SZ Bad Waldsee, 2. 11. 2002, und Vom Bubikopf bis zur Trendfrisur des Jahres 2002, SZ Bad Waldsee, 19. 4. 2002.

Der Ober mit dem Taschenrechner, SZ Bad Waldsee, 4. 1. 2002.

Christian Petalotis starb im Februar 2007 im Alter von 61 Jahren.

238

Ein Schildermacher sorgt für frischen Wind (Schildermacher sorgt für frischen Wind), SZ Bad Waldsee, 10. 11. 2004.

Nach 96 Jahren kommt das Aus (Nach 92 Jahren kommt das Aus für die Stickerei AUTEX), SZ Bad Waldsee, 14. 8. 2003.

Nach Drucklegung des Zeitungsartikels sind Unterlagen aufgetaucht, die belegen, dass der Textilbetrieb des Arthur Jacob bereits 1907 gegründet wurde.

Des Hausmeisters Haus ist ein Schloss (Menschenskinder: Seit 36 Jahren kümmert sich Hehle ums Rathaus), SZ Bad Waldsee, 26. 10. 2004.

Die Rolle Josef Riecks bei der Gründung der „alten" Gesellschaft Oberschwaben wird gewürdigt in: Elmar L. Kuhn, Brigitta Ritter, Dieter R. Bauer: Das große weite Tal der Möglichkeiten: Geist, Politik, Kultur 1945 – 1949. Das Projekt Gesellschaft Oberschwaben. Lindenberg 2002. Im Vorwort zu diesem von der „neuen" Gesellschaft Oberschwaben herausgegebenen Erinnerungsbuch heißt es unter anderem: „ ‚Kairos', den rechten entscheidenden Zeitpunkt für sinnvolles, notwendiges Handeln zu nutzen, sah der Aulendorfer Buchhändler Josef Rieck ‚am geschichtlichen Tiefpunkt' 1945 als seine Aufgabe und Pflicht. Durch den gezielten Vertrieb nichtnazistischer Bücher im Krieg hatte er eine Kartei von Gegnern des Nazi-Regimes aufgebaut, die die ‚Aufgabe der Sammlung der Kräfte des Widerstandes' verfolgte. Zusammen mit dem Frankfurter Laientheologen Ernst Michel wollte er als spiritus rector in Aulendorf einen ‚Sammelplatz der produktiven Kräfte des heutigen Denkens' schaffen, um den geistigen und politischen Wiederaufbau vorzubereiten. Die ‚Gesellschaft Oberschwaben', eine Akademie, ein Verlag und die Buchhandlung sollten die nötigen organisatorischen Voraussetzungen bieten. Oberschwaben wurde als realer Ort und geistiger Hintergrund gewählt, weil hier an ‚brauchbare Tradition angeknüpft' werden konnte, weil hier noch ‚universaler Humanismus und universale Katholizität' lebendig sei. In vielen Tagungen im Aulendorfer Schloss trafen sich ‚Verantwortungsträger', um die Probleme der Zeit und ihre Tätigkeitsfelder zu besprechen, die Aufgaben zu bestimmen, nach Lösungen zu suchen: Politiker, Landräte, Bürgermeister, Geistliche, Landwirtschaftsexperten, Architekten, Historiker, Archivare, Künstler, Musiker, Literaturinteressierte. (…) Viele der Menschen, die sich in Aulendorf getroffen, referiert und mitdiskutiert hatten, prägten später ihre Arbeitsfelder maßgeblich: z. B. Carlo Schmid, Bernhard Hanssler, Gerhard Storz, Karl Anton Maier, Walter Münch (der später als Landrat in Wangen den ‚Planungsverband Oberschwaben' und das heute noch bestehende ‚Literarische Forum Oberschwaben' ins Leben rief), Inge Aicher-Scholl, Wilhelm Geyer, Erich Endrich, Karl-Siegfried Bader, Otto Feger." Oswald Burger befasst sich in diesem Erinnerungsbuch (S. 27 – S. 41) mit Leben und Denken Riecks, der sich in Zeiten des Ungeistes eine Nische geistiger Unabhängigkeit schaffen konnte. In Burgers Rieck-Porträt flossen auch Erinnerungen Otl Aichers und Erwin Glonneggers ein. Glonnegger, damals 14 Jahre alt, war am Tag der Eröffnung von „Rieck Aulendorf" (13. 10. 1938) der erste und einzige Kunde der neuen Buchhandlung; von Anbeginn half er in der Buchhandlung mit und war Mitarbeiter bis 1947. Oswald Burger hatte Josef Rieck schon 1997 in „Im Oberland" gewürdigt (Heft 1, 1997, S. 9 – 17). – Heinz Pfefferle nennt Carlo Schmids „Lob Oberschwabens" blutleer (in Kuhn / Ritter / Bauer S. 158); für den heutigen Leser wirkt die Rede in der Tat emphatisch und begründungsarm.

Zwei Brüder, ein Handwerk, ein Hobby, SZ Bad Waldsee, 15. 12. 2003.

Ein Maschinenmensch mit unternehmerischem Weitblick, SZ Bad Waldsee, 11. 10. 2001.

Wie Berthold Halder von der Abrüstung profitierte (Beim Entrinden macht ihm kaum einer etwas vor), SZ Bad Waldsee, 31. 5. 2002.

Er war 17, als ihm die Kirchenschlüssel anvertraut wurden (Hausmeister im Haus Gottes), SZ Bad Waldsee, 1. 2. 2003.

Völlig überraschend starb am 11. Februar 2007 Franz Härles Vater Konrad. Bis zuletzt war er dem alleinstehenden Mesner und Landwirt die Stütze auf dem Hof gewesen. Konrad Härle – er wurde 78 Jahre alt – war Gründer und langjähriger Vorsitzender der Landjugendgruppe Eggmannsried, war jahrzehntelang Gemeinderat und Ortschaftsrat in Bad Wurzach und Unterschwarzach, ebenso Kirchengemeinderat in Eggmannsried, und engagierte sich in vielfältiger Weise für seinen Berufstand. Für seinen außerordentlichen Einsatz für die Allgemeinheit wurde Konrad Härle 1995 von der Stadt Bad Wurzach mit der Bürgermedaille ausgezeichnet.

„D'r Poldi isch koin Knipser" (Waldseer feiern das 3:0 gegen Ecuador), SZ Bad Waldsee, 21. 6. 2006.

Die ganze Verwandtschaft musste Margarine essen (Verwandtschaft muss Margarine essen), SZ Bad Waldsee, 10. 7. 2004.

Von Martin Walser hat sie den Ehrentitel „Die Bewahrerin", SZ Bad Waldsee, 25. 11. 2002.
    Zum Pfingst-Wort Walsers: In seiner Menz-Würdigung „Höchste Schule" (1981) heißt es (S. 7 f.): „Als ich diese Dichterin vor zehn Jahren das erste Mal bei Dr. Münchs Oberschwäbischem Literatur-Forum lesen hörte, dachte ich: endlich einmal Pfingsten."

Der Tag, als Reutlingen kam (Mit Wurst und Wecken für die SGA), SZ-Ausgabe Bad Waldsee, 23. 12. 2003.

Die Stimme aus dem Off macht sogar Barny baff, SZ Bad Waldsee, 10. 9. 2005.

„Gucka m'r de Film a oder gomm'r in d' Loge?", SZ Bad Waldsee, 13. 9. 2001.
    Rosamunde Schmid, die zusammen mit ihrem Mann Konrad Schmid das Aulendorfer Kino betrieb, war bekannt für ihre selbstgemachten Gedichte. Mit 85 Jahren verfasste sie dieses:

> *Herr, a Tag isch wieder g'nomma*
> *vo unsrem Leaba, unsrer Zeit.*
> *Mir wisset, er wird nia mehr komma,*
> *weil's jeden Tag bloß oimol geit.*
>
> *Ob mir morga no verwachet?*
> *Herr, des liegt in Deiner Hand.*
> *Ob uns d' Sonna nomol lachet*
> *in ihrem schöna goldna G'wand?*
>
> *Wer kann's ahna, wer kann's wissa,*
> *wie lang des Fädele no hält.*
> *Oft isch's in der Nacht scho grissa –*
> *mir sind bloß Gäst' auf unserer Welt.*
>
> *Lass uns in d'r Nacht vergessa,*
> *was uns Sorga macht und Leid.*
> *Herr, es liegt in Deim Ermessa –*
> *in Deiner Hand liegt unser Zeit.*

Mützens Musikanten erfreuen Stadt und Land (7500 Musikanten, 25 Jahre, 1 Buch), SZ Bad Waldsee, 5. 10. 2002.

„Unser Dampfer ist die gute Laune", SZ Bad Waldsee, 3. 5. 2005.
    Rehms Backhaus, erbaut 1805, renoviert in den Jahren 2000 bis 2004, wird beschrieben in: Wolfegger Blätter 1/2006, S. 22 f.
    Eine U-Boot-Patenschaft hatte auch die Stadt Ravensburg. Die Patenschaft mit U27 (Heimathafen Kiel) war 1963 unter Oberbürgermeister Dr. Sauer begründet worden. Angestoßen hatte die Patenschaft Braue-reidirektor Jost Metzler, der im Zweiten Weltkrieg U-Boot-Kommandant gewesen war. Sauers Nachfolger

Karl Wäschle (1966 – 1987) – auch er hatte im Krieg bei der U-Boot-Waffe Dienst getan, zuletzt als Erster Wachoffizier auf U3026 – und Hermann Vogler (OB seit 1987) pflegten die Patenschaft bis 1995. In jenem Jahr wurde U27 außer Dienst gestellt.

Wie die Zwillingskälbchen zu ihren Namen kamen („Olga gehört jetzt mit zur Familie"), SZ Bad Waldsee, 3. 8. 2001.

Eine Scheibe von Narrenbaum kriegt nicht jeder, SZ Bad Waldsee, 20. 2. 2004.

Warum Petra Klein das R-Wort nie über die Lippen kam, SZ Bad Waldsee, 24. 2. 2004.

„A nuis Herz will Gott eis geba", SZ Bad Waldsee, 24. 2. 2004.

Eckhexen stürmen Minister Köberles Hochburg, SZ Bad Waldsee, 1. 2. 2002.

Der Waldseer Weg der Begleitung Sterbender, SZ Bad Waldsee, 11. 1. 2002.

„… dann hat es sich gelohnt" („20 Jahre, die sich gelohnt haben"), verschiedene SZ-Ausgaben im Kreis Ravensburg, zum Beispiel SZ Bad Waldsee am 28. 10. 2005.
    Seit der Neufassung des Paragrafen 218 im Jahre 1995 sind Spätabtreibungen nach der Drei-Monatsfrist bei Vorliegen einer medizinischen Indikation straffrei; eine solche wird als gegeben angesehen, wenn eine „schwerwiegende Beeinträchtigung" des körperlichen oder seelischen Gesundheitszustandes der Schwangeren zu befürchten sei – etwa, wenn sie eine Behinderung des Kindes nicht verkraftet. Im Jahre 2006 gab es in Deutschland 2300 Schwangerschaftsabbrüche nach der zwölften Woche – darunter fast 200 Spätabtreibungen, die nach der 22. Woche vorgenommen wurden. Quelle: „Süddeutsche Zeitung", Ausgabe vom 28. 4. 2007 (Nr. 98), S. 10.

Stille Zeit, stilles Leiden, SZ Bad Waldsee, 18. 1. 2002.

Einer, der dem Schlaganfall viel Leben abgetrotzt hat, SZ Bad Waldsee, 10. 5. 2003.

Wie aus der Klapse eine menschenfreundliche Einrichtung wurde, Erweiterte Fassung des Artikels in „Ereignisse und Gestalten", Katalog zur Ausstellung von Rupert Leser im Bad Waldseer Kornhaus im Sommer 2007.

Vom Glück, langsam zu leben, verschiedene SZ-Ausgaben, zum Beispiel SZ Markdorf, 22. 12. 2000.
    Ende 2003 konnte in Obereschach südlich von Ravensburg ein zweites Haus eröffnet werden, in dem vier Menschen mit Behinderung in Hausgemeinschaft mit Assistent(innen) leben. Die ökumenischen Gottesdienste in der Eisenbahnstraße 38 in Ravensburg finden nach wie vor am zweiten und vierten Mittwoch eines jeden Monats statt. Für Pfarrer Wendelin Elbs, der seinen Ruhestand andernorts verbringt, wirkt nun Pfarrer Riedle von der katholischen Liebfrauengemeinde mit (neben Monsignore Huber). Auf evangelischer Seite sind neben dem Pfarrerehepaar Andrea und Thomas Holm noch weitere Theologen dabei. Seit Sommer 2006 hat die Kapelle bunte Glasfenster, die nach Motiven der Bewohnerin Susanne gestaltet wurden; Susanne wurde hierzu von einem Engel-Buch Anselm Grüns angeregt. Weltweit gibt es etwa 130 Archen (Stand: Januar 2007).

Ob des hebt? (Die Aisenbreys sind seit 70 Jahren ein Ehepaar), SZ Bad Waldsee, 29. 12. 2004.

Nein, das war nicht mehr meine Heimat, bisher unveröffentlicht.

Als Hasenmaile in der Real-Schule Lehrer war, SZ Bad Waldsee, 25. 6. 2004.

Da sagte der Spieß: Geht heim (Sein Weg führte immer wieder nach Aulendorf), SZ Bad Waldsee, 3. 7.

2003, und Lange Jahre war er die Stimme Aulendorfs in der Zeitung, SZ-Ausgabe Bad Waldsee, 15. 6. 2005.

Zur Passage „eigenartige Stille": Es ist dies der subjektive Eindruck des Gefreiten Scheich, der – nach Kriegserfahrungen in Russland und in Süditalien – in der Genesungskompanie in seiner Heimat eine Phase der Erholung hatte. Offenbar war sein Aulendorf lange vom Krieg verschont geblieben. Erst ab April 45 spitzte sich die Lage am Eisenbahnknoten zu: Laut „Mohren"-Wirt Josef Rädle, dessen Tagebuch in der Aulendorfer „Heimatkunde" Nr. 83 vom 2. Juni 1995 abgedruckt ist, gab es ab 10. April täglich Fliegeralarm. Den stärksten Angriff gab es laut Adolf Laternser, der ein umfangreiches Privatarchiv führt, am 20. April. Einen ersten „unbedeutenden" Fliegerangriff hatte es laut Laternser Ende 1944 gegeben. Alles in allem waren es punktuelle Angriffe, in keiner Weise vergleichbar mit den Bombardements von Ulm und Friedrichshafen.

Eugen Glonnegger, der jüngere Bruder von Rieck-Mitarbeiter Erwin Glonnegger, spricht in seiner liebevollen Erinnerung an den beim Einmarsch der Franzosen am 23. 4. 1945 ums Leben gekommenen 16-jährigen Josef Burgmaier von „einigen wenigen in Aulendorf abgeworfenen Fliegerbomben" (Festschrift des Aulendorfer Jahrganges 1929, herausgekommen 1979). Glonnegger schreibt über seinen Freund unter anderem Folgendes: „Am Vorabend seines Todestages organisierten wir beide Fleischkonserven auf dem Bahngelände und fuhren die Beute auf einem Leiterwägelchen heim. Er verabschiedete sich in der Nacht von mir mit unserem speziellen, aus drei Tönen bestehenden Pfiff. Für immer. Josef Burgmaier wurde mit anderen Zivilisten vor französischen Panzern her durch Aulendorf getrieben und vor den Augen seines Vaters von deutschen Verteidigern erschossen. Was muss er auf seinem „Kreuzweg" noch für Todesängste ausgestanden haben! Beim Explodieren der Panzergranaten in seinem Elternhaus, beim Herausgejagtwerden aus dem Luftschutzkeller, den Steinenbacher Weg herein zur Panzersperre bei der Friedhofskapelle, beim Wegräumen der schweren Balken, durch die Mockengasse, über die Hauptstraße, beim abermaligen Beseitigen der aus riesigen Baumstämmen bestehenden Panzersperre bei der Melkerschule und schließlich beim Weitergejagtwerden hi-

Josef Burgmaier (1929 - 1945), gezeichnet von Eugen Glonnegger (entnommen der 1979 herausgekommenen Festschrift der Aulendorfer Jahrgänger von 1929).

naus zum „Mohren" und über die Wiesen hinauf zum Otterswanger Wald, wo den keuchenden noch nicht Sechzehnjährigen die tödliche Kugel traf. Drei Tage später karrte ich Josef Burgmaier auf dem schon erwähnten Leiterwägelchen zum Friedhof und legte ihn ins Massengrab. Heute noch grüße ich meinen toten Freund auf seiner letzten Ruhestätte mit unserem nur zwischen uns beiden verwendeten Freundschaftspfiff."

Hans Willbold nennt in seiner – keine Vollständigkeit beanspruchenden Liste der Luftangriffe auf oberschwäbische Ziele – zwei Fliegerangriffe auf Aulendorf, bei denen Bomben abgeworfen wurden: am 22. 2. 1945 und am 17. 4. 1945 (Hans Willbold: Der Luftkrieg zwischen Donau und Bodensee, Bad Buchau 2002, S. 253 f). Der von Adolf Laternser am 20. 4. 1945 erlebte Angriff ist in der Willbold'schen Liste nicht erfasst; erwähnt ist jener Angriff aber bei Kuhn/Ritter/Bauer (S. 245). In Willbolds exemplarischer und zugleich akribischer Studie heißt es auf Seite 249 zusammenfassend: „Gegen Ende des Krieges waren die Bahnlinien mit und ohne Eisenbahnzügen zu bevorzugten Zielen der alliierten Tiefflieger geworden. Aus diesem Grund machte sich danach ein Mangel an Lokomotiven bemerkbar. Die Zahl der Todesopfer unter den Bahnpassagieren stieg steil an."

Die Odyssee von Leopold und Else Henriss, SZ Bad Waldsee, 22. 11. 2003.
Als Leopold und Else Henriss im Dezember 1940 in Steinenbach ankamen, wurden sie im von den Nazis

in jenem Jahr beschlagnahmten Missionshaus untergebracht. Im Umsiedlungslager Steinenbach lebten sie ein knappes Jahr, bis sie in Polen auf erobertem Gebiet angesiedelt wurden. Die Schule im Missionshaus war 1937 geschlossen worden, da sich keiner der Schüler bereiterklärte, der Hitlerjugend beizutreten, wie es auf der Homepage des Studienkollegs St. Johann heißt (Stand: November 2006). Der Grundstein für das Missionshaus St. Johann war von den Steyler Missionaren 1925 gelegt worden. Ein Jahr später waren die ersten Schüler gekommen. 1948 kam St. Johann an die Steyler zurück, welche die Schule wieder eröffneten und zu einem Vollgymnasium mit Ganztagsbetreuung ausbauten.

„Hier bin ich heimisch geworden" (Pfarrer Hans Desch: „In Aulendorf bin ich so richtig heimisch geworden"), SZ Bad Waldsee, 15. 10. 2005.

„Ich bin eine Namibianerin geworden", SZ Bad Waldsee, 21. 9. 2004.

Da kaufte er den Hof der Witwe Schütz, SZ Bad Waldsee, 12. 10. 2004.
2007, mit 70 Jahren, übergab Manfred Langlouis die Kapellenpflege Tannhausen, die er seit 1975 innegehabt hatte, an seinen Nachfolger.

Wirten war ihr Leben (Arbeit ist ihr Lebenselixier: Alt-Wirtin von Brugg 90 Jahre), SZ Leutkirch, 3. 5. 1997.

Kleiner Mann, in der Dorfmusik ganz groß (Ein Leben für den Lobpreis Gottes), SZ Leutkirch, 29. 1. 1998.
Musikdirigent Otto Hengler sorgte 1969 für eine Wiederbelebung des Arnacher Laien-Schauspiels im „Löwen", das in den 1950ern unter Konrad und Rosamunde Schmid eine Blütezeit erlebt hatte (bis 1963 hatte die Theatergemeinde Arnach immer wieder auch Ernstes gegeben wie „Ben Hur", „Robert der Teufel" oder „Die Rabensteinerin"). In der theaterlosen Zeit zwischen 1963 und 1969 kamen die ansteigenden Zuschauerränge und auch das Bühnenbild abhanden, verfeuert von einer gedankenlosen Wirtin, die nicht lange auf dem „Löwen" war. Seit Ende der 1970er spielt die Arnacher Theatergruppe in der Arnacher Turn- und Festhalle.
Natürlich war Otto Hengler mit dem Arnacher Musikverein auch fester Bestandteil des von Fritz Harscher ebenfalls 1969 gegründeten Arnacher Boschenfestes (wurde bis 1997 jährlich gefeiert).
Der von den Nazis strafversetzte katholische Volksschullehrer Karl Döser ist erwähnt in: Peter Eitel: Ravensburg im 19. und 20. Jahrhundert, Ostfildern 2004, S. 279 (mit Verweis auf Friedhilde Rundel: Von der Konfessionsschule zur Deutschen Schule, S. 161 – 164).
August Kling, der Bräutigam von 1958 (geb. 1934), stammt vom „Hintra Kling" in Brugg (Andreashof). Dort schreibt man sich „Kling" seit bald 300 Jahren, seit 1724, als Ferdinand Kling von Mettenberg herheiratete (Katharina Specht). Jener Josef Kling, der 1777 auf den Zachäushof in Brugg heiratete (später „D'r vord'r Kling" oder „Schwobes" geheißen), stammte von Obermittelried (bei Haslach). Dessen Vater Anton Kling (geb. nach 1730, gest. 1798) war von Brugg gebürtig (vom Andreashof).

Nach jahrzehntelanger Aufbauarbeit ein erster Urlaub im Harz (Cilly und Xaver Gut feiern Diamantene Hochzeit), SZ Leutkirch, 21. 2. 2004.

Das Glöckchen ist sein Lebenswerk (Der Maestro und das Glöckchen), SZ Bad Waldsee, 14. 12. 2002.

Das Dia an der Stallwand zeigt den verspotteten Jesus, SZ Bad Waldsee, 14. 4. 2003.

Papst Benedikts Wappen aus Blüten gestaltet, SZ Bad Waldsee, 27. 5. 2005.

Was wird zuerst fertig: die Kirche oder das Gesangbuch? (Als die Kirche gebaut wurde – Zeitzeugen erinnern sich), SZ Bad Waldsee, 29. 11. 2003.

Ein kleines Pflänzchen und die große weite Welt, verschiedene SZ-Ausgaben, zum Beispiel am 30. 3. 2001 und am 12. 4. 2001.

In den 14 Workshops beim regionalen Weltjugendtag am 8. April 2001 in Untermarchtal ging es unter anderem um Gentechnik, natürliche Familienplanung oder die Berufung zur Nachfolge Jesu. Es wurde aus dem blauen WJT-Liederbuch gesungen, die Eucharistische Anbetung wurde mit großem Ernst aufgesucht und viele nahmen die Gelegenheit zur Beichte wahr. Die Mitorganisation oblag außer der Familie Kordeuter (Berg-Basenberg) und vielen anderen auch der Familie Osterspey aus Biberach, einer weiteren Keimzelle von „Jugend 2000".

Als die „Huiza" Schnee-Hauben hatten (Michelwinnadens Blutreiter feiern das 50-Jährige), SZ Bad Waldsee, 9. 6. 2001.

„Unsere Zeit braucht Orte der Stille" (Schwester Ursula übernimmt neue Aufgabe als Gemeindereferentin), SZ Bad Waldsee, 18. 8. 2003.

Die Aulendorfer Schönstatt-Kapelle wurde am 24. 10. 1976 geweiht. Weltweit gibt es 183 identische Schönstatt-Kapellen (Stand: 30. 6. 2007).

„Ich bringe Dir meine Jahre" (Gott und den Menschen treu gedient), SZ Bad Waldsee, 23. 5. 2006.

„Wir sollten weltweit zusammenstehen" (Ein zartes Pflänzchen), SZ Bad Waldsee, 15. 4. 2002.

„Eine vom Herrgott geadelte Landschaft" („Ja, Oberschwaben ist mehr als nur ein Raum"), SZ Bad Waldsee, 11. 1. 2003.

Nach Prof. Dr. Peter Blickle (Saarbrücken) übernahm Prof. Dr. Franz Quarthal (Stuttgart) den Vorsitz der 1996 in Bad Schussenried neu gegründeten Gesellschaft Oberschwaben für Geschichte und Kultur e. V. Seit 2006 leitet Prof. Dr. Hans-Ulrich Rudolf (Weingarten) die GO.

Seit 1886 findet der Dreikönigskommers der oberschwäbischen CVer am Eisenbahnknotenpunkt Aulendorf statt. Die katholische Akademikervereinigung Cartellverband ist ein generations- und berufsübergreifender Freundschaftsbund. 1885 hatte eine erste CV-Zusammenkunft in Aulendorf stattgefunden – vor dem Hintergrund des anti-katholischen Kulturkampfes unter Bismarck – und bereits ein Jahr darauf wurde die erste „Kneipe geschlagen", ein in einem vorgegebenen Rahmen ablaufendes Treffen von Studenten und Alten Herren, also CVern, die bereits im Beruf stehen oder schon im Ruhestand sind. Die „Kneipe" im Bräustüble gilt als die Geburtsstunde des Aulendorfer Dreikönigskommerses, der in all den Jahren nur ein einziges Mal nicht in Aulendorf gehalten wurde – just zur 100-Jahr-Feier, als am Traditionsort kein adäquater Saal zur Verfügung gestanden hatte (damals wich man nach Bad Schussenried aus). Bei der 50-Jahr-Feier 1935 (gezählt ab 1885) wurde der bis zur Gründung der Bundesrepublik letzte Kommers abgehalten; den Nazis war die katholische Verbindung ein Dorn im Auge und im Herbst 1935 löste sich der Studentenbund des CV unter Druck selbst auf (der Altherrenbund wurde 1938 durch Runderlass Himmlers zwangsaufgelöst). An Dreikönig 1949 wurde im Aulendorfer „Löwen"-Saal – mit Genehmigung der französischen Besatzungsbehörden – der Neubeginn gefeiert. Seitdem wird der Dreikönigskommers der oberschwäbischen CVer nach altem Zeremoniell in Aulendorf abgehalten – seit einigen Jahren im Hofgarten-Saal.

Barock war mehr (Thierer, Barczyk und Co. zeigen: Barock ist mehr), verschiedene SZ-Ausgaben, zum Beispiel Bad Waldsee, 11. 12. 2001.

Die Stadt, der Graf und das Buch (Horst Boxler legt Standardwerk über die Königsegger vor), SZ Bad Waldsee, 12. 4. 2005.

Die Königsegger sind seit 1150 nachgewiesen. Das Buch von Boxler behandelt die vergangenen 500 Jahre. Seit 1934 schreibt sich die in Ungarn ansässige Linie „Königsegg-Rottenfels".

Woisch no: Private Vorträge, gehalten am 7. 2. 2000 (75. Geburtstag meines Vaters Franz Reischmann) und am 29. 7. 2006 (zum 80. Geburtstag meiner Mutter Theresia Reischmann).

Einige erläuternde Daten zum Beitrag „Woisch no":

Größe von „Schwobes" Hof bei der Einstellung des Betriebes 1980: 20,4 Hektar (einschließlich 1 ha Wald). Im Schnitt 25 Kühe und etwa 12 Nachzucht-Rinder.

Besitzerfolge: Christian Guth und Anna Guth, geb. Miller – Matthias Guth und Rosalia Guth, geb. Thüringer (aus Hueb bei Aulendorf), Hochzeit 1744 – Maria Anna Kling, geb. Guth und Josef Kling (aus Obermittelried), 1777 – Johann Baptist Kling und Elisabeth Kling, geb. Sonntag (aus Schachen bei Baindt), 1817 – Josef Anton Kling und Kreszentia Kling, geb. Grad (aus Hünlishofen), 1850 – Josef Kling und Kreszentia Kling, geb. Ries (aus Ellwangen-Ramsen), 1888 – Josef Kling und Kreszentia Kling, geb. Gregg (aus Riedlings), 1925 – Theresia Reischmann, geb. Kling und Franz Reischmann (aus Beuren-Hedrazhofen), Übergabe 1960 – Gerhard Reischmann und Margit Reischmann, geb. Riedle (aus Arnach), 1991/1994. – Nach 1848 konnte der Hof von der Grundherrschaft (Fürst Waldburg-Wolfegg-Waldsee) abgelöst werden. Im Dritten Reich wurde der Hof als Erbhof eingestuft.

Erbauungszeit des mächtigen, laut Familienüberlieferung einst strohbedeckten Haupthauses unbekannt. Vorderhaus möglicherweise vom Anfang des 19. Jahrhunderts (offenbar in Verlängerung des Althofes). 1535 kaufte das Spital Waldsee vier Höfe in Brugg (Eggmann S. 164). Erstmals erwähnt ist Brugg als ze Prugen im Jahre 1274, als das Kloster Baindt hier begütert wurde (Frisch S. 23)

Baumaßnahmen in den 1930er-Jahren: 1931 Bau eines Einfahrts-Widerkehrs mit einer Grundfläche von 36 Quadratmetern (Josef Kling konnte somit unter Einbeziehung der Tenne drei beladene Heuwagen hintereinander unter Dach stellen); 1932 Stallerweiterung um 53 Quadratmeter; 1934 Modernisierung des alten Stalles (Klinkerwand, neue Gülle-Grube u. a.); 1934 Anhängschopf gebaut (15,15 m auf 4,50 m; auf einem Beton-Stotzen ist heute noch der Handabdruck der damals sechsjährigen Tochter Hedwig zu sehen); 1936 Anbau eines Schweinestalles (7,00 m auf 3,45 m; drei Buchten), abgebrochen 1998.

Zubehör laut Gebäudebrandinventur von 1938: elektrische Beleuchtung mit 17 Brennstellen und 1 Steckkontakt (Elektrifizierung 1923); 1 tragbarer Elektromotor (4 PS); 1 eiserner Dachständer; 1 Transmission; 1 Futterschneidemaschine; 1 Heuzange mit Laufschienen; 1 Bandsäge; 1 Schleifstein; Wasserleitung mit drei Zapfstellen; 1 Steckkontakt für Kraftstrom. 1939 wurde der erste Traktor angeschafft (Lanz Aulendorf), in den 1950er-Jahren der zweite (Schlüter). Nicht aufgeführt in dieser Liste ist die Kreissäge, die spätestens ab 1940 vorhanden war (wohl schon bald nach der Elektrifizierung 1923 angeschafft). Auch andere bewegliche Gegenstände wie Waldarbeitsgerätschaften (Stockwinde u. a.) sind nicht genannt.

Mechanisierung und Modernisierung in den 1960er- und 1970er-Jahren: 1960/1961 neuer Stallboden und Futtertisch; 1962/1963 Öl-Zentralheizung und Einbau eines Bades; 1964 Absauganlage (Rohrleitungen) mit Milchkammer (die erste elektrische Melkanlage auf „Schwobes" Hof – eine Kannen-Melkmaschine – wurde um 1950 von der Kißlegger Firma Kraft eingebaut); ebenfalls 1964 Erweiterung des Stalles um einen Jungviehstand; im gleichen Jahr Bau der Dachterrasse; 1965 Kauf des dritten Schleppers in der Hofgeschichte (Schlüter; 18 000 DM Listenpreis, geliefert für 16 500 DM); 1965 oder 1966 Doppelgarage mit Zementdecke im ehemaligen Pferdestall; 1967 Ladewagen; 1968 neue Fenster, Umgestaltung des Wohnzimmers; 1970 Heuverteiler und Düngerstreuer; 1972 Gebläse für Heu und Silage; 1974 Güllenpumpe und Güllenfass sowie Heuma; 1975 Kreiselmähwerk; 1976 Kreisler; 1978 Schlepper mit Dach (gebrauchter Ford). 1983 wurde der alte Dachstuhl mit Beihölzern ausgerichtet und das Dach neu gedeckt. Diese Daten entstammen der Schlussbilanz vom 19. 7. 1983 der AGR-Steuerberatungs-GmbH Ravensburg. Die Ausstattungsbeschreibung ist mithin aus der Sicht des Jahres 1983 zu sehen. Es ist anzunehmen, dass einzelne Produktionsgüter wie etwa die Heuma von 1974 und der Kreisler von 1976 Vorläufer hatten. Nicht erfasst in dieser Bilanz ist auch ein kleinerer Bagger, den Franz Reischmann zusammen mit zwei Nachbarn in den 1970ern angeschafft hatte (vor allem zum Mistladen).

1981 wurde „Schwobes" Hof wie der ganze Weiler Brugg mittels Pumpdruckleitung an die Kläranlage in Bad Wurzach-Truschwende angeschlossen. Das von der Firma Faßnacht konzipierte neuartige Entsorgungsverfahren war ein Pilotprojekt, das in der Fachpresse sowie in überregionalen Publikumsmedien Beachtung fand (im „Spiegel" war eine doppelseitige Anzeige, allerdings ohne Brugg-Motiv).

Nebengebäude

– Kapelle, erbaut vielleicht Ende des 17. Jahrhunderts (steht im Eigentum der Brugger Kapellengemeinschaft, zu der auch der Besitzer von „Schwobes" Hof gehört).

– Kornspeicher (Maße 7,00 m auf 4,80 m) mit Remisenanbau (ca. 2 m auf 5 m), erbaut 1753, entfernt 1964 oder 1965.

– Ausgedinghaus („Stüble"), erbaut Ende der 1880er-Jahre (zuvor wohl ein Wasch- und Backhaus). Ausstattung 1938 laut Inventarliste: elektrische Beleuchtung mit 5 Brennstellen und 1 Steckkontakt; 1 Weberscher Hausbackofen mit Rauchrohr; 1 Rauchapparat; 1 Kartoffeldämpfer.

– Holzschopf, 8,00 m auf 5,00 m, erbaut 1921, abgebrochen um 1970 (Brennholztransportweg Schopf – hintere Haustüre: ungefähr 10 m).
– Waaghaus, erbaut von der Brugger Waaghaus-Genossenschaft 1930.
– Futterschuppen („D'r Rot' Schopf"), 9,00 m auf 5,00 m, mit zwei Remisenanbauten (9,00 m auf 3,00 m und 9,00 auf 4,50 m), erbaut 1932 in einer knapp 100 Meter entfernten Kiesgrube, umgesetzt 1957 wegen des Bundesstraßenbaus, abgebrochen 1988.
– Hühnerhaus, 5,20 m auf 3,05 m (Teil des ehemaligen Kornspeichers), errichtet Mitte der 1960er-Jahre an anderer Stelle, abgebrochen 1988.
– Maschinenhalle mit Werkstatt, 18 m auf 7 m, erbaut 1967.
– neues Ausgedinghaus, erbaut 1973.

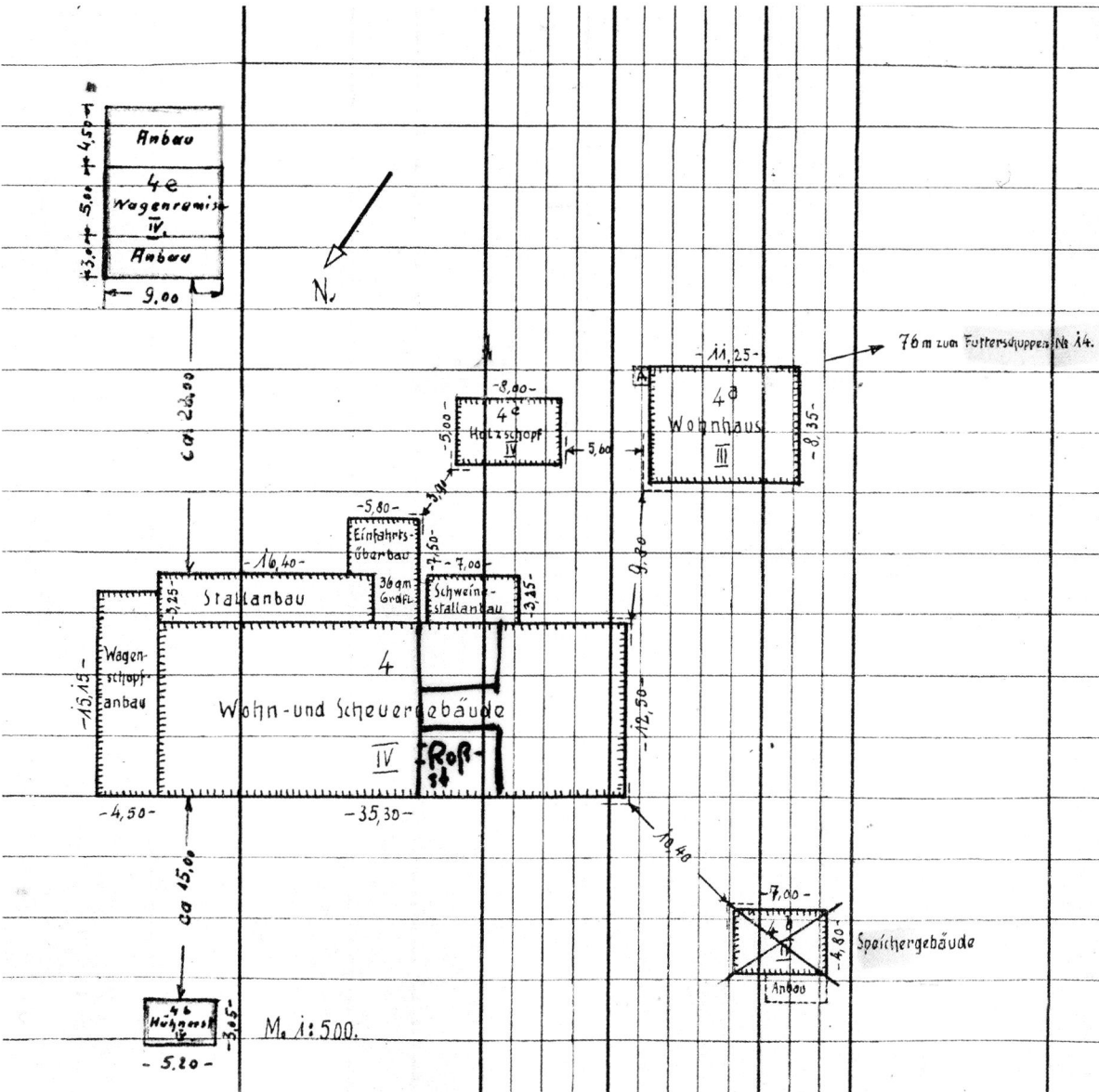

Dieser Plan war der Bestandsaufnahme der Gebäudebrandversicherung von 1938 beigegeben (zeichnerisch ergänzt in den 1960er- und 1980er-Jahren). Man erkennt die Anbauten der 1930er-Jahre (Stallanbau, Einfahrtsanbau, Wagenschopf, Schweinestall) sowie die Nebengebäude (Stüble oben rechts, Holzschopf und Wagenremise links daneben, unten rechts – bereits durchgestrichen – den Kornspeicher und unten links das Hühnerhaus). Noch nicht eingezeichnet sind der 1967 erbaute Maschinenschopf und das 1973 erbaute neue Wohnhaus. Nicht eingezeichnet ist auch das 1930 gebaute Waaghaus (zwischen Hühnerhaus und Kornspeicher).

Unmittelbares Umfeld von „Schwobes" Hof: Die Zahl der aktiven landwirtschaftlichen Betriebe auf der Gemarkung Arnach (1280 Hektar) belief sich im Jahre 2007 auf 17 (16 Milchviehbetriebe, 1 Schäfereigenossenschaft); um 1930 waren es zirka 85, im Jahre 1997 noch 25 Höfe gewesen.

Höfesterben: Die Arnacher Entwicklung entspricht dem Strukturwandel landesweit: Hatte es in Baden-Württemberg 1975 noch 96 522 Milchviehbetriebe gegeben, so waren es 2005 – eine Generation später – nur noch 14 300. „Höfesterben" sagen die einen, „notwendiges Betriebsgrößenwachstum in Zeiten der Globalisierung" die anderen. Die 14 300 Betriebe des Jahres 2005 hielten 379 800 Milchkühe; 1975 waren es noch 697 949 gewesen.

Die Milchleistung pro Kuh wurde in den 30 Jahren zwischen 1975 und 2005 von 4072 Kilo auf 6813 Kilo/Jahr gesteigert (MLP-geprüfte Kühe). Quelle: Landesverband Baden-Württemberg für Leistungsprüfung in der Tierzucht e. V., LKV-Jahresheft 2005, S. 8 f. Höchstleistungskühe erreichen mehr als 10 000 Kilo pro Jahr. Schon in den 30 Jahren zwischen 1945 und 1975 hatte es eine Verdopplung der Milchleistung gegeben: Einer Statistik des Milchleistungsausschusses Wangen i. A. vom 14. 3. 1945 zufolge betrug die Jahresanlieferung der 23 Bauern der „Schwobes" Hof benachbarten Käserei Riedlings (Gemeinde Diepoldshofen, heute Stadt Leutkirch i. A.) im Jahre 1944 genau 504 233 Kilogramm (einschließlich Hofmilch). Die 23 Betriebe in Riedlings, Hünlishofen, Staighaus, Rimmeldingen und Weißenbauren hielten 1944 im Jahresdurchschnitt 251,5 Kühe (statistischer Wert). Das ergibt eine Durchschnittsleistung von 2005 Kilo je Kuh. Elf Betriebe hatten einen Stalldurchschnitt, der über dem Durchschnittswert von 2005 Kilo lag (Leistungsklasse I); 9 Betriebe lagen mit ihrer Milchleistung bis zu 25 Prozent unter dem Durchschnitt, 2 Betriebe sogar 25 bis 50 Prozent unter Schnitt und einer erreichte nicht einmal die Hälfte des Durchschnitts (er lieferte von 6 Kühen 5604 Kilo). Den besten Schnitt hatte Josef Rast (Riedlings, heute Aussiedlerhof Karl und Leni Fimpel) mit 2763,3 Kilo (von 9,4 Kühen). „Milchkönig" war Max Dorn (heute Karl-Josef und Margit Hummel), der mit 38 585 Kilo die größte Liefermenge hatte (von 14,3 Kühen; Schnitt: 2698,2 Kilo). Die größten Herden hatten Alois Dolp (Hünlishofen, heute Bruno und Angelika Huber), der 16,5 Kühe hielt (32 028 Kilo Jahresleistung), Paul Dobler (Weißenbauren, heute Anwesen Straub; 16,3 Kühe, 19 922 Kilo), Alfons Gregg (Riedlings, heute Erich und Jacinta Gregg; 16,2 / 34 312) und Alois Mayer (Hünlishofen, heute Robert und Sabine Mayer, 16,1 / 33 944). Im Schnitt hielten die 23 Betriebe 10,9 Kühe. Der kleinste Bestand war 3 Kühe; dieser Betrieb lieferte immerhin 6656 Kilo und war damit in Leistungsklasse I.

Die kleine Landkäserei Geboldingen (Gemeinde Arnach, heute Stadt Bad Wurzach), 1902 als Genossenschaftsbetrieb der örtlichen Bauern gegründet, bis 1953 als Privatkäserei geführt (ab 1916 Josef Lutz; ab Anfang der 1930er-Jahre Konrad Schmid), zuletzt ein Filialbetrieb der GEG Wangen, wurde 1967 eingestellt – der Konzentrations- und Fusionsprozess bei der Milchverarbeitung forderte seinen Tribut. Mit dem Zumachen der kleinen Käserei ging auch ein Stück nachbarschaftlicher Geselligkeit verloren. Man traf sich dort gerne und dann und wann spannte mein Großvater Josef Kling sogar noch sein altes Ross ein und brachte die Milch mit einem eigens angefertigten Wägele nach Geboldingen.

Arbeitspferde: Die zwei betagten Pferde von Josef Kling kamen Mitte der 1960er vom Hof – das lag im allgemeinen Trend: Der Traktor verdrängte den Ackergaul und so wurden beim Bad Wurzacher Blutritt Anfang der 1970er-Jahre nur noch 600 bis 700 Pferde gezählt (2007 waren es zirka 1700, fast durchweg Sport- und Freizeitpferde).

Teilgemeinde: Josef Kling (1891 – 1981) war Ende der 1920er-, Anfang der 1930er-Jahre auch „Anwalt" der Arnacher Teilgemein-

Idyll von 1949: „Schwobes" Pferde.   **Foto: Bader**

de Brugg. Aufgabe der Teilgemeinden (neben Brugg waren dies: Geboldingen, Gensen, Humberg, Kolben, Niedermühle, St. Quirin, Truschwende und Arnach-Dorf) waren die Unterhaltung der gekiesten Feld- und Gemeindewege, das winterliche Schneeräumen sowie – mindestens in Geboldingen und Humberg – der Mesnerdienst in den Kapellen (wohl auch die Baulast). Durch Gemeinderatsbeschluss – die Teilgemeinden widersprachen nicht – gingen die Teilgemeinden zum 1. 4. 1931 mit Fahrnis, Inventar, Geld- und Grundvermögen in der bürgerlichen Gemeinde Arnach auf. Brugg nannte damals zum Beispiel einen Bahnschlitten und ein Floß (!) sein eigen (um die Ach zu pflegen), Truschwende einen Bahnschlitten und „einen Bickel". Geboldingen und Humberg brachten seinerzeit ihre Kapellen in die Fusion ein, nicht aber Brugg. Seit 1973 ist die Stadt Bad Wurzach als Rechtsnachfolgerin der Gemeinde Arnach Besitzerin der Kapellen in Geboldingen und Humberg. Faktisch änderte sich anno 1931 aber nicht viel: Die Fronmeister (holten zu den Gemeinschaftsarbeiten wie Kiesen der Wege die Nachbarn zusammen) blieben dieselben und auch die Bahnschlitten blieben zunächst an Ort und Stelle (in Brugg wurde der Bahnschlitten im Sommer, säuberlich in seine Teile zerlegt, an der Außenseite von „Schwobes" Kornspeicher verwahrt). Die Anerkennungsgelder kamen nun aus der Gemeindekasse: 3 RM im Jahr für das Aufbewahren der Bahnschlitten, 25 RM im Jahr für die Kapellenmesner in Geboldingen und Humberg (jeweils). Ausdrücklich ausgenommen von den Eingliederungen des Jahres 1931 waren die jeweiligen Weiler-Wasserversorgungen. Die Geboldinger behielten sich auch ihren Gemeinschaftswald vor (war rechtlich vielleicht nicht Bestandteil der Teilgemeinde), der bis zum heutigen Tag in Gemeinschaft bewirtschaftet wird. Quelle: Protokoll der Gemeinde Arnach, Band B49, S. 48a.

Motorisierung: Vor dem Zweiten Weltkrieg hatten in Arnach (damals knapp 700 Einwohner) nur vier oder fünf Leute ein Auto, darunter Käsereibesitzer Konrad Schmid. Die allgemeine Motorisierung im Dorf setzte Mitte der 1950er-Jahre ein. Franz und Theresia Reischmann kauften ihren blauen Käfer 1957 – einen der ersten ohne Brezelfenster. Heute (2007) hat der 1400-Einwohnerort um die 700 Autos. Und an Brugg lärmen täglich 8000 Fahrzeuge vorbei.

Der Schützenverein Brugg-Arnach wurde vermutlich im Zusammenhang mit dem Neubau der Brugger Wirtschaft anno 1901 gegründet. Der Verein hatte – bei kriegsbedingten Unterbrechungen – Bestand bis in die 1960er-Jahre. Die wenigen erhalten gebliebenen Schützenscheiben stammen zumeist von der Hand des Bad Wurzacher Malermeisters Georg Sonntag (1908 – 1990).

Die Fotografen

Beck, Dr. Otto (1932 - 2007) hat Oberschwaben geliebt. In Wort und Bild, in Presse und Rundfunk, hat er oberschwäbisches Leben, nicht nur oberschwäbisches Glaubensleben, dokumentiert. Von 1948 bis kurz vor seinem Tod war er Mitarbeiter der „Schwäbischen Zeitung". Sein Kalenderblatt mit dem täglichen Bibel-Wort war für ihn mehr als nur Service für die Leser; es war ihm ein Instrument der Verkündigung. Der Verkündigung der Frohbotschaft hat der langjährige Pfarrer von Otterswang sein Leben geweiht.

Gottfried Brauchle, Jahrgang 1956, fotografiert seit 1981 für die Ausgaben Bad Waldsee und Ravensburg der „Schwäbischen Zeitung" sowie für andere Auftraggeber wie das Bauernhausmuseum Wolfegg.

Georg Eble, M. A., geboren 1969 in Tettnang, hat nach dem Studium von Geschichte und Politik in Eichstätt, Tübingen und Weingarten bei der „Schwäbischen Zeitung" volontiert und als Redakteur in Bad Waldsee gearbeitet. Nach Redakteursjahren in Baden-Baden, Ansbach und Offenburg hat er sich 2005 als Verleger von Einkaufsführern („Entrez!") selbstständig gemacht. Als gelernter Journalist fotografiert er auch für berufliche Zwecke.

Uli Gresser, Jahrgang 1958, hat nach dem Abitur am Salvatorkolleg Bad Wurzach an der HfG Offenbach Visuelle Kommunikation und an der FH Dortmund Fotodesign studiert. Seit 1994 ist er in Bad Wurzach als Fotodesigner mit Schwerpunkt Bildjournalismus selbstständig. Von 1994 bis 2004 war er als freier Fotograf für die Ausgaben Leutkirch und Bad Waldsee der „Schwäbischen Zeitung" tätig. Seit 2005 arbeitet Uli Gresser als freier Fotograf für die Internetzeitung „Der Wurzacher" (www.derwurzacher.de).

Daniel Hartmann: Jahrgang 1964, Fotojournalist in Ravensburg.

Gerlinde Keser: Jahrgang 1955, fotografiert seit 2000 für die „Schwäbische Zeitung" Bad Waldsee. Mitglied im Fotoclub Bad Waldsee.

Gernot Kühl, Jahrgang 1959, ist Redaktionsleiter bei der „Eckernförder Zeitung".

Bernhard Kling, Jahrgang 1959, beschäftigte sich bereits während der Gymnasialzeit am Salvatorkolleg Bad Wurzach mit visuellen Medien. Heute arbeitet er als freier Fotograf, Kameramann, Grafiker und Journalist vorwiegend in München oder in seinem Allgäuer Heimatdorf Arnach.

Rupert Leser, geboren 1933 in Bad Waldsee, war von 1962 bis 1997 Fotograf der „Schwäbischen Zeitung". Er war akkreditiert bei zwölf Olympischen Spielen. Mehr als 30-mal war er Preisträger bei den Foto-Wettbewerben des Verbandes Deutscher Sportjournalisten (1973 und 1974 „Sportbild des Jahres"). 1986 erhielt er den Kulturpreis der Städte Ravensburg und Weingarten. Sein Werk war und ist in zahlreichen Ausstellungen und Ausstellungsbeteiligungen sowie Buchveröffentlichungen (Hauptwerke: „Alltag in Oberschwaben", „Kontraste"; Städteporträts zu Aulendorf, Bad Saulgau, Bad Waldsee, Biberach, Friedrichshafen, Leutkirch, Ravensburg, Wangen, Ulm) dokumentiert. Von 1973 bis 2002 war er Fotograf und Gestalter der Jahresgaben der Kreissparkasse Ravensburg („Ansichten und Perspektiven" – „Merkwürdig" – „Kleinode"). Im Frühjahr 2007 ist das Katalogbuch „Ereignisse und Gestalten" zur gleichnamigen Ausstellung im Bad Waldseer Kornhaus herausgekommen (ca. 100 S., mehr als 100 Aufnahmen aus dem 50-jährigen Schaffen des Fotokünstlers; erhältlich im Bad Waldseer Kornhaus zum Preis von 15 Euro oder direkt zu beziehen bei Rupert Leser, Orffstraße 29, 88 339 Bad Waldsee).

Henry M. Linder, Jahrgang 1965, ist freischaffender Werbefotograf in Kißlegg.

Veronika R. Moser, geboren 1952 in Stuttgart, wurde das Fotografieren in die Wiege gelegt. Ihr Großvater war Fotografenmeister, auch Tante und Onkel hatten ein eigenes Fotogeschäft und zwei ihrer Cousins erlernten die Fotografie. Lange Jahre war das Fotografieren für sie ein Hobby, bis sie im Februar 2005 von der „Schwäbischen Zeitung" (Ausgabe Bad Waldsee) Aufträge zum Fotografieren bekam. Im Januar 2007 hatte sie ihre erste Ausstellung; in der Bad Waldseer Stadtbücherei zeigte sie „Bad Waldsee bei Nacht". Gleich darauf stellte sie beim Aulendorfer Künstlerfest aus. Seit Januar 2007 belegt sie ein berufsbegleitendes Wochenendstudium in Fotodesign in Bochum.

Tony Pike: Fotograf der Jersey Evening Post.

Angelika Woblick, Jahrgang 1961, ist selbstständige Fotografenmeisterin in Weingarten. Die Porträtspezialistin hat unter anderem bei der Tagung von Art & Professional Photography International (APPI) in Ulm sowie in der Alten Kirche in Mochenwangen ausgestellt.

Autor und Verlag danken den Fotografen für die unentgeltliche Zuarbeit herzlich. Ohne diese kollegiale Hilfe wäre das Projekt in dieser Form nicht möglich gewesen. Weiter wurden uns Fotos von Urhebern, die das Fotografieren nicht berufsmäßig betreiben, zur Verfügung gestellt. Auch diesen Unterstützern gilt unser Dank.

Die Layouterin

Renate Geisler, Jahrgang 1960, ist seit 1995 Layouterin beim Fe-Verlag in Kißlegg-Immenried (Pur-Magazin, Bücher). Mit Kreativität und Ausdauer hat sie aus einem Manuskript ein Buch gemacht. Ich danke ihr ganz herzlich für diese außerordentliche Leistung.

Der Autor

Gerhard Reischmann, Jahrgang 1958, war von Mai 1988 bis Mai 2007 Redakteur der „Schwäbischen Zeitung". Bis zu seinem Ausscheiden war er etliche Jahre zuständig für die Raumschaft Bad Waldsee-Aulendorf. Von 1988 bis 2000 hatte er in der Zentrale in Leutkirch gearbeitet, davon sechs Jahre in der Politischen Redaktion. Zuvor, von 1980 bis 1988, war er fester Freier Mitarbeiter bei der damals in Ulm erscheinenden „Schwäbischen Zeitung am Sonntag". Reischmann hat an der Ludwig-Maximilians-Universität München Germanistik, Geschichte, Volks- und Betriebswirtschaft studiert und mit dem Dipl. rer. pol. abgeschlossen. Von 1994 bis 2000 war er ehrenamtlicher Kirchenpfleger in seiner Heimatpfarrei St. Ulrich in Arnach. Etliche lokalhistorische Veröffentlichungen über Arnach (bei Bad Wurzach).

Bezugsquellen

„Menschenskinder – Notizen aus Oberschwaben" ist im Buchhandel erhältlich. Das Buch kann auch direkt bezogen werden beim Kunstverlag Josef Fink in Lindenberg oder beim Autor – auf Wunsch mit Widmung (über diese Anschrift: Margit Reischmann, Brugg 4, 88 410 Bad Wurzach). In den meisten Buchhandlungen in Aulendorf, Bad Waldsee, Bad Wurzach, Leutkirch und Ravensburg ist es vorrätig.

Namensregister

Akademische Titel, soweit dem Autor bekannt

Bibliografie

Adler, Bruni: Bevor es zu spät ist, Tübingen 2004.

Bio-Ring Allgäu e. V. (Hg.): Die Kuh und ihre Hörner, Kempten 2001.

Boxler, Horst: Die Geschichte der Reichsgrafen zu Königsegg seit dem 15. Jahrhundert, Bannholz 2005.

Eggmann, Ferdinand: Waldsee und seine Vorzeit, Waldsee 1864 (gedruckt bei Georg Sebald Liebel).

Eitel, Peter: Ravensburg im 19. und 20. Jahrhundert, Ostfildern 2004.

Frisch, Otto: Kath. Pfarrkirche St. Verena Bad Wurzach, Lindenberg 2001.

Glonnegger, Erwin: Bei uns daheim – Geschichten aus Aulendorf, Aulendorf/Bergatreute 2007.

Glonnegger, Eugen: Festschrift der Aulendorfer Jahrgänger von 1929, Aulendorf 1979.

Heimat- und Museumsverein Bad Waldsee: Ereignisse und Gestalten, Bad Waldsee 2007 (gedruckt bei Liebel, Bad Waldsee).

Knubben, Thomas (Hg.): Sepp Mahler. Sonnenlichttönentag, Ravensburg 2001.

Kreis Ravensburg (Hg.): Im Oberland, Zeitschrift für Kultur, Geschichte und Natur Oberschwabens und des Allgäus (halbjährlich, seit 1990).

Kreissparkasse (Hg.): zeitzeichen, Bd. 3, Ravensburg und Bad Waldsee 2006 (mit einem Beitrag zum Kißlegger Kino).

Kuhn, Elmar L.; Ritter, Brigitta; Bauer, Dieter R. (Hg.): Das große weite Tal der Möglichkeiten: Geist, Politik, Kultur 1945 – 1949. Das Projekt Gesellschaft Oberschwaben, Lindenberg 2002, kurz Kuhn/Bauer/Ritter.

Kunstverlag Josef Fink (Hg.): Kartause Marienau, Lindenberg 2000.

Landesverband Baden-Württemberg für Leistungsprüfungen in der Tierzucht e. V.: Milchleistungsprüfung, Tierkennzeichnung, Beratung. Jahresheft 2005.

Landsmannschaft der Deutschen aus Russland e. V. (Hg.): Deutsche aus Russland gestern und heute. Stuttgart 2006 (7. Auflage).

Leser, Rupert; Leser, Markus; Fricker, Thomas (Texte): Hallo Leut, etz isch Fasnet, Bad Waldsee 1999.

Leser, Rupert; Renz, Peter (Texte): Kontraste in Oberschwaben, Ulm 1997. Bei der Vorstellung des Buches „Kontraste" im Sommer 1997 in Ravensburg bezeichnete Peter Renz den Bildberichter Rupert Leser als „das Auge Oberschwabens", ein unseres Erachtens unübertrefflicher Ausdruck. Siehe auch Zeitungsartikel „Leser: Das Auge Oberschwabens", „Schwäbische Zeitung", Ausgabe Leutkirch, 7. 6. 1997.

Leser, Rupert; Schnieber, Michael (Texte): Alltag in Oberschwaben, Ulm 1993.

Von Memminger: Beschreibung des Oberamts Waldsee, Stuttgart und Tübingen 1834.

Mütz, Josef: Blasmusikkreisverband Ravensburg – 25 Jahre – 1977 – 2002, Bad Waldsee 2002.

Nachbaur, Klaus: „Meischter, do müsset mir na. Des isch a Riesagschichte" (Porträt des Fotografen Rupert Leser), „Schwäbische Zeitung", 5. 7. 1997.

Nussbaum, Hannelore: Die offene Tür, Biberach 2002.

Rauch-Mangold, Raphael: Geschichte aus erster Hand: Irvin van Gelder, ehemaliger KZ-Häftling und Internierter im Bad Wurzacher Schloss, am Kolleg. In: Salvatorkolleg Bad Wurzach (Hg.): Jahresheft 20 (2005), S. 64 f.

Rothenhäusler, Gisela: Das Wurzacher Schloss und seine wechselvolle Geschichte während des Zweiten Weltkrieges. In: Im Oberland, Beiträge aus Oberschwaben und dem Allgäu, Heft 1, 2006, S. 3 ff.

Rothenhäusler, Gisela: Das Schloss – 60 Jahre nach Kriegsende, Eine neue Gedenktafel. In: Salvatorkolleg Bad Wurzach (Hg.): Jahresheft 20 (2005), S. 62 f.

Rothenhäusler, Gisela: Liberation Day – Bad Wurzacher Schüler werden der Queen vorgestellt. In: Salvatorkolleg Bad Wurzach (Hg.): Jahresheft 20 (2005), S. 66 f.

Thierer, Manfred (Hg.): Lust auf Barock, Lindenberg 2002.

Walser, Martin: Höchste Schule. Über Maria Menz. In: Allmende, 1. Jg., Heft 2, Sigmaringen 1981.

Weixler, Hans: Alls im Leabe hot sei Zeit, Kempten, o. J. (2006).

Wild, Erentraud: Maria Menz - Dichterin aus Oberschwaben. Wegspuren, Biberach 2000.

Willbold, Hans: Der Luftkrieg zwischen Donau und Bodensee, Bad Buchau 2002.

Zentren für Psychiatrie Bad Schussenried und Zwiefalten (Hg.): Zustände. Fotoreportagen aus der Psychiatrie von Rupert Leser, o. J. (2004).

Ein Dorf am Rande Oberschwabens.
Veröffentlichungen von Gerhard Reischmann über Arnach

Und die Tuba steht im Mittelgang, Gesamtausgabe der „Schwäbischen Zeitung", 24. 7. 1993 (Beilage „Zeit und Welt").

„Es ist schön, Priester zu sein", SZ Leutkirch, 24. 3. 1994 (zum Diamantenen Priesterjubiläum von Ludwig Segmiller, der die Arnacher Ulrichsgemeinde 47 Jahre lang – von 1942 bis 1989 – geleitet hat).

Heimisch in der Fremde, fremd in der Heimat, SZ-Gesamtausgabe, 6. 5. 1995.

„Wir danken Dir, dass Du uns berufen hast", SZ Leutkirch, 19. 10. 1995 (zum Tod Pfarrer Segmillers).

50 Fragen zu unserer Kirche, Beilage zum Arnacher Kirchenanzeiger, 1/1996.

Gedenkblatt für Arnacher Priester (Beilage zum Kirchenanzeiger 8/1996; das Priestergrab befindet sich rechts neben dem Haupteingang der Arnacher Kirche).

Wenn der Stein reden könnte, SZ Leutkirch, 14. 11. 1996 (zur Renovation des Arnacher Gefallenenmahnmals) und Das Arnacher Kriegerdenkmal (Beilage zum Arnacher Kirchenanzeiger 11/1996; mit erläuternder Namensliste).

Arbeit ist ihr Lebenselixier: Alt-Wirtin von Brugg 90 Jahre, SZ Leutkirch, 3. 5. 1997.

Von Wiesbaum und Windachs': Ein Wagner erzählt, dreiteilige Serie in der Ausgabe Leutkirch der „Schwäbischen Zeitung", 7. 10. 1997 ff.

Als der Regen kam, floh alles unter die Empore, SZ Leutkirch, 31. 10. 1997 (zum Deckengemälde in der Arnacher Barockkirche, geschaffen 1930 vom Wangener Kirchenmaler August Braun).

Ein Leben für den Lobpreis Gottes, SZ Leutkirch, 29. 1. 1998.

Der alte Metz-Altar erstrahlt in neuem Glanz, SZ Leutkirch, 13. 10. 1998, und Im Stil der Neorenaissance gehalten, SZ Leutkirch, 25. 10. 1998. Die drei Bilder am Altarunterbau stammen aus einer Ulmer Werkstatt (1886) und zeigen folgende Motive: „Die Opferung Isaaks" (links), „Die zwei Emmaus-Jünger erkennen den Herrn beim Brotbrechen" (Mitte) und „Das Opfer Melchisedechs" (rechts). Der Metz-Altar befindet sich in der Bruder-Klaus-Kapelle in Arnach-Schreinermann.

Arnach feiert Patrozinium und 250 Jahre Ulrichskirche sowie Im 19. Jahrhundert erfolgten schmerzliche Eingriffe, SZ Leutkirch, 6. 7. 1999.

Zur Geschichte des Arnacher Mesnerhauses, Beilage zum Arnacher Kirchenanzeiger, 8/1999.
(Zum Arnacher Mesnerhaus vgl. auch: Prof. Dr. Manfred Thierer: Mesnerdienst in alter Zeit – Hostube in Arnach, SZ Leutkirch, 9. 9. 1999).

Die renovierte Kapelle in Rahmhaus: Das Schlüsselerlebnis war die Beton-Platte (Beilage zum Arnacher Kirchenanzeiger, ca. 8/2004).

Cilly und Xaver Gut feiern Diamantene Hochzeit, SZ Leutkirch, 21. 2. 2004

Die Rochus-Kapelle in Brugg. Aushang in der Kapelle. 8/2005, ergänzt 8/2007.

Ross-Stall – Gefangenenlager – Dorfmarkt. Zur Geschichte des Arnacher Einzelhandels, 20 S., Bad Wurzach 2005.

Mesnerdienst in Arnach. Von Karl Göppel bis Franz Reischmann, 24 S., Bad Wurzach 2006.

Agathe Lutz hat 100. Geburtstag gefeiert, Beiblatt zum Mitteilungsblatt der Ortschaft Arnach vom 18. 5. 2007 (Nr. 8/2007).

Der stillste Ort Oberschwabens: die Kartause Marienau (bei Seibranz, Stadt Bad Wurzach). Einmal in der Woche ist das Schweigegebot aufgehoben. Dann begeben sich die Kartäuser auf ihren ausgedehnten Spaziergang. Die Marienau ist ein besonderer Gnadenort: Hier werden viele Messen für Menschen in großen Nöten gelesen.

Foto: Dr. Otto Beck
Eigentum: Fe-Verlag Kißlegg-Immenried

Auch in tschechischer Sprache erhältlich.

Kartause Marienau (Hrsg.)

Kartause Marienau

48 Seiten, zahlreiche Abbildungen
Format 19 x 24 cm
ISBN 978-3-89870-184-6
Euro 8,50 / sFr 15.80

Authentische Informationen über den Kartäuserorden sind selten, denn Besichtigungen oder gar Exerzitien im Kloster sind nicht möglich. Interviews lehnen die Mönche des Eremitenordens, der 1084 bei Grenoble (in der Chartreuse) durch Bruno von Köln gegründet wurde, im Allgemeinen ab.

In dieser Broschüre versuchen Mönche der Kartause Marienau im oberschwäbischen Bad Wurzach (Landkreis Ravensburg) Antwort zu geben auf die Fragen all derer, die sich für das Leben der Kartäuser interessieren. Die Broschüre vermittelt die wichtigsten Informationen über die Klosteranlage, den Tagesablauf, die Ausbildung, die Liturgie, die Spiritualität, die Geschichte des Ordens sowie dessen Aufgabe in der Kirche.

Der Text, verfasst von den Mönchen der Kartause Marienau, wird ergänzt durch exzellente, eigens für diese Broschüre erstellte Farbfotos von Hermann Müller, Dietmannsried. Diese Aufnahmen möchten den Betrachter hineinnehmen in das Schweigen und die Stille der Kartause und das hieraus erwachsende Gespräch der Seele mit dem lebendigen Gott.

Leser- und Pressestimmen

„Dieses Buch berührt, indem es Ruhe und Frieden ausstrahlt und so die stille Innigkeit eines gottgeweihten Lebens erahnen lässt."
Petra Reiners

„Die Bilder und der tief ansprechende Text sind sehr gelungen."
Sr. Irmgard-Clara Mauch, Kloster St. Klara, CH-6370 Stans

Manfred Thierer (Hrsg.)

Lust auf Barock

Himmel trifft Erde in Oberschwaben

208 Seiten, zahlreiche Abbildungen
Format 21 x 29,7 cm
ISBN 978-3-89870-030-6
Euro 24,– / sFr 42.10

Ja, noch ein Buch über den oberschwäbischen Barock! Aber eines, das andere Wege geht. Barock, die letzte Epoche, die ganz Europa durchdrungen hat, wird in einer von ihr besonders stark geprägten Landschaft gespiegelt. Viele der aufgegriffenen Themenbereiche sind bisher noch nie veröffentlicht worden. Barock wird im Rahmen dieses Buches erschlossen als

- eine Welt der Ordnung
- ein Leben in Gegensätzen
- eine Zeit der Kriege und der Friedenssehnsucht
- eine Epoche der triumphierenden Kirche
- ein Leben im großen Welttheater.

Etliche Illustrationen, hervorragende Bilder professioneller Fotografen und zahlreiche Quellen und Zeugnisse aus der Epoche lassen Appetit auf Barock verspüren. Sie erleichtern jüngeren Lesern den Zugang zur Epoche; gleichwohl bieten sie auch den Kennern und Liebhabern Oberschwabens neue Informationen. „Lust auf Barock" gehört auch in jede öffentliche Bücherei, auf jedes Verkehrsamt und auf jeden Lehrerschreibtisch. Das Buch ist zur Vorbereitung von Exkursionen und Besichtigungen ein unentbehrlicher Begleiter; manches bisher verborgene Kleinod lässt sich mit ihm entdecken.

Leser- und Pressestimmen

„Lassen Sie auch mich unter diejenigen mischen, die Ihnen bewundernd Bravo zurufen: Exzellent gelungen ist der Barock-Band, aufschlussreich, schön gestaltet und auch lehrreich."
Dr. Horst-Dieter Kreidler, Bad Waldsee

„Ich finde das Buch hervorragend gelungen, die Texte sind für ein großes Publikum geschrieben, die Themen dürften auch dem Fachhistoriker viel Neues bieten, die Illustration ist ein Genuss."
Karl Volk, Gremmelsbach

„Welch zerrissene Epoche zwischen himmelhoch jauchzend und zu Tode betrübt der Barock war, gerät nie aus dem Blickfeld. Den Honigschlecker gab es, aber ein Honigschlecken war diese Zeit bei Gott nicht – eher eine Last. Bei aller Last gibt es jedoch auch Lust. Und diese Lust auf Barock – der Titel will es so – stellt sich beim Lesen ein."
Schwäbische Zeitung, Leutkirch

„Lust auf Barock' mit seinen brillanten Bildern ist ein wahrer Genuss und wie so vieles aus ihrem Hause bestens gelungen."
Bürgermeister Josef Köberle, Argenbühl-Eisenharz